복음과 내적치유

이 소중한 책을

특별히 ____________________님께

드립니다.

복음과 내적치유

내면 깊은 곳을 치료하여 자유를 누리게 하는
복음의 능력 10가지

이순희 목사 지음

나침반

새 인생을 살게 하는 복음의 능력!

복음은 인생의 깊은 내면을 치료함으로 현세와 내세에서 영원한 생명을 누리게 하는 능력입니다. 복음으로 내적치유를 받고 건강한 내면을 소유하면 범사에 넉넉하게 이기며 살 수 있습니다. 이해하지 못할 상황이 없고, 사랑할 수 없는 사람이 없으며, 감당하지 못할 문제도 없습니다. 고난보다 더 큰 능력으로 환경을 초월하여 풍성하게 결실하는 인생을 살 수 있습니다.

그런데 오늘날 내적치유에 대한 오해와 잘못된 접근이 만연합니다.

내적치유는 심리학이나 상담학 등의 인간적인 방법으로 이루어지는 것이 아닙니다. 최면술, 주술 등의 비성경적인 방법으로 이루어지는 것도 아닙니다.

내적치유는 성령과 진리의 역사로 나타나는 것입니다.

하나님의 감동으로 지어진 말씀을 영으로 깨닫고 비진리에 묶인 죄와 상처를 버릴 때 내적치유는 저절로 이루어집니다. 깊은 곳을 통찰하시는 성령님은 무의식의 세계까지 우리의 내면을 감찰하여 치유가 만드는 자유를 누리게 합니다. 우리는 오직 복음으로 내적치유를 받고 성령의 열매를 맺는 삶을 살아야 합니다.

이 책을 만나는 분들 모두가 모든 죄와 상처를 씻고 새 인생을 살게 하는 복음의 능력을 체험하고 놀라운 변화의 은혜를 누리시길 기도합니다.

『복음과 영적전쟁』에 이어 『복음과 내적치유』가 나오기까지 한결같은 사랑과 배려로 협력해준 남편 김광옥 장로님과 두 아들 성훈, 성민에게 말로 다 할 수 없는 감사의 마음을 전합니다. 또 이 설교집을 위해 물질적으로 후원해주신 송은영 권사님, 이명 집사님, 한창우 청년, 강경순 집사님 등 다른 모든 분들께 감사를 드리며, 편집과 교정을 맡아준 백송 출판부에게 감사를 전합니다. 또한 복음의 능력을 의지하여 하나님의 뜻을 이루고자 물심양면으로 동역해주시는 영혼의샘 세계선교센터와 백송교회의 모든 성도님들에게 감사의 인사를 드립니다.

백송교회 목양실에서

이순희

이순희 4집 음반
전체 듣기

이순희 5집 음반
전체 듣기

이순희 6집 음반
전체 듣기

추천사 1

주님께서 이 글을 통하여 직접 역사하시리라고 확신합니다

이순희 목사님은 우리 성결교단 부흥 운동의 DNA를 그대로 유산으로 갖고 계신 분입니다.

찬양과 더불어 진행되는 그의 집회는 항상 성령의 능력이 강하게 역사하고 주님의 은총이 풍성하게 내리시는 것으로 정평이 나있습니다. 마치 초대교회의 집회에 주님의 복음이 거리낌 없이 증거되고 병이 낫는 역사와 온갖 징표들과 기사들이 일어난 것 같은 은혜가 더 충만해지고 있습니다.

복음의 능력이 우리의 내적치유와 연관되어 있음을 증거하는 귀한 목사님의 설교집이 새롭게 나오게 되었습니다.

여기 기록된 설교 하나하나가 주옥같은 말씀의 잔치입니다.

주님께서 이 글을 통하여 직접 역사하시리라고 확신합니다. 주님의 성령이 이순희 목사님의 따뜻한 영성을 보시고 목사님의 설교를 더욱 귀하게 쓰시리라고 확신하며 이 글을 강력하게 추천합니다. 모든 읽는 이들의 영과 정신을 새롭게 하시는 성결의 은혜가 넘칠 것을 기대합니다.

– **황덕형 목사** (서울신학대학교 총장)

추천사 2

복음에는 완전한 신유의 능력이 있습니다

죄의 결박을 끊고 자유를 누리게 하는 능력, 영혼육의 질병을 고치고 새 삶을 살게 하는 능력, 보이지 않는 무의식의 세계까지 치료하여 근본변화를 이루게 하는 능력이 복음에 있습니다. 그런데 오늘날 너무도 많은 성도들이 복음을 안다면서 병든 마음으로 살아갑니다.

현대의 기독교는 복음적인 내적치유가 절실합니다.

저는 이순희 목사님의 『복음과 내적치유』가 시대적 요구에 부응하는 탁월한 책이라 확신합니다. 이순희 목사님은 부흥사, 목회자, 복음 가수, 영적 지도자로서 분초를 아끼며 하나님께 귀하게 쓰임 받고 있습니다. 수많은 사람들이 이순희 목사님의 설교를 통해 병을 치료받고 치료의 하나님을 자랑하는 간증자가 되었습니다.

이 책을 만나는 사람마다 영혼 깊은 곳을 치료하여 삶 전체를 변화시키는 살아계신 하나님을 체험하라 기대합니다.

– **원팔연 목사** (전 기독교대한성결교회 총회장)

추천사 3

복음은 영혼을 살리는 하늘의 소식입니다

사도 바울은 이 "복음을 전하려 보냄을 받았다"(고전 1:17)라고 고백했습니다. '십자가에 못 박힌 그리스도'(고전 1:23)와 '예수의 주되심'(고후 4:5)은 소식 중의 소식이고, 기쁨 중의 기쁨입니다.

이순희 목사는 이 복음에 목숨을 건 사람입니다.

그의 시간은 분초가 복음으로 얼룩져있습니다.

이 책은 복음이 가진 10가지 능력을 전합니다.

이 책은 간결하고 이해하기 쉽습니다.

이 책은 명료하고 재미있습니다.

이 책은 복음을 알고자 하는 독자에게 복음의 기초를 제공하고 복음을 알고 있는 독자에게는 복음의 깊은 세계를 열어 줍니다.

이 책은 이 시대의 기독교인들이 반드시 읽어야 하는 책이며, 복음의 마그나 카르타입니다.

이 책은 신앙의 길잡이, 삶의 에너지가 될 것입니다.

현대인들 역시 이 책을 읽기를 추천합니다.

– 정병식 교수 (서울신학대학교 교수)

목차

제 1 장

영의 눈이 열리는 축복

왕하 6:14-19

"왕이 이에 말과 병거와 많은 군사를 보내매 그들이 밤에 가서 그 성읍을 에워쌌더라 하나님의 사람의 사환이 일찍이 일어나서 나가보니 군사와 말과 병거가 성읍을 에워쌌는지라 그의 사환이 엘리사에게 말하되 아아, 내 주여 우리가 어찌하리이까 하니 대답하되 두려워하지 말라 우리와 함께 한 자가 그들과 함께 한 자보다 많으니라 하고 기도하여 이르되 여호와여 원하건대 그의 눈을 열어서 보게 하옵소서 하니 여호와께서 그 청년의 눈을 여시매 그가 보니 불말과 불병거가 산에 가득하여 엘리사를 둘렀더라 아람 사람이 엘리사에게 내려오매 엘리사가 여호와께 기도하여 이르되 원하건대 저 무리의 눈을 어둡게 하옵소서 하매 엘리사의 말대로 그들의 눈을 어둡게 하신지라 엘리사가 그들에게 이르되 이는 그 길이 아니요 이는 그 성읍도 아니니 나를 따라 오라 내가 너희를 인도하여 너희가 찾는 사람에게로 나아가리라 하고 그들을 인도하여 사마리아에 이르니라."

1
영의 눈이 열리는 축복

성령이 이끄시는 회복과 승리는 '열리는 축복'을 통해 나타납니다. 영의 눈이 열리고, 영의 귀가 열리며, 영적인 지각이 열릴 때 진리가 깨달아집니다. 소통의 문이 열리고, 지혜의 문이 열리며, 사랑의 문이 열릴 때 성령의 열매를 맺을 수 있습니다.

예수 그리스도의 이름으로 '열리는 축복'을 받읍시다.

모든 닫힌 문을 열고 진리가 만드는 참된 자유를 누립시다.

악한 사탄은 영혼의 문을 닫고 존재를 억압합니다.

마음의 문, 생각의 문, 지각의 문을 닫아서 영원에 속한 가치를 보지 못하게 만들고, 열정의 문, 사랑의 문, 지혜의 문을 닫아서 우울하고 미련하며 편협한 삶을 살게 만듭니다. 영혼이 닫히고 결박되면 인생 전체가 막힙니다. 인간관계, 물질, 건강, 학업, 가정 등 모든 것이 막힙니다. 그러므로 우리는 이 시간 모든 묶인 것을 풀고, 닫힌 것을 열어야 합니다. 성령님은 풀고 열며 자유하게 하시는 분이십니다.

영혼의 문이 닫힌 사람은 오랜 시간 예배해도 영이신 하나님을 만날 수 없고, 열심히 기도해도 하나님의 음성을 들을 수 없습니다. 영적인 지각이 닫힌 사람은 신학을 하면서 말씀을 봐도 깨달을 수 없고, 화려한 테크닉(technic)으로 찬양을 해도 하나님을 기쁘시게 할 수 없습니다. 하나님과 소통할 수 없고 이웃과도 소통할 수 없으며 자기 영혼과도 소통할 수 없습니다.

그런데 많은 사람들이 영혼의 문이 닫힌 채, 육적인 방법으로 신앙생활을 합니다. 영으로 역사하시는 하나님을 인간의 이성으로 제한하고, 무한한 하나님의 역사를 인간의 수준에서 판단하는 사람들이 많습니다. 예배와 기도, 찬양과 전도 등의 영적인 일을 하면서도 성령의 인도를 따르지 않고 인간이 만든 형식과 제도, 기술과 시스템을 우선적으로 생각하는 사람들이 많습니다.

우리는 영으로 하지 않는 모든 신앙생활은 불완전하다는 것을 깨달아야 합니다. 영으로 거듭나지 못한 사람은 영적인 것을 깨달을 수 없고, 영적인 힘을 받을 수 없으며, 영적인 지혜를 발휘할 수 없습니다(요 3:5-6).

영혼이 죽어있는 사람은 생명의 원천이신 하나님과 단절된 사람입니다. 영혼이 죽은 사람은 영적인 감각이 없고, 영적인 깨달음이 없기에 성령님의 인도를 받지 못하고 육체의 소욕대로만 살게 됩니다. 그러므로 우리는 성령의 인도를 받기 위해, 성령님의 확증을 얻기 위해 무엇보다 우선적으로 영혼을 깨우고 영혼의 문을 열어야 합니다(롬 8:12-17, 엡 5:14). 마음을 열어 하나님과 소통하고 생각을 열어 진리를 수용해야 합니다.

소낙비가 거세게 퍼부어도 뚜껑이 굳게 닫힌 항아리에는 물이 한 방울도 들어갈 수 없듯이, 아무리 강력하게 은혜의 단비가 부어져도 마음을 열지 않는 사람은 영이 살아나는 은혜를 받을 수 없습니다. 겉으로 밝고 사교성이 있어 보이는 사람일지라도 닫힌 마음으로 살아가는 사람은, 직분을 감당하고 대인관계를 유지하는 모습을 보여도 그 안에 '진정성'이 없습니다. 이들은 그저 자기 이론, 자기 생각, 자기 느낌을 고수하면서 자기 세계에 몰입합니다. 마음을 열지 못하기에 새로운 것을 배우지 못하고 서로를 신뢰할 수 없으며 본질적인 치료를 받을 수 없습니다.

닫힌 마음의 대표적인 증상

① 소외감: 마음이 닫힌 사람은 다른 사람들과 소통하지 못

하기에 늘 소외감을 느낍니다. 항상 자신이 남과 다르다고 느끼며 무엇이 정상적인 행동인지에 대해 혼란스러워하고, 버림받는 것을 두려워하고 친밀한 관계를 맺는 데 어려움을 겪습니다.

② 자기 정죄: 마음이 닫힌 사람은 자신을 무자비하게 비판합니다. 더 완벽하게 행하지 못하는 자신을 미워하고 정죄합니다. 이렇게 자기를 정죄하는 마음은 타인으로부터 인정받고자 하는 마음을 지나치게 만들어내서 필요 이상으로 친절하고 어떤 일에 지나친 열심을 내게 합니다. 그러나 그 열정은 오래가지 못합니다.

③ 긴장감: 마음이 닫힌 사람은 늘 긴장감을 가지고 살아갑니다. 그래서 평안하고 즐거운 감정은 느끼지 못합니다. 늘 자신을 너무 심각하게 받아들이고 어떤 일을 처음부터 끝까지 실행하는 데 어려움을 느낍니다. 무엇이든 잘 포기합니다.

④ 불안: 마음이 닫힌 사람은 병이나 실직과 같이 스스로 통제할 수 없는 변화에 과민반응을 보이며 항상 지나친 불안을 느낍니다.

우리는 살아계신 하나님을 만나고 하나님의 능력과 치료를 받기 위해 먼저 영을 열고, 마음을 열고, 생각을 열어야 합니다. 주님은 문을 여는 자에게 들어가셔서 생명의 역사를 베푸십니다.

"볼지어다 내가 문 밖에 서서 두드리노니 누구든지 내 음성을 듣고 문을 열면 내가 그에게로 들어가 그와 더불어 먹고 그는 나와 더불어 먹으리라."(계 3:20)

열지 않으면 그 안에 있는 생명이 죽고 능력이 썩습니다.

오랫동안 문을 닫고 환기시키지 않은 방에 냄새가 나듯이, 열지 못하는 마음은 썩어서 악취가 납니다.

사탄은 고립된 공간에 침투하여 악한 영향력을 행사하기를 좋아합니다. 분리의 영인 사탄은 주님으로부터 단절되고, 교회로부터 단절된 마음에 재빠르게 침입해서 자신의 영향력을 행사합니다. 그래서 사탄이 다스리는 밀폐 공간에는 이기심, 시기, 미움, 욕심, 교만, 정죄와 같은 어둠의 기운이 강하게 채워집니다. 겉을 아무리 화려하고 예쁘게 치장한다 해도 닫힌 공간은 회칠한 무덤처럼 썩어갈 뿐입니다(마 23:25-28).

예수님은 스스로 "나는 볼 줄 안다."라고 생각했던 서기관과 바리새인들을 향해 이렇게 말씀하셨습니다.

"예수께서 이르시되 내가 심판하러 이 세상에 왔으니 보지 못하는 자들은 보게 하고 보는 자들은 맹인이 되게 하려 함이라 하시니 바리새인 중에 예수와 함께 있던 자들이 이 말씀을 듣고 이르되 우리도 맹인인가 예수께서 이르시되 너희가 맹인이 되었더라면 죄가 없으려니와 본다고 하니 너희 죄가 그대로 있느니라."(요 9:39-41)

당시의 서기관과 바리새인들은 메시아 예수님을 직접 눈으로 보았고, 예수님이 행하신 기적들도 보았습니다. 그러나 그들은 깨닫지 못했고 논쟁하며 "예수님이 메시아가 아니다."라고 판단했습니다.

육의 눈을 뜨고 있다고 해서 다 볼 수 있는 것이 아닙니다. 마음의 눈, 믿음의 눈, 영적인 눈이 열려야만 진리를 볼 수 있고 분별할 수 있습니다. 교만한 사람은 결코 진리를 볼 수 없습니다. 여기서 예수님은 "보지 못하는 자들은 보게 하신다."라고 했는데, 이 말은 스스로 영적 맹인임을 인정하는 사람을 고쳐주시겠다는 말씀입니다. 반대로 "보는 자들은 맹인이 되게 하신다."라고 했습니다. 이 말씀에 바리새인들은 "우리도 맹인인가?"라고 반응했습니다. 이 말은 자신들이 맹인인지의 여부에 대해 스스로 질문하는 것이기도 하지만, 헬라어 원문에는 부정 의문사 메(μη)가 있어서 '우리는 그럴 리가 없다'라는 뜻을 담고 있습니다. 이는 '스스로 보는 자'라고 착각했던 이들의 영적 무지함과 심각성을 알게 해주는 표현입니다(렘 4:3-4).

영혼의 문을 열기 위해서는 하나님의 전적인 은혜가 필요하지만 동시에 우리의 결단도 필요합니다. 철학자 헤겔은

"마음의 문을 여는 손잡이는 안쪽에 달려 있다."라고 말했습니다. 우리가 마음을 열어 하나님의 은혜를 사모할 때, 하나님은 우리의 영을 열고 능력을 부으십니다(대하 16:9, 잠 8:17).

영의 문이 열릴수록 우리는 차원이 다른 발견을 하게 됩니다. 진리의 문이 열릴 때 예수 그리스도 안에 감춰진 모든 지혜와 지식의 보화를 발견하게 되고, 기도의 문이 열릴 때 빛들의 아버지께서 위에서부터 부어주시는 온갖 좋은 은사와 선물을 발견하게 됩니다.

> "구하라 그리하면 너희에게 주실 것이요 찾으라 그리하면 찾아낼 것이요 문을 두드리라 그리하면 너희에게 열릴 것이니 구하는 이마다 받을 것이요 찾는 이는 찾아낼 것이요 두드리는 이에게는 열릴 것이니라."(마 7:7-8)

마음의 문이 열리면 창조주 하나님이 이미 우리의 영혼에 허락하신 하나님의 형상과 모양을 발견하게 되고, 생각의 문이 열리면 하나님이 허락하시는 창조적인 아이디어가 샘솟아 납니다.

특별히 우리는 영의 눈이 열리는 축복을 받아야 합니다.

눈은 몸의 등불입니다. 예수님은 눈이 성하면 온몸이 밝을 것이라고 하셨습니다.

"눈은 몸의 등불이니 그러므로 네 눈이 성하면 온몸이 밝을 것이요 눈이 나쁘면 온몸이 어두울 것이니 그러므로 네게 있는 빛이 어두우면 그 어둠이 얼마나 더하겠느냐."(마 6:22–23)

하나님이 태초에 창조하신 인간은 영적 시력이 좋았습니다. 그래서 아담과 하와는 하나님이 허락하신 에덴동산을 누리며 하나님과 깊은 교제를 나누었고 만물의 영장으로서 땅에 있는 모든 것을 다스렸습니다. 그런데 아담과 하와는 선악과를 따먹고 범죄함으로 영적인 시력을 상실하게 되었습니다.

죄를 지은 인간은 모든 것을 제대로 보고, 판단할 수 있는 능력을 상실했습니다. 하나님도 제대로 볼 수 없었고, 어떻게 살아야 가치 있는 인생을 살 수 있는지도 모르게 되었습니다. 그뿐만 아니라 죄를 지어 놓고도 그 결과가 얼마나 무서운지 모르게 되었습니다. 이렇게 범죄한 인간은 하나님을 보는 눈이 어두워지고 오히려 죄를 보는 눈은 밝아지게 되었습니다.

"여자가 그 나무를 본즉 먹음직도 하고 보암직도 하고 지혜롭게 할 만큼 탐스럽기도 한 나무인지라 여자가 그 열매를 따 먹고 자기와 함께 있는 남편에게도 주매 그도 먹은지라 이에 그들의 눈이 밝아져 자기들이 벗은 줄을 알고 무화과나무 잎을 엮어 치마로 삼았더라."(창 3:6–7)

죄의 눈이 밝아지면 죄의 힘이 크게 느껴지고 은혜는 쉽게 깨달아지지 않습니다. 깨닫지 못하는 사람은 선한 것, 아름다운 것, 좋은 것을 손에 쥘 수 있는 기회가 와도 잡지 못합니다. 선한 것을 선한 것으로 볼 수 있는 눈이 없고, 좋은 것을 좋은 것으로 볼 수 있는 눈이 없으며 아름다운 것을 아름다운 것으로 볼 수 있는 눈이 없기 때문입니다(시 49:20, 잠 29:1).

죄의 눈이 밝아진 사람은 수치심이 강해지고, 죄책감, 열등감이 올무처럼 자신을 사로잡는 것을 경험하게 됩니다. 그리고 죄가 주는 두려움에 붙잡혀서 하나님을 피해 도망가게 됩니다. 그뿐만 아니라 죄의 눈이 열린 사람은 모든 것을 죄의 시각으로 보게 됩니다. 상처가 많은 사람은 모든 것을 상처의 시각으로 보게 되고, 음란한 사람은 언제나 음란한 눈으로 세상을 바라보게 됩니다. 이기적인 사람은 이기적인 눈으로 살게 되고, 악한 사람은 악한 눈으로 모든 사건을 평가하게 됩니다.

「핑크 대왕 퍼시」라는 동화가 있습니다.

퍼시 왕은 핑크색을 광적으로 좋아했습니다. 그래서 그는 핑크 대왕이란 별명을 얻었습니다. 그는 핑크색 옷을 입고, 핑크색 음식을 먹고, 왕궁의 모든 물건을 핑크로 칠하여 핑크색 궁전에서 살았습니다. 그러나 그는 만족하지 못했습니다. 그 이유는 왕궁 밖에는 아직도 핑크색이 아닌 다른 색들이 많이 있었기 때문입니다. 그래서 그는 명령을 내려 눈에 보이는 모든 것을 핑크색으로 칠하게 했습니다. 군대를 동원하여 모든 것을 다 핑크로 바꾸었습니다. 그래도 왕은 만족하지 못했습니다. 왜냐하면 하늘이 핑크색이 아니었기 때문입니다.

며칠 동안 전전긍긍하며 하늘을 핑크색으로 바꿀 궁리를 했지만 뾰족한 수가 없었습니다. 그래서 그는 자신의 스승을 찾아가서 하늘을 핑크색으로 바꿀 묘책을 찾아달라고 요청했습니다.

그의 스승은 왕의 명령을 받고 묘책을 찾았습니다. 스승은 왕에게 하늘을 핑크색으로 바꾸어 놓았으니 이 안경을 쓰고 하늘을 보라고 했습니다. 왕은 반신반의하면서 스승이 준 안경을 끼고 하늘을 바라보았습니다. 그런데 정말 하늘이 핑크색으로 변해 있었습니다. 그 스승은 핑크색 렌즈를 끼운 안경을 만들어 주었던 것입니다. 그 후로 그 나라 사람들은 핑크색을 칠하거나 염색할 필요가 없었습니다. 왕은 핑크색 렌즈의 안경을 끼고 행복한 나날을 보냈기 때문입니다.

핑크 대왕이 핑크빛 렌즈의 안경을 끼고 온 세상을 바라본 것처럼, 세상을 살아가는 사람들은 각자 자기만의 렌즈를 끼고 세상을 바라봅니다.

지금 우리는 어떤 렌즈를 가지고 무엇을 주목하며 살아가고 있을까요?

괴테의 『파우스트』에 보면 이런 말이 나옵니다.

“나는 보기 위해서 태어났노라. 보는 것은 나의 직분이다. 탑 위에 올라가 보면 세상은 내 마음에 찼어라. 나는 멀리를 본다. 또 가까이를 본다. 달과 별을, 산과 새끼 사슴을. 자연은 모두 하나님의 영원한 장식이어라. 세상이 내 마음에 들었듯이 나도 내 마음에 들었노라. 행복한 두 눈이여, 그대는 무엇을 보았는가."

육의 눈은 육을 주목하지만 영의 눈은 영을 주목합니다.

육의 눈은 육의 아름다움을 구하지만 영의 눈은 영의 아름다움을 구합니다.

육의 눈은 사람들의 인정을 구하며 사람들의 반응을 중요하게 여기지만 영의 눈은 하나님의 인정을 구하며 하나님의 마음을 살핍니다.

육의 눈은 언제나 이 땅의 삶에만 시선이 고정되어 있어서 멀리 보지 못하고 언제나 자기 생각에 갇힙니다.

하지만 영의 눈은 영혼의 본향인 천국에 시선을 고정시키고 진리를 좇아 자유와 평안 속에서 성령의 인도를 받습니다(골 3:1-5). 이 시간 영의 눈을 떠서 영원한 세계를 뚜렷하게 바라보기를 소원합니다(고후 4:16-18).

예수 그리스도는 성육신하시고 십자가에서 돌아가시고 부활 승천하심으로 우리의 영적 시력을 회복시켜 주셨습니다. 죄의 눈이 열려 죄의 안경을 쓰고 죄를 좇아 살 수밖에 없던 우리를 구원하시고 하늘에 속한 가치를 볼 수 있는 눈을 열어 주셨습니다(엡 2:1-6).

십자가의 공로를 의지하여 영의 눈을 뜨면 영적인 존재를 분별해 내고 감지할 수 있습니다. 하나님의 임재를 느끼며 어둠에 속한 권세를 분별하여 예수 그리스도의 권세로 대적할 수 있습니다.

사실 신앙은 그 자체가 영의 눈을 여는 것입니다.

살아있는 믿음을 가질 때 우리는 영의 눈이 열려 하나님의 얼굴을 보고 천국을 보며 영적인 세계를 볼 수 있습니다. 우리 모두가 복음의 능력을 의지하여 영혼의 문을 열고 마음의 문을 열고 영의 눈을 열기를 바랍니다(행 2:25, 마 5:8).

영의 눈이 열린 사람은 영적인 것을 보며 살아갑니다.

사람 배후에 역사하는 영을 보고 환경 이면에 역사하는 영을 봅니다. 역사를 주관하시는 하나님을 보고 자신의 앞길을 막으려고 하는 어둠의 세력도 봅니다.

"우리의 씨름은 혈과 육을 상대하는 것이 아니요 통치자들과 권세들과 이 어둠의 세상 주관자들과 하늘에 있는 악의 영들을 상대함이라."(엡 6:12)

사실 제대로 보는 눈이 열리면 영적 전쟁은 어려운 일이 아닙니다. 공격하는 사탄의 힘보다 우리를 도우시는 하나님의 힘이 훨씬 크고 강하기에 제대로 보면 영적 전쟁이 어렵지 않습니다.

문제는 보지 못하는 데 있습니다.

우리는 영적 전쟁에서 승리하기 위해서 우리의 시선을 바로 잡아야 합니다.

지금 우리의 시선은 어디로 향하고 있습니까?

하나님을 바라보는 사람의 시선은 하나님께 고정되어 있습니다. 그러나 하나님을 바라보지 못하는 사람은 자신의 환경과 상황에 초점을 맞추어 천국을 누리지 못합니다.

영안에도 시력이 있습니다. 육신의 눈이 어두운 사람은 사물을 봐도 흐릿하게 보고 글자를 잘 읽을 수 없는 것처럼, 영안이 어두운 사람은 믿음이 있어도 쉽게 흔들리고 쉽게 낙망합니다. 그런 사람은 뜨거운 예배 현장에 있어도 눈이 어두운 사람이 코 앞에 있는 것도 찾지 못하고 더듬거리듯이 하나님을 보지 못합니다. 하지만 영의 눈이 밝은 사람은 사망의 음침한 골짜기에서도 하나님을 봅니다(시 23:4, 엡 1:17-19).

우리는 영의 눈이 열리는 축복을 간구해야 합니다.

영의 눈이 열리지 않으면 홍해가 갈라지는 기적을 보며 하나님이 애굽에 내린 열 가지 재앙을 보고도 진리를 깨달을 수 없습니다. 모세는 신명기서를 통해 완악한 이스라엘 백성들은 하나님의 놀라운 기적 속에 출애굽을 해도 '깨닫는 마음과 보는 눈과 듣는 귀'를 얻지 못했다고 했습니다.

"모세가 온 이스라엘을 소집하고 그들에게 이르되 여호와께서 애굽 땅에서 너희의 목전에 바로와 그의 모든 신하와 그의 온 땅에 행하신 모든 일을 너희가 보았나니 곧 그 큰 시험과 이적과 큰 기사를 네 눈으로 보았느니라 그러나 깨닫는 마음과 보는 눈과 듣는 귀는 오늘 여호와께서 너희에게 주지 아니하셨느니라."(신 29:2-4)

마음이 교만하고 악해서 영의 눈이 열리지 않으면 기적을 보고도 깨닫지 못하지만, 마음이 청결하고 순수한 사람은 하나님의 말씀을 통해서 체험 이상의 깨달음을 얻을 수 있습니다. 그러므로 오늘 우리는 하나님이 자기를 사랑하는 자들을 위하여 예비하신 모든 것은 영적인 것이라는 사실을 깨닫고 하나님의 일을 볼 수 있는 영의 눈을 구해야 합니다(고전 2:9-14, 마 13:13-17).

물론 영안이 열린다는 것은 보이지 않는 세계를 보는 것이지만 신비를 좇는 이상주의는 아닙니다. 많은 사람들이 영안이 열리면 환상과 꿈을 좇아가고 이상과 표적에 심취하는데 그것은 건강한 신앙생활이 아닙니다.

우리의 모든 영적 활동에는 반드시 분별이 필요합니다.

우리가 하는 예언, 방언에도 분별이 필요하고 우리가 보고 듣는 환상, 영음(靈音)에도 분별이 필요합니다. 사실 죄에 물든 자아가 온전히 죽지 못한 상태에서 보이고 들리는 것은 하나님으로부터 온 것이 아니라 내 안의 죄와 상처가 투영된 것일 확률이 높습니다. 그러므로 우리는 영안을 열어 사실 그대로를 보는 것도 중요하지만 내 시선의 출처가 하나님으로부터인지, 사탄으로부터인지, 내 생각으로부터인지 분별하는 것이 더욱 중요하다는 사실을 알아야 합니다.

> "사랑하는 자들아 영을 다 믿지 말고 오직 영들이 하나님께 속하였나 분별하라 많은 거짓 선지자가 세상에 나왔음이라."(요일 4:1)

하나님께서 귀하게 여기시는 믿음은 신비한 것을 보고 듣는 믿음이 아니라 삶에서 성령의 열매를 맺는 믿음입니다. 그렇기에 우리는 무엇보다도 눈에 보이는 실체에 주목할 것이 아니라 열매를 좇아가야 합니다(마 7:16-21).

올바른 영의 역사인지 분별하기 위해서는, 성령의 열매가 나타나는지를 보아야 합니다. 즉, 말과 행동 뒤에 선한 성령의 열매가 따라오는지 확인해야 한다는 말입니다.

좋은 나무는 아름다운 열매를 맺어야 정상입니다. 반면 못된 나무는 반드시 나쁜 열매를 맺게 된다고 예수님께서 말씀하셨습니다. 이러한 것은 자연의 법칙입니다. 이와 같이 하나님으로부터 온 영은 선한 것을 맺게 하십니다. 그러나 악한 영으로부터 온 것은 반드시 악한 결과를 맺게 합니다. 아무리 위장을 한다고 해도 나중에는 드러나게 되어 있습니다.

'신앙의 수준'이 성장할수록 '보는 수준'도 성장합니다.

신앙이 미숙할 때는 자극적이고 신비한 것을 보기를 원하고 표적을 구합니다. 또 신앙이 어릴 때는 진리를 들어도 분명하게 이해하지 못하고 자기 죄를 깨닫지 못합니다. 영적으로 어린 사람들은 자기의 허물은 보지 못하면서 다른 사람의 허물을 들추는데 능숙하고 자기 잘못은 보지 못하고 다른 사람에게 책임 전가하는 일을 자연스럽게 합니다. 그러므로 우리는 믿음의 진보를 이루어 자기 죄를 발견하고, 회개하는 눈을 떠야 합니다. 하나님은 회개하는 사람에게 귀로만 듣던 하나님을 눈으로 보는 은혜를 허락해 주십니다.

"욥이 여호와께 대답하여 이르되 주께서는 못 하실 일이 없사오며 무슨 계획이든지 못 이루실 것이 없는 줄 아오니 무지한 말로 이치를 가리는 자가 누구니이까 나는 깨닫지도 못한 일을 말하였고 스스로 알 수도 없고 헤아리기도 어려운 일을 말하였나이다 내가 말하겠사오니 주는 들으시고 내가 주께 묻겠사오니 주여 내게 알게 하옵소서 내가 주께 대하여 귀로 듣기만 하였사오나 이제는 눈으로 주를 뵈옵나이다 그러므로 내가 스스로 거두어 들이고 티끌과 재 가운데에서 회개하나이다."(욥 42:1-6)

영의 눈이 열리면 모든 것이 역전됩니다.

영의 눈이 열리면 고난은 유익으로 바뀌고, 상처는 열매로 바뀌며, 역경은 경력으로 바뀝니다. 영의 눈이 열린 사람에게는 위기가 기회가 되고, 약점이 자랑거리가 되며, 환난은 연단의 기회가 됩니다. 바로 이 시간 여러분 모두에게 영의 눈이 열리는 축복이 임하기를 소원합니다. 살아계신 주님은 육신의 눈을 여시고 영의 눈을 여시며 영원에 속한 것을 보게 하시는 분이십니다(막 8:22-25).

본문 속의 엘리사는 영의 눈이 열린 사람이었습니다.

당시 아람 왕국은 이스라엘의 대적으로 수시로 이스라엘을 공격했습니다. 아람 왕은 참모들과 극비리에 전략회의를 열고, 군대를 보내어 먼저 군사적 요충지를 선점하고 이스라엘의 허를 찌르려고 했습니다. 그런데 그때마다 엘리사가 이스라엘 왕에게 아람의 작전 계획을 알려줌으로써, 번번이 낭패를 보게 되었습니다. 이는 영의 눈이 열린 엘리사가 아람의 모든 일을 꿰뚫어 보고 있었기 때문에 가능했습니다.

> "그 신복 중의 한 사람이 이르되 우리 주 왕이여 아니로소이다 오직 이스라엘 선지자 엘리사가 왕이 침실에서 하신 말씀을 이스라엘의 왕에게 고하나이다 하는지라."(왕하 6:12)

'당신의 침실에서'에 해당하는 '빠하다르 미쉬카베카(בַּחֲדַר מִשְׁכָּבֶךָ)'는 실제로 아람 왕이 침실에서 한 말을 들었다는 의미라기보다는, '가장 은밀한 곳에서 이루어지는 일까지 엘리사에게 숨길 수 없다'는 의미를 나타내는 수사적 표현입니다.

왕의 침실은 가장 삼엄한 경비가 이루어지는 장소입니다.

그곳에서 나누는 말들은 비밀로 취급되었고, 왕의 가장 절친한 친구들조차도 들을 수가 없었습니다. 그런데 영의 눈이 열린 엘리사는 아람 왕이 은밀한 중에 하는 말을 알아차리고 이스라엘을 지켜나갔습니다.

> "이러므로 아람 왕의 마음이 불안하여 그 신복들을 불러 이르되 우리 중에 누가 이스라엘 왕과 내통하는 것을 내게 말하지 아니하느냐 하니 그 신복 중의 한 사람이 이르되 우리 주 왕이여 아니로소이다 오직 이스라엘 선지자 엘리사가 왕이 침실에서 하신 말씀을 이스라엘의 왕에게 고하나이다 하는지라."(왕하 6:11-12)

이와 같이 은밀한 일을 보고 듣는 것은 영의 눈이 열린 사람의 특권입니다. 엘리사뿐만 아니라 요셉, 다니엘, 예레미야, 에스겔, 사도 바울, 사도 요한 등 수많은 사람들이 하나님의 은혜로 영의 눈을 열고 은밀한 일을 보았습니다.

살아계신 하나님은 태초부터 지금까지 영의 눈이 열린 사람들에게 은밀한 일을 보이시며 그들을 통해 하나님의 일을 이루어 오셨습니다. 그런데 육적인 아람 왕은 단순하게 엘리사만 잡으면 이스라엘을 정복할 수 있을 것이라고 생각했습니다.

인간의 모든 힘을 합쳐도 감당하지 못할 하나님의 권세를 알지 못했던 아람 왕은 자신이 마음을 먹으면 엘리사를 잡을 수 있을 것이라고 생각했습니다. 그래서 아람 군대는 말과 병거와 많은 군사로 무장하여 아침 일찍이 성읍을 에워싸고 엘리사를 잡으려 했습니다. 그 광경을 본 엘리사의 사환 게하시는 두려워 떨었습니다.

> "하나님의 사람의 사환이 일찍이 일어나서 나가보니 군사와 말과 병거가 성읍을 에워쌌는지라 그의 사환이 엘리사에게 말하되 아아, 내 주여 우리가 어찌하리이까 하니."(왕하 6:15)

'우리가 어찌하리이까'에 해당하는 '에카 나아세(אֵיכָה נַעֲשֶׂה)'에서 '에카(אֵיכָה)'는 '어떻게'란 의미를 지닌 의문 대명사입니다. 이는 '나아세(נַעֲשֶׂה)'와 함께 사용되어 '절규'의 의미를 나타냅니다. 즉, 게하시는 도단성을 둘러싼 아람 군대를 보고 자신이 죽임을 당하거나, 포로로 끌려갈 것을 예상해 큰 절망에 빠져 스승을 향해 절규하고 있는 것입니다. 이처럼 엘리사의 사환 게하시는 하나님도 보지 못했고 자신의 주인이 어떤 사람인지도 보지 못했습니다.

이전에도 엘리사는 수많은 기적을 행한 적이 있습니다.

엘리사는 죽은 자를 살리고 물에 빠진 도끼날을 물 위로 떠오르게 하는 등의 기적을 행했습니다. 많은 선지 생도들은 엘리사를 따르며 그에게 훈련을 받았습니다. 하지만 영의 눈이 닫힌 게하시는 엘리사와 함께 살면서도 엘리사를 알아보지 못했습니다. 그는 그저 근거리의 아람 군사들만을 주목하여 보고 두려워했습니다. 그러나 하나님의 사람 엘리사의 눈에는 하나님이 보내신 불말과 불병거가 산에 가득하여 자신을 보호하고 있는 것이 보였습니다. 이것이 바로 영의 눈이 열린 사람과 그렇지 않은 사람의 차이입니다. 엘리사는 자기만 영적 세계를 보는 것이 아니라 게하시에게도 영의 눈이 열리게 하여 불말과 불병거를 보게 했습니다.

> "기도하여 이르되 여호와여 원하건대 그의 눈을 열어서 보게 하옵소서 하니 여호와께서 그 청년의 눈을 여시매 그가 보니 불말과 불병거가 산에 가득하여 엘리사를 둘렀더라."(왕하 6:17)

원문으로 보면 사실 이 말씀의 첫 구절에 "그런데 그가 보았다. 그리고 보라!"라는 구절이 삽입되어 있습니다. 이는 매우 생동감 있는 표현입니다. 이에 해당하는 '와이야르 웨힌네(וַיַּרְא וְהִנֵּה)'는 게하시의 열려진 영안을 통해 목격되는 놀라운 광경에 대해 독자의 주의를 집중시키기 위해 사용된 표현입니다.

한편 '불말과 불병거'는 하나님의 보호하시는 능력에 대한 상징입니다. 이는 북이스라엘을 침공한 아람 군대에 대항하기 위한 하늘 군대의 매우 장엄한 모습이었고, 게하시로서는 감히 상상해 보지도 못한 놀라운 광경이었습니다. 이와 같이 엘리사 위에 임재한 불말과 불병거의 모습은 지상의 어떤 것도 대항할 수 없는 천상의 군대, 즉 하나님의 군대가 엘리사를 보호한다는 사실을 보여주었습니다.

하나님은 지금도 믿는 자들 속에서 이러한 놀라운 기적과 보호로 함께 하십니다. 중요한 것은 믿음의 눈이 열린 자만이 이러한 하나님의 도우심을 볼 수 있고, 또 경험할 수 있다는 사실입니다.

영의 눈이 열리면 어떤 일이 생길까요?

1. 영의 눈이 열리면 고난의 이면을 볼 수 있습니다.

어느 날 영국의 조지 왕이 도자기 공장을 방문했습니다.

순찰하는 길목에 2개의 꽃병이 놓여있었는데 하나의 도자기는 보기에도 도자기답게 윤기가 흘렀고 생동감이 넘쳤습니다. 그런데 다른 하나의 도자기는 우선 외모가 볼품이 없을 뿐 아니라, 빛깔조차도 흐릿하고 가치가 없어 보였습니다. 그래서 조지 왕이 안내자에게 물었습니다.

"이 도자기는 이렇게 윤기가 나는데 저 도자기는 왜 저렇게 볼품이 없지?"

물음에 안내자가 이렇게 대답했습니다.

"이 도자기는 불에 구워졌기 때문에 윤기가 나고 저 도자기는 아직 불에 들어가지 않았기 때문에 윤기가 나지 않습니다."

그렇습니다. 연단은 물건이나 사람을 세련되게 만들고 윤기 나게 만듭니다.

영의 눈이 열린 신앙인은 주님이 사용하시는 고난이라는 도구를 이해할 수 있습니다(약 1:2-4). 그래서 고난이라는 시간 속에서 인내를 기뻐할 수 있습니다. 훌륭한 요리사의 손에서 재료들이 씻겨지고, 잘리고, 튀겨지는 모든 과정을 거쳐 아름답고 맛있는 요리로 탄생되듯 하나님의 손길을 볼 수 있는 사람은 고난 속에 하나님이 하시는 일을 기대합니다.

> "다만 이뿐 아니라 우리가 환난 중에도 즐거워하나니 이는 환난은 인내를 인내는 연단을, 연단은 소망을 이루는 줄 앎이로다."(롬 5:3-4)

그러나 영의 눈이 열리지 않은 사람은 고난 당할 때 불평과 원망만 쏟아 놓습니다. 본문의 게하시가 당면한 문제 앞에 두려워 떨기만 하는 것처럼 영의 눈이 닫힌 사람은 고난 앞에서 믿음의 자세를 취하지 못합니다. 그래서 조급해하고 불안해합니다. 하지만 영의 눈이 열린 사람은 문제 앞에서도 의연한 엘리사처럼 어떤 상황에서도 여유 있게 문제를 풀어 나갑니다.

인생에 허락된 모든 문제 안에는 하나님의 선하신 의도가 포함되어 있음을 알기 때문입니다.

따라서 우리는 고난 가운데 기도해야 합니다.

고난에 함몰되어 낙심하고 있으면 결코 고난 속에 감춰진 하나님의 비밀을 깨달을 수 없습니다. 고난을 통해 더욱더 우리의 시선을 하나님께 고정시키고, 우리의 모든 생각을 사로잡아 주님께 집중시켜야 합니다(약 5:13, 렘 33:2-3).

하나님의 사람에게는 그 어떤 일도 우연히 일어나지 않습니다. 하나님의 사람에게 허락되는 모든 사건에는 하나님의 메시지가 포함되어 있습니다. 그러므로 우리는 고난을 만났을 때 영의 눈을 열고 고난의 이면을 봐야 합니다.

2. 영의 눈이 열리면 영적 공급을 볼 수 있습니다.

하나님은 하나님의 자녀에게 모든 것을 주십니다.

독생자의 생명도 아끼지 않고 허락하신 하나님은 성도에게 모든 것을 아끼지 않고 허락하십니다.

"자기 아들을 아끼지 아니하시고 우리 모든 사람을 위하여 내주신 이가 어찌 그 아들과 함께 모든 것을 우리에게 주시지 아니하겠느냐."(롬 8:32)

사랑이 풍성하신 하나님은 우리가 구하는 모든 것을 주시고 우리에게 필요한 모든 것을 공급하십니다. 영권을 주시고 물권을 주시며 인권을 주십니다. 영의 눈이 열린 사람은 이러한 하나님의 완전한 공급을 깨닫고 넉넉한 삶을 살아갈 수 있습니다.

"나의 하나님이 그리스도 예수 안에서 영광 가운데 그 풍성한 대로 너희 모든 쓸 것을 채우시리라."(빌 4:19)

본문 속에서도 영의 눈이 열린 엘리사는 하나님이 문제보다 더 큰 능력을 공급하고 계심을 보고 있었습니다. 그래서 엘리사는 두려워하는 게하시에게 "두려워하지 말라 우리와 함께 한 자가 그들과 함께 한 자보다 많으니라."라고 말했습니다.

하나님은 우리에게 문제보다 더 큰 힘을 허락해 주십니다. 맡긴 사명보다 더 큰 능력을 허락하시고 허락하신 고난보다 더 큰 위로를 베푸십니다. 그러므로 오늘 우리는 영의 눈을 열고 하나님의 공급하심을 바라보아야 합니다.

엘리사를 둘러싼 불말과 불병거는 영에 속한 권능의 세력입니다. 이는 그 어떤 육신의 힘도 감히 대적할 수 없는 것입니다. 그러므로 우리는 주님의 공급하심의 절대성을 알고 그것에 의지하여 담대한 삶을 살아야 합니다.

"예수께서 이르시되 나는 생명의 떡이니 내게 오는 자는 결코 주리지 아니할 터이요 나를 믿는 자는 영원히 목마르지 아니하리라."(요 6:35)

우리에게 진정한 생명의 양식은 바로 하나님의 말씀입니다. 우리는 하나님이 주시는 영적 양식인 말씀을 먹어야 합니다.

밥을 먹어야 육신이 살 듯이, 말씀을 먹어야 영이 삽니다. 우리의 영혼이 잘 되려면 하나님의 말씀을 잘 섭취해야 합니다. 그리고 영적 눈이 열리기 위해서는 하나님의 말씀을 먹어야 합니다.

그런데 영의 눈이 열리지 않은 사람은 하나님이 공급하시는 은혜를 깨닫지 못하고 육의 것을 구합니다. 영의 눈이 닫힌 사람은 하나님이 주신 불말과 불병거보다 인간의 군대를 선호하고, 하나님이 주시는 지혜보다 인간의 지식을 신뢰합니다.

영의 눈이 닫혔던 이스라엘 백성들은 하나님이 그들을 애굽의 종살이에서 출애굽 시켜서 불기둥과 구름 기둥으로 인도하시고 만나와 메추라기를 먹이셨지만 불평만 일삼았습니다(민 11:5-6).

지금 우리는 영의 눈을 떠서 보고 하나님이 공급하시는 능력과 자원을 깨달아야 합니다. 척박한 광야 속에서도 영의 눈이 열리면 살아나갈 길을 찾게 됩니다. 하갈은 죽을 위기에서 하나님의 은혜로 영의 눈이 열려 샘물을 발견했습니다.

"하나님이 하갈의 눈을 밝히셨으므로 샘물을 보고 가서 가죽부대에 물을 채워다가 그 아이에게 마시게 하였더라."(창 21:19)

3. 영의 눈이 열리면 하나님의 뜻을 볼 수 있습니다.

그리스도인은 '하나님의 뜻을 바로 보는 눈을 가진 사람'입니다. 범사에 하나님의 주권을 인정하면서 문제 이면의 하나님의 뜻을 헤아리며 감사하며 사는 것이 그리스도인의 삶입니다.

예수를 깊이 알 때, 말씀을 깊이 알 때 우리는 하나님의 뜻을 이해할 수 있습니다. 하나님의 뜻과 방법의 핵심은 십자가에서 집약적으로 나타났습니다. 하나님의 독생자 예수 그리스도가 십자가에 못 박혀 죽으심으로 하나님의 공의와 사랑을 이루신 것입니다.

하나님은 이와 같이 우리도 십자가를 지는 삶을 살기를 원하십니다. 정욕과 욕심을 십자가에 못 박고 자기를 부인하고 자기 십자가를 지고 주님을 따르기를 원하십니다. 그러므로 영의 눈이 열린 사람은 남들이 보지 못하는 신비한 영적 현상을 보며 자랑하고 군림하는 사람이 아닙니다. 십자가를 지길 원하시는 주님의 뜻을 이해하며 십자가의 희생과 나눔의 정신을 좇아가는 사람이 영안이 열린 사람입니다. 영의 눈이 열린 사람은 어떤 상황 속에서도 하나님의 뜻을 좇아갑니다. 그래서 미움을 사랑으로 이기고, 악을 선으로 이깁니다.

오늘 본문의 불말과 불병거의 호위를 받은 엘리사가 아람 군대를 물리치기 위해 사용한 방법은 파괴적인 무력이 아니었습니다. 그는 아람 군대의 눈을 멀게 해달라고 기도했습니다. 그리고 그들을 사마리아 성 안으로 데리고 가서 다시 눈을 뜨게 했습니다. 아람 군대는 졸지에 적국 이스라엘의 수도 한 가운데에 있게 되었습니다. 현재 우리나라로 따지면 서울 한복판으로 들어오게 된 것입니다. 그때 이스라엘 왕은 이때다 싶어서 아람 군대를 진멸시킬지를 물었습니다.

"이스라엘 왕이 그들을 보고 엘리사에게 이르되 내 아버지여 내가 치리이까 내가 치리이까 하니."(왕하 6:21)

그러나 하나님의 사람 엘리사는 오히려 아람 군대에게 호의를 베풀었습니다.

"대답하되 치지 마소서 칼과 활로 사로잡은 자인들 어찌 치리이까 떡과 물을 그들 앞에 두어 먹고 마시게 하고 그들의 주인에게로 돌려보내소서 하는지라 왕이 위하여 음식을 많이 베풀고 그들이 먹고 마시매 놓아보내니 그들이 그들의 주인에게로 돌아가니라 이로부터 아람 군사의 부대가 다시는 이스라엘 땅에 들어오지 못하니라."(왕하 6:22-23)

엘리사는 사랑으로 역사하시는 하나님의 뜻을 알았기에 하나님의 방법으로 적들을 상대했습니다. 그리고 후하게 대접을 받은 아람 부대는 다시는 이스라엘 땅에 들어오지 못하게 되었습니다.

> "네 원수가 배고파하거든 음식을 먹이고 목말라하거든 물을 마시게 하라 그리 하는 것은 핀 숯을 그의 머리에 놓는 것과 일반이요 여호와께서 네게 갚아 주시리라."(잠 25:21,22)

우리는 이와 같이 모든 상황 속에 영의 눈을 열고 하나님의 뜻을 보고 하나님의 뜻을 따라야 합니다.

4. 영의 눈이 열리면 장래 일을 볼 수 있습니다.

영의 눈이 열린 사람은 코 앞의 것만 보지 않고 멀리 봅니다. 성령님께서 장래 일을 알게 하시기 때문입니다.

> "그러나 진리의 성령이 오시면 그가 너희를 모든 진리 가운데로 인도하시리니 그가 스스로 말하지 않고 오직 들은 것을 말하며 장래 일을 너희에게 알리시리라."(요 16:13)

장래의 일을 바라보는 사람은 현세에 집착하지 않고 내세를 준비합니다. 영의 눈이 열릴 때 우리는 이 땅에서의 생명의 한계가 있음을 알게 되고, 제아무리 높이 쌓아 올린 명예와 인기, 재물과 지식도 내세 앞에서는 아무것도 아님을 알게 됩니다. 그리고 힘이 있을 때, 생명이 있을 때, 기회가 있을 때 회개함으로 구원을 얻고 천국을 준비하는 일에 몰입하게 됩니다.

이때 영의 눈이 열린 사람들의 내세 준비는 영혼 구원과 제자 양성의 사명에 집중하는 모습으로 나타납니다. 예수님께서 육적이고 허물 많은 제자들을 양성하여 기독교 역사를 펼치신 것처럼 영의 눈이 열린 사람은 한 사람의 장래를 바라보며 그 사람을 예수님의 제자로 양성해 나갑니다. 그리고 하나님이 가장 기뻐하시는 영혼 구원을 위한 사업에 시간, 물질, 노력을 바치고 최선을 다합니다.

미국에서 있었던 일이라고 합니다.

어느 도시에 '요한복음 3장 16절 부인'이라는 별명을 가진 자선 사업을 하는 크리스천이 있었습니다. 그 도시에 고아원이 있었는데 열세 살쯤 되는 어린 소년이 독립해서 살아보려는 마음으로 무작정 고아원을 나와 추운 겨울 거리에서 신문을 팔기 시작했습니다. 그러나 신문은 잘 안 팔리고 배는 고프고 날씨는 못 견디게 추웠습니다. 더 이상 참지 못할 것 같던 어느 날 소년은 순찰 중이던 경찰에게 도움을 청했습니다.

어린 소년의 처지를 딱하게 생각한 경찰은 아이를 도울 방법을 생각하다가 손뼉을 탁 쳤습니다.

"얘야, 걱정할 것 없단다. 요한복음 3장 16절 부인 집에 가보렴. 여기서 멀지 않단다. 이 길을 쭉 따라 내려가다가 왼쪽

골목이 나오거든 그리로 들어가렴. 그 골목의 세 번째 집이 요한복음 3장 16절 부인 집이란다. 누구냐고 묻거든 아무 소리 하지 말고 '요한복음 3장 16절!'이라고 하면 너를 아주 반갑게 맞아줄 게다."

소년은 영문도 모른 채 경찰이 일러준 대로 해보았습니다.

골목에 들어서서 세 번째 집의 초인종을 누르자 "누구세요?"라는 소리가 들렸습니다. 그래서 좀 엉뚱하다 싶긴 했지만 경찰이 가르쳐 준 대로 용기를 내어 "요한복음 3장 16절!"이라고 암호를 대듯 조용히 입을 열었습니다. 그러자 놀랍게도 문이 열렸습니다.

소년은 대문 안으로 발을 들여놓으며 생각했습니다.

'요한복음 3장 16절이 뭔지는 몰라도 문을 열어 주는 것과 관계가 있는 말 같군.'

집안으로 들어서자 부인이 소년을 아주 반갑게 맞아 주면서 추위에 얼어붙은 그의 손과 발을 녹여주었고, 굶주린 그에게 맛있는 음식을 주었으며, 깨끗이 목욕할 수 있도록 해주었습니다. 그뿐만 아니라 새하얀 침대보와 두툼한 이불이 말끔히 놓여 있는 침대에서 푹 쉬도록 했습니다.

아침이 되어 부인은 소년에게 물었습니다.

"얘야, 너 요한복음 3장 16절이 뭔지 아니?"

소년이 대답했습니다.

"글쎄요. 잘은 모르지만 요한복음 3장 16절은 닫힌 문을 열어 주고, 추운 사람을 따뜻하게 해주며, 배고픈 사람을 배부르게 하고, 피곤한 사람에게 안식을 주는 것이 아닐까 생각해요."

"그래. 네 말이 맞다. 그런데 그것 말고도 한 가지가 더 있지. 요한복음 3장 16절은 죄를 범한 사람들의 죄를 용서해 주며 하나님 나라에서 영원히 살 수 있도록 영원한 생명을 준단다."

그러면서 부인은 성경을 펴서 소년에게 요한복음 3장 16절을 읽어 주었습니다.

"하나님이 세상을 이처럼 사랑하사 독생자를 주셨으니 이는 저를 믿는 자마다 멸망치 않고 영생을 얻게 하려 하심이니라."

이를 통해 소년은 생생한 감동으로 복음을 받아들이고 새로운 삶을 살게 되었습니다.

영적인 마음을 열어 영의 눈이 열리는 축복을 받읍시다.

영의 눈이 열릴 때 우리는 고난의 이면을 보게 되고 하나님의 공급하심을 보게 되며, 하나님의 뜻을 보고 장래 일을 보게 됩니다. 그래서 영의 눈이 열린 사람은 가장 지혜롭고 담대하며 충만한 삶을 살 수 있습니다. 영의 눈이 열리는 축복을 받고 험하고 악한 세상 속에서도 천국을 누리며 하나님의 뜻을 이루시기를 주님의 이름으로 축원합니다.

주님과 동행하는 기쁨 나누기

1. 영의 눈이 열리면 어떤 일이 생길까요?

(　　) 안에 맞는 단어는 무엇입니까?

(1) 영의 눈이 열리면 (　　　　　　)을 볼 수 있습니다.
영의 눈이 열린 그리스도인은 주님이 사용하시는 고난이라는 도구를 이해할 수 있습니다
●야고보서 1장 2~4절 말씀대로 고난이 왔을 때 기쁘게 여긴 적이 있습니까?

(2) 영의 눈이 열리면 (　　　　　　)을 볼 수 있습니다.
독생자의 생명도 아끼지 않고 허락하신 하나님은 자녀인 우리에게 모든 것을 아끼지 않고 주십니다.
●빌립보서 4장 19절 말씀을 체험한 적이 있습니까?

(3) 영의 눈이 열리면 (　　　　　　)을 볼 수 있습니다.
모든 일에 하나님의 주권을 인정하면서 문제 이면의 하나님의 뜻을 헤아리며 감사하며 사는 것이 그리스도인의 삶입니다.
●엘리사가 아람 군대를 물리치기 위해 사용한 방법은 무엇이었습니까?

(4) 영의 눈이 열리면 (　　　　)을 볼 수 있습니다.

장래 일을 바라보는 사람은 현세에 집착하지 않고 내세를 준비합니다.

●하나님이 가장 기뻐하시는 영혼 구원을 위한 사업에 시간, 물질, 노력을 바치고 최선을 다합니까?

2. 아래 성구를 보고 당신의 삶에 일어난 일을 나누십시오.

(1) 요한계시록 3장 20절 – "볼지어다 내가 문 밖에 서서 두드리노니 누구든지 내 음성을 듣고 문을 열면 내가 그에게로 들어가 그와 더불어 먹고 그는 나와 더불어 먹으리라."

(2) 마태복음 7장 7, 8절 – "구하라 그리하면 너희에게 주실 것이요 찾으라 그리하면 찾아낼 것이요 문을 두드리라 그리하면 너희에게 열릴 것이니 구하는 이마다 받을 것이요 찾는 이는 찾아낼 것이요 두드리는 이에게는 열릴 것이니라."

(3) 요한일서 4장 1절 – "사랑하는 자들아 영을 다 믿지 말고 오직 영들이 하나님께 속하였나 분별하라 많은 거짓 선지자가 세상에 나왔음이라."

3. 아래 성구의 (　)에 맞는 단어를 넣고 가능하면 암송합시다.

"다만 이뿐 아니라 우리가 환난 중에도 즐거워하나니 이는 (　)은 인내를 인내는 (　)을, 연단은 (　)을 이루는 줄 앎이로다."(롬 5:3–4)

1. 영의 눈이 열리는 축복

작사/작곡 이 순 희

♩ = 80

A E/G♯ D/F♯ D B7/D♯ E
영의 눈이열리 는 축복 을받아 순수 하고정결한 마음 으 로

5 D/F♯ E/G♯ A A/C♯ D/E E F♯m E
변 화 되 길 원 하 네 지 혜 와 계 시 의 영 부 어

9 D E(add2) F♯m D E F♯m
주 시 사 하 나 님 을 알 게 하 시 고 마 음

13 A Bm7 E/G♯ F♯m/A Bm D A/C♯
의 눈 을 밝 히 사 하 나 님 이 예 비 하 신 축 복

17 Bm7 E/G♯ A E F♯m D B/D♯
받 게 하 소 서 영 의 눈 이 열 리 어 기 적 을 보 게 하 소

21 E D B7/D♯ E D/F♯ E/G♯
서 영 의 눈 이 열 리 면 고 난 은 유 익 으 로 –

25 A A/C♯ Bm D E D/F♯
상 처 는 열 매 로 위 기 는 기 회 로 환 난 은 연 단 의

29 E D/E E A E/G♯ Bm A/C♯
기 회 가 된 다 네 영 의 눈 이 열 리 어 지 혜

33 D A/C♯ Bm A(add2)/C♯ Bm7 E A
롭 고 담 대 한 삶 살 게 하 소 서

제 2 장

자아의 절망과 십자가 소망의 균형

창 11:1–9

"온 땅의 언어가 하나요 말이 하나였더라 이에 그들이 동방으로 옮기다가 시날 평지를 만나 거기 거류하며 서로 말하되 자, 벽돌을 만들어 견고히 굽자 하고 이에 벽돌로 돌을 대신하며 역청으로 진흙을 대신하고 또 말하되 자, 성읍과 탑을 건설하여 그 탑 꼭대기를 하늘에 닿게 하여 우리 이름을 내고 온 지면에 흩어짐을 면하자 하였더니 여호와께서 사람들이 건설하는 그 성읍과 탑을 보려고 내려오셨더라 여호와께서 이르시되 이 무리가 한 족속이요 언어도 하나이므로 이같이 시작하였으니 이후로는 그 하고자 하는 일을 막을 수 없으리로다 자, 우리가 내려가서 거기서 그들의 언어를 혼잡하게 하여 그들이 서로 알아듣지 못하게 하자 하시고 여호와께서 거기서 그들을 온 지면에 흩으셨으므로 그들이 그 도시를 건설하기를 그쳤더라 그러므로 그 이름을 바벨이라 하니 이는 여호와께서 거기서 온 땅의 언어를 혼잡하게 하셨음이니라 여호와께서 거기서 그들을 온 지면에 흩으셨더라."

2
자아의 절망과 십자가 소망의 균형

'균형'은 '어느 한 쪽으로 기울거나 치우치지 아니하고 고른 상태'를 뜻합니다. 영어로는 'balance(밸런스)' 혹은 'harmony(하모니)'라고 표현합니다. 균형을 잡으면 대립이나 어긋남이 없이 서로 잘 어울리는 상태에 놓이게 됩니다.

균형은 아름다움의 핵심입니다.

무엇이든지 균형이 잡힐 때 아름답습니다.

눈, 코, 입 각각이 아름답고 뛰어나도 이목구비의 균형이 이루어지지 않아서 조화롭지 못하면 아름다운 얼굴이 되지 못합니다. 그러나 눈, 코, 입이 그다지 아름답지 못해도 균형이 잡히면 아름답게 보입니다. 또 꽃꽂이에 사용되는 각각의 꽃이 화려하고 싱싱하더라도 전체적으로 균형이 맞지 않으면 완성된 꽃꽂이는 아름답지 않습니다. 음악, 미술, 무용과 같은 예술 분야에서도 균형이 중요합니다.

부분이 부족해도 전체가 조화로우면 훌륭한 결과를 이룰 수 있지만, 부분이 뛰어나도 전체적으로 균형을 잡지 못하면 좋은 성과를 얻을 수 없습니다.

균형은 아름다움의 핵심일 뿐만 아니라 성장과 능력의 근원이 됩니다. 새가 빨리 날기 위해서는 좌우 날개가 균형을 잘 잡아야 합니다. 자전거를 타고 멀리 가기 위해서도 역시 양쪽 페달에 균형을 잘 잡아야 합니다. 비행기가 잘 날기 위해서는 좌우 날개가 균형을 잘 이루어야 합니다. 균형을 잡는 순간 속도가 생기고 힘이 생기며 여유가 생깁니다.

우리는 아름다움의 핵심, 성장의 근원, 능력의 중심이 되는 균형을 이루어야 합니다.

균형은 영성 훈련의 결과입니다. 균형이 깨어진 모든 것이 아름답지 못하듯이 치우친 신앙, 균형이 깨어진 신앙은 아름답지 못합니다. 그뿐만 아니라 신앙의 균형을 잃은 사람은 쉽게 그리고 빨리 넘어지고 제대로 성장하지 못합니다.

말씀과 기도의 균형, 지성과 영성의 균형, 하나님 사랑과 이웃 사랑의 균형, 현실과 천국의 균형, 비움과 채움의 균형, 이성과 감성의 균형, 사고와 행동의 균형, 재능과 노력의 균형을 이루지 못한 성도는 끝까지 흔들림 없이 나아갈 수 없습니다.

균형을 잡지 못한 성도들은 한쪽으로 치우쳐 향방 없이 행동하게 됩니다. 율법주의에 치우치고, 은사주의에 치우치며, 행위에 집착하거나 자기 편견에 사로잡혀서 마귀에게 휘둘리게 됩니다. 그러므로 우리는 '균형을 위한 길'로 가야 합니다. 긴장과 안식의 균형, 절제와 열정의 균형, 절망과 소망의 균형, 은사와 성품의 균형, 지식과 지혜의 균형을 이루어야 합니다.

"오직 강하고 극히 담대하여 나의 종 모세가 네게 명령한 그 율법을 다 지켜 행하고 우로나 좌로나 치우치지 말라 그리하면 어디로 가든지 형통하리니."(수 1:7)

균형은 영성의 고수의 단계에 이를 때 비로소 이룰 수 있는 성숙의 결과물입니다. 우리는 자주 치우치고, 쉽게 흔들리는 신앙생활에 낙망할 것이 아니라 인내로 균형을 위한 훈련을 받고 성숙한 균형에 도달해야 합니다.

아기는 발을 떼고 제대로 걸을 때까지 약 3천 번을 넘어진다고 합니다. 아기는 걸음마를 배우기 시작할 때부터 하루 평균 20번을 넘어지면서 몸의 중심을 잡아갑니다. 아기는 머리가 몸통보다 크고 무거워서 신체의 균형을 잡기가 어렵습니다. 아기가 걸음걸이의 균형 잡기에 실패해 넘어질 때는 그야말로 온몸으로 넘어집니다. 머리, 어깨, 무릎, 턱 등을 수없이 다칩니다.

그러나 아기는 겁이 없습니다.

아프다고, 피가 난다고, 걷고자 하는 의지를 버리지 않습니다. 아기는 균형을 잡을 때까지 넘어지면 다시 일어나 걸으려고 안간힘을 씁니다. 마침내 어느 날 두 다리의 균형을 잡고 걷는 법을 터득하게 될 때 아기는 놀라운 속도로 성장하게 됩니다. 중심을 잡는 법을 제대로 알게 되면 앞으로 나가는 것은 그리 어려운 일이 아닙니다.

영적 성장도 중심을 잡을 때 일어납니다.

마음의 중심, 삶의 중심, 영성의 중심만 잘 잡으면 그때부터는 성장이 쉽습니다. 균형을 이루게 되면 성장하는 것은 시간문제입니다. 아는 것과 믿는 것의 균형, 믿음과 행함의 균형, 예배와 삶의 균형을 잡기만 하면 우리의 신앙은 놀라운 속도로 성장하게 됩니다. 그러므로 오늘 우리는 균형을 방해하는 모든 육적인 장애물들을 버리고 균형을 위한 훈련을 받아야 합니다.

"우리가 다 하나님의 아들을 믿는 것과 아는 일에 하나가 되어 온전한 사람을 이루어 그리스도의 장성한 분량이 충만한 데까지 이르리니 이는 우리가 이제부터 어린 아이가 되지 아니하여 사람의 속임수와 간사한 유혹에 빠져 온갖 교훈의 풍조에 밀려 요동하지 않게 하려 함이라."(엡 4:13-14)

특별히 우리는 균형의 영성을 소유하기 위해 '자아의 절망과 십자가 소망의 균형'을 이루어야 합니다. 영적인 진리를 알기 위해 자아의 절망을 이루어야 하지만, 절망한 만큼 십자가를 소망해야 합니다. 한마디로 자신에 대해서는 철저히 절망하고 하나님께 대해서는 소망을 가져야 한다는 말입니다.

> "형제들아 우리가 아시아에서 당한 환난을 너희가 모르기를 원하지 아니하노니 힘에 겹도록 심한 고난을 당하여 살 소망까지 끊어지고 우리는 우리 자신이 사형 선고를 받은 줄 알았으니 이는 우리로 자기를 의지하지 말고 오직 죽은 자를 다시 살리시는 하나님만 의지하게 하심이라."(고후 1:8-9)

자아에 대해 절망하지 않은 사람은 진리에 대한 갈급함이 없어서 쉽게 오만해집니다.

자신의 더러움을 깨닫지 못한 사람은 십자가를 봐도 아무런 감흥이 없습니다. 죄로 인한 극도의 수치심과 두려움을 느껴보지 않은 사람은 십자가에 아무런 감동을 느끼지 못하는 것입니다. 그러나 죄로 인해 절망해 본 사람, 자신의 밑바닥을 본 사람에게는 십자가가 최고의 능력이고 소망이며 기쁨입니다. 그래서 하나님은 사랑하는 자녀에게 고난을 통해서라도 오직 하나님만을 바라보게 하십니다.

> "…죄가 더한 곳에 은혜가 더욱 넘쳤나니."(롬 5:20)

예수님은 의인을 부르러 오신 것이 아니라 죄인을 불러 회

개시키고 구원을 얻게 하려고 오셨습니다

"예수께서 대답하여 이르시되 건강한 자에게는 의사가 쓸 데 없고 병든 자에게라야 쓸 데 있나니 내가 의인을 부르러 온 것이 아니요 죄인을 불러 회개시키러 왔노라."(눅 5:31-32)

우리는 십자가 진리를 보기 위해 우리 자아(自我)에 대해 제대로 절망하고 더 깊이 절망해야 합니다. 그런데 자아에 대해 절망만 하고 십자가의 소망을 붙들지 못하면 영적 우울증, 영적 무기력에 빠지기 쉽습니다. 자신의 죄로 인해 수치심만 느끼고 낮은 자존감과 열등감에 갇혀서 소극적인 삶을 살게 됩니다. 십자가의 능력을 힘입지 못하는 어리석은 인생이 되고 마는 것입니다. 그러므로 우리는 자아의 절망과 십자가 소망 사이에 균형을 잡아야 합니다. 절망이 빠진 소망은 오만이 되고, 소망이 빠진 절망은 우울이 됩니다. 오늘 우리는 자아의 절망과 십자가 소망 사이에 균형을 잡고 십자가 도의 신비를 깨달아야 합니다(고전 1:18-21).

인생을 살다 보면 누구나 절망의 밤을 맞이하게 됩니다.

정도의 차이가 있을 뿐 누구나 예상치 못한 절망의 밤, 위기의 순간을 맞이하게 됩니다. 이러한 절망의 시간을 어떻게 맞이하느냐에 따라 매우 다른 미래를 맞이하게 됩니다.

절망의 밤을 있는 그대로의 현실로만 받아들이면 그저 죽음에 이르는 병이 될 뿐입니다. 그러나 하나님은 이 절망의 밤에 놀라운 소망을 감추어 두셨습니다. 아무리 새벽안개가 자욱할지라도 아침 햇살만 비추면 일순간에 걷히듯이, 우리의 시선이 빛 되신 하나님을 향해 고정될 때 절망의 안개는 일순간에 사라지게 됩니다.

하나님은 절망 가운데 있는 우리를 찾아오십니다.

그러기에 우리는 절망의 밤을 기도의 밤으로 바꿔야 합니다. 기도 가운데 절망 속에 감추어 두신 하나님의 소망을 발견해야 합니다. 고난 중에 노래하게 하시는 하나님만을 의지해야 합니다(욥 35:9-11).

하나님의 자녀에게 절대 절망이란 없습니다.

성경 속에는 절망의 밤에 하나님을 만나 역전의 인생을 살았던 사람들의 이야기가 수두룩합니다. 죄 중에 태어난 인간은 완악하여 절망의 순간이 되어서야 겸손히 무릎을 꿇게 됩니다(시 107:10-14).

모든 고통의 원인은 진리에 대한 무지에 있습니다.

사탄은 자신의 무기인 거짓말로 성도를 미혹하고 공격하기에, 성도가 사탄의 거짓을 분별하게 하는 진리를 알지 못하면 사탄에게 속아서 고통스럽게 살 수밖에 없습니다(요 8:44, 벧전 5:8-9).

우리는 진리를 아는 만큼 천국 같은 삶을 살고, 진리를 모르는 만큼 지옥 같은 삶을 살게 됩니다(호 4:1-6, 잠 10:21).

그래서 예수님은 우리에게 진리가 우리를 자유롭게 한다고 말씀하셨습니다.

"진리를 알지니 진리가 너희를 자유롭게 하리라."(요 8:32)

십자가에서 흘리신 보혈은 우리의 영혼을 자유롭게 할 수 있는 능력이 있습니다. '죄에서 자유롭게 되는 비결'은 오직 십자가 보혈의 능력을 믿는 것밖에 없습니다.

우리가 잘 아는 찬송가 「죄에서 자유를 얻게 함은」은 루이스 에드가 존스가 새신자 초청용으로 만든 것입니다.

본래 이 찬양은 질문의 형태로 되어 있습니다.

1절은 "무거운 죄의 짐으로부터 해방되기를 원하십니까?", 2절은 "정욕과 교만에서 벗어나고 싶으십니까?", 3절은 "당신의 죄가 눈보다 더 희게 되기를 원하십니까?"라는 질문으로 시작합니다. 그리고 나머지 가사와 후렴에서 '그 비결은 오직 예수 그리스도의 십자가 보혈의 능력을 믿는 것'이라고 강하게 대답합니다. 죄의 문제는 오직 십자가에서 해결 받을 수 있음을 분명하게 알고 믿어야 합니다.

더불어 영적인 세계를 실제적으로 이해하고 영적 지식을 소유해야 합니다. 죽은 말씀이 아니라 살아 역사하시는 영적인 말씀을 듣고 깨달아야 합니다. 성 어거스틴은 행복은 진리의 소유에 있다고 말했습니다.

우리 모두가 마귀를 대적하고 물리칠 수 있는 진리, 사명을 발견하고 감당하게 하는 진리, 하나님이 허락하신 축복을 누리되 완전하게 누리게 하는 진리를 깨닫기를 원합니다. 진리를 알아서 천국 문을 열고, 하나님의 얼굴을 보며, 하나님의 영광 안에서 승리를 누리기를 소원합니다(호 6:1-3, 호 6:6).

살아계신 하나님은 우리의 창조주이시며 치료의 하나님이십니다. 우리를 지으신 하나님은 우리의 영혼육을 본질적으로 가장 잘 알고 계신 분이고, 우리의 모든 질병을 가장 완벽하게 고칠 수 있는 분이십니다. 그러므로 하나님의 진리 안에 완전한 치료, 완전한 회복, 완전한 만족과 누림이 있습니다(사 30:26, 출 15:26).

우리는 인생의 모든 소망과 능력을 하나님의 진리에 두어야 합니다. 진리를 열망해야 하고 진리를 사모해야 하며 진리에 대한 뜨거운 욕심을 내야 합니다. 그리고 진리를 얻기 위해 자기를 무너뜨려야 합니다.

육은 영을 막고, 자아는 진리를 방해합니다.

자기 안에 있는 죄의 실체를 깨닫지 못한 사람은 자기도 모르는 사이에 자기 힘, 자기 지혜, 자기 이론을 신뢰하고 육으로 행하며 진리를 거스르는 삶을 살게 됩니다.

자아는 육신의 속성을 반영합니다.

육신의 생각은 영의 생각을 알 수 없고 영의 일을 할 수도 없습니다(고전 2:9–10).

> "우리가 이것을 말하거니와 사람의 지혜가 가르친 말로 아니하고 오직 성령께서 가르치신 것으로 하니 영적인 일은 영적인 것으로 분별하느니라 육에 속한 사람은 하나님의 성령의 일들을 받지 아니하나니 이는 그것들이 그에게는 어리석게 보임이요, 또 그는 그것들을 알 수도 없나니 그러한 일은 영적으로 분별되기 때문이라."(고전 2:13–14)

자아를 깨뜨리지 못하면 우리는 결국 육적인 삶, 이기적인 삶을 살게 됩니다. 자아가 진리를 깨닫지 못하도록 방해하고 진리를 거스르게 만들기 때문입니다. 그래서 예수님은 진리를 따르기 위해 먼저 자기를 부인하라고 하셨습니다.

자아는 죄를 기반으로 성장합니다.

완전히 성화되지 않은 자아는 죄에 휘둘리고, 죄에 의한 선택을 하고, 죄가 죄인 줄 모르고 살아가게 합니다.

얼마나 위험합니까?

만약 우리가 신앙생활을 하면서 성령의 빛이 자아를 부인하도록 이끄신다면, 그 순간은 정말 아프겠지만 하나님이 우리를 참된 하나님의 사람으로 만들어 주시기 위함이라는 사실을 깨닫고 감사해야 합니다(마 16:24).

스위스의 종교개혁자 츠빙글리는 염소들을 통해 '신자의 낮아짐이 신앙의 상승을 이룬다'는 진리를 깨달았습니다.

어느 날 츠빙글리는 스위스의 산 위를 걷다 좁은 산길에서 두 마리의 염소를 보았는데 한 마리는 위로 올라가려고 하고 다른 한 마리는 아래로 내려가려고 했습니다. 그러나 워낙 좁은 길이라 두 마리가 동시에 올라가고 내려갈 수 없었습니다. 서로 팽팽히 맞선다 싶은 순간, 놀라운 일이 벌어졌습니다. 올라가려던 염소가 길가에 누웠고 위에 있던 염소가 누운 염소를 밟고 내려왔습니다. 그런 다음 누웠던 염소가 일어나 올라가는 것이었습니다. 이를 통해 츠빙글리는 하나님 앞에서와 사람 앞에서 엎드리는 사람이 하나님의 은총으로 올라간다는 진리를 깨달았습니다.

우리는 십자가 진리를 얻기 위해 자기에 대해 깊이 절망하고 자신을 버려야 합니다. 자아라는 감옥에서 해방되지 못하면 우리가 생각하고, 인식하는 모든 것이 자아의 상처의 조종을 받게 됩니다. 열등감, 피해의식, 교만, 이기심과 같은 자아의 모습이 우리의 생각 전체를 지배해서 바로 볼 수 없게 하고 바로 생각할 수 없게 합니다. 그래서 하나님은 하나님이 쓰시고자 하는 사람을 부르시고 먼저 자기 의를 버리게 하십니다. 철저히 자신에 대해 실망감을 느끼게 하시고 죄에 굴복할 수밖에 없는 자기 자아에 대해 절망하게 하십니다.

대표적으로 사도 바울이 그랬습니다.

예수 그리스도라는 진리를 만나기 전 바울은 분노와 살기가 충만하여 그리스도의 도를 핍박하고, 그리스도인이라면 남녀를 가리지 않고 잡아다가 감옥에 넘기는 일을 하던, 열성적인 유대교 청년이었습니다. 그는 자신의 삶에 대해 나름대로의 자부심과 확신을 가지고 있었습니다. 바울은 자기 의에 심취한 사람이었습니다. 그는 스스로 율법에 흠이 없는 자라고 자부하던 사람이었고 자기 열심에 대해 한 치의 의심도 품지 않은 사람이었습니다.

> "그러나 나도 육체를 신뢰할 만하며 만일 누구든지 다른 이가 육체를 신뢰할 것이 있는 줄로 생각하면 나는 더욱 그러하리니 나는 팔일 만에 할례를 받고 이스라엘 족속이요 베냐민 지파요 히브리인 중의 히브리인이요 율법으로는 바리새인이요 열심으로는 교회를 박해하고 율법의 의로는 흠이 없는 자라."(빌 3:4-6)

이렇게 바울은 자기 영혼의 상태에 대해 자신만만하여 스스로 완벽하다고 여겼고, 실제로 많은 사람들의 눈에도 그는 완벽한 사람으로 여겨졌습니다. 가말리엘의 문하생으로 당대 최고의 학벌을 소유한 바울은 로마 시민권을 가지고 있었고, 앞장서서 기독교를 박해할 만큼 유대인들의 수장 역할을 한 사람이었습니다. 그런 그가 예수님을 만나게 되었습니다(행 9:3-5).

예수님의 진리는 바울의 자아를 깨뜨렸습니다.

예수님의 빛은 바울의 육적인 눈을 멀게 했고, 예수님의 음성은 바울의 의를 무너뜨렸습니다. 진리를 만난 바울은 그야말로 아무것도 할 수 없는 무력한 자가 되었습니다. 예수님은 바울에게 자기 내면 안에 있는 죄의 실체를 보게 하셨고 자기 자신에 대해 절망하게 하셨습니다.

우리 모두가 우리의 자아를 깨뜨리는 진리를 만나기를 소원합니다. 아직 깨어지지 않은 육체의 일을 깨뜨리고 육적인 기질을 무너뜨리는 십자가의 도를 경험하기를 바랍니다(갈 5:19-21, 갈 5:24).

진정으로 예수님을 만나면 깨어질 수밖에 없습니다.

그러기에 우리는 성령님의 도우심을 구하며 지혜롭게 스스로 깨어져야 합니다. 그렇지 않으면 주님이 우리를 인간의 한계선 상, 벼랑 끝으로 몰아넣으시고 깨뜨리십니다(눅 20:17-18).

자신의 전부였던 향유 옥합을 깨뜨려 예수님의 발에 부었던 여인이 있습니다. 옥합은 옥으로 만든 항아리입니다. 그래서 한번 부서지면 다시는 사용할 수 없는 그릇입니다. 그녀가 옥합을 깨뜨렸을 때에 온 방에는 향기가 진동했고, 예수님은 그 헌신을 통해 크게 기뻐하시며 영광을 받으셨습니다.

우리는 바로 하나님이 만드신 가장 귀한 옥합입니다.

우리 모두가 주님 앞에 자신을 온전히 깨뜨려 그리스도의 향기를 발하는 인생, 하나님의 영광을 나타내는 삶을 사시기 바랍니다.

성도는 토기장이 되시는 주님의 손에 완전히 부서지고 깨어져서 주님이 쓰시기에 합당한 그릇으로 다시 빚어져야 합니다. 우리가 고운 가루가 될 때 주님은 우리를 마음껏 다시 만드셔서 쓰십니다(렘 18:3-6).

진리는 자아의 깨어짐으로 나타나고, 육체의 무너짐으로 드러납니다. 오늘 본문에 나타난 진리는 바벨탑이라는 육체의 노력과 교만을 무너뜨리는 능력으로 나타났습니다.

창세기에는 '하나님의 창조, 선악과 범죄, 노아 시대의 홍수 심판, 그리고 바벨탑 사건'의 4대 사건이 등장합니다. 하나님의 창조는 완전한 선, 완전한 지혜, 완전한 능력의 현현이었습니다. 하나님은 하나님이 보시기에 심히 좋은 상태로 천지만물을 창조하셨고 하나님의 형상과 모양으로 사람을 만드시고 이 세상을 정복하고 다스리라고 말씀하셨습니다.

"하나님이 이르시되 우리의 형상을 따라 우리의 모양대로 우리가 사람을 만들고 그들로 바다의 물고기와 하늘의 새와 가축과 온땅과 땅에 기는 모든 것을 다스리게 하자 하시고 하나님이 자기형상 곧 하나님의 형상대로 사람을 창조하시되 남자와 여자를 창조하시고 하나님이 그들에게 복을 주시며 하나님이 그들에게 이르시되 생육하고 번성하여 땅에 충만하라, 땅을 정복하라, 바다의 물고기와 하늘의 새와 땅에 움직이는 모든 생물을 다스리라 하시니라."(창 1:26-28)

하지만 사람은 하나님처럼 되고자 하는 무서운 욕망으로 선악과를 따먹음으로 죄를 지었고, 자기 죄를 먹고 마시는 육체로 전락했습니다. 특히 창세기 6장 1절로 3절까지 보면 노아의 시대에 이르러서는 하나님의 아들들이 사람의 딸들의 아름다움을 보고 자기들이 좋아하는 모든 여자를 아내로 삼으며 육체의 일을 하고 범죄했습니다.

하나님은 육신이 된 그들과 함께하지 아니하셨고, 그들의 날을 백이십 년으로 제한하셨습니다. 하나님은 세상이 죄악으로 가득한 것을 보시고, 사람들의 마음으로 생각하는 모든 계획이 항상 악할 뿐임을 보시고 땅 위에 사람 지으셨음을 한탄하셨습니다.

그리고 은혜를 입은 노아를 통해 방주를 만들어 노아의 가족 8명을 방주로 들어가게 하시고 홍수 심판을 내려 모두 멸하셨습니다. 스스로 죄를 짓고, 죄를 반복하며, 죄를 대물림

하는 것이 인간의 완악함이었기에 하나님은 홍수 심판으로 모든 것을 새롭게 하기를 원하셨습니다. 하지만 홍수 심판에도 인간 속에 견고하게 박혀 있는 죄의 뿌리는 뽑히지 않았습니다. 노아의 가족들로 말미암아 다시 종족을 번성하게 하셨지만 아직도 노아가 살아있는 상황 속에서 바벨탑을 쌓았습니다.

바벨탑 사건은 노아 시대의 홍수 사건이 일어나고 약 100년 후인 노아의 5대손 벨릭이 태어난 해에 있었던 일로 추정합니다(창 10:25). 홍수 사건이 있고 그리 오랜 시간이 지나지 않아서 일어난 것입니다. 노아 시대의 홍수는 지면 위에 호흡 있는 모든 생물을 멸하신 하나님의 무서운 형벌이었습니다.

이 얼마나 무서운 심판입니까?

우리는 수천 명의 인명피해를 일으킨 쓰나미(tsunami), 수만 명의 사상자를 만든 지진과 같은 소식만 들어도 무섭고 두렵습니다. 그런데 노아 시대의 홍수는 지진이나 쓰나미와는 비교할 수도 없는, 하나님께서 지구상의 생명을 다 멸하신 엄청난 사건이었습니다.

오늘 본문에 등장하는 사람들은 그런 엄청난 사건을 겪은 노아와 노아의 가족들 그리고 다음 세대의 사람들입니다. 홍수 심판으로도 깨달음을 얻지 못한 인간들은 선악과 사건의 죄를 뿌리 삼아 노아 홍수 사건 이전의 죄악을 반복했고 급기야 바벨탑을 쌓아 스스로 흩어짐을 면하고, 자기 이름을 내려고 했습니다. 고질적인 육적 욕망을 가지고 다시 한번 자신을 높여 하나님처럼 되고자 하는 악하고 어리석은 시도를 하기에 이른 것입니다.

오늘 우리는 홍수 심판으로도 씻기지 않은 인간의 죄의 뿌리를 생수의 강으로 뽑아내야 합니다. 오직 배에서부터 흐르는 성령의 강으로 말미암아 모든 죄의 뿌리를 제거하고 근원이 새로워진 삶을 살아야 합니다(요 7:37-39).

우리 영혼의 밀실에 박혀 있는 욕심의 뿌리, 교만의 뿌리, 게으름의 뿌리, 거짓의 뿌리, 시기의 뿌리, 질투의 뿌리, 분쟁의 뿌리가 생수의 강에 의해 뽑히기를 원합니다. 그리고 예수님의 사랑으로 새로워진 마음과 영으로 성령의 열매를 맺는 삶을 사시기를 바랍니다.

하지만 노아의 후손들은 동방으로 옮기다가 시날 평지라는 곳에 정착해서 죄의 뿌리가 만드는 육신의 생각을 했습니다. 그들은 하나님의 뜻과 약속에는 관심이 없었고 자기 육신이 이끄는 대로 생각했습니다. 하나님은 분명히 노아의 후손들에게 무지개를 보여주시며 언약을 세우셨습니다. 하지만 육적인 노아의 후손들은 하나님의 약속에 관심이 없었습니다(창 9:11-16).

노아의 후손들은 진리와 관계없이 육이 만들어내는 두려움, 염려, 걱정, 근심에 이끌렸고 자기 교만, 자만심에 도취되었습니다. 자기 죄를 깨닫고 회개하기는커녕 자기 죄를 알지도 못하고 자기 힘으로 살아남으려고 했습니다.

이렇게 육신에 갇혀서 자아를 따르는 사람은 진리와 관계없는 삶을 살아갑니다. 진리의 약속이 없는 것이 아닌데, 약속받지 못한 자처럼 살고, 진리의 사랑이 없는 것이 아닌데 사랑받지 못하는 자처럼 살아갑니다.

노아의 후손들은 홍수 심판이 다시 있을 것을 두려워해 바벨탑을 쌓아 자신들이 온 지면에 흩어질 것을 면하자고 했습니다. 만약 다시 홍수 심판이 있으면 지면에서 흩어지는 정도가 아니라 생명을 잃게 되는데, 자신들의 힘으로 자신들의 운명을 결정지을 수 있을 것이라는 오만한 생각을 한 것입니다. 그리고 육적인 과신으로 성읍과 탑을 건설하여 탑 꼭대기를 하늘에 닿게 하려고 했습니다. 사람이 넘볼 수 없는 곳을 넘보며, 할 수 없는 일을 하려고 했습니다.

"온 땅의 언어가 하나요 말이 하나였더라 이에 그들이 동방으로 옮기다가 시날 평지를 만나 거기 거류하며 서로 말하되 자, 벽돌을 만들어 견고히 굽자 하고 이에 벽돌로 돌을 대신하며 역청으로 진흙을 대신하고 또 말하되 자, 성읍과 탑을 건설하여 그 탑 꼭대기를 하늘에 닿게 하여 우리 이름을 내고 온 지면에 흩어짐을 면하자 하였더니."(창 11:1-4)

오늘날에도 자아의 절망을 이루지 못한 사람들은 바벨탑을 쌓은 노아의 후손들처럼 어리석은 삶을 살아갑니다. 물질의 벽돌, 미모의 벽돌, 건강의 벽돌, 인기의 벽돌, 지식의 벽돌을 쌓아서 하늘에 닿으려 하고, 자아의 탑과 성읍을 쌓아서 자기 운명을 자기 뜻대로 만들려고 합니다. 인간의 생사화복이 하나님께 있음을 알지 못하고 자기 힘과 노력으로 자신의 삶을 윤택하고 행복하게 만들 수 있을 것이라고 착각합니다.

자아의 절망을 이루지 못한 사람은 자아의 힘으로 바벨탑을 쌓으려는 노력을 쉬지 않습니다. 자신의 이름을 내기 위해 돈을 벌고 공부를 하며 봉사합니다. 심지어 신앙생활도 자신의 이름을 내기 위해 합니다. 자기 힘으로 하늘에 닿아 만족을 얻을 순간을 만들려고 하지만 그런 순간은 결코 오지 않습니다. 하늘에 닿고자 더 높이 쌓아보지만 높이 쌓으면 쌓을수록 하늘은 닿지 않는 더 높은 곳에 있음을 보게 될 뿐입니다.

최고의 부와 명예, 권력을 누렸던 솔로몬도 사람의 벽돌, 쾌락의 벽돌, 지혜의 벽돌, 물질의 벽돌, 힘의 벽돌로 하늘에 닿아 자신이 원하는 육체의 만족을 얻으려 했습니다. 하지만 결과는 허무와 절망뿐이었습니다(전 1:8, 전 12:13-14, 전 5:10).

솔로몬의 수많은 재물도 그에게 허망함만 안겨주었고 그의 주위에 있었던 수많은 사람들도 그에게 실망만 느끼게 했습니다(전 7:28).

하나님은 하나님이 사랑하시는 자들이 계속해서 바벨탑을 쌓으며 바벨탑에 헛된 소망을 둔 삶을 살도록 내버려 두지 않으십니다. 하나님은 진리로 육신을 무너뜨리시고, 하나님의 사랑으로 인간의 무능을 알게 하십니다.

하나님은 사람들이 건설한 성읍과 탑을 보려고 내려오셔서 노아의 후손들의 언어를 혼잡하게 하셨고 그들을 흩으셨습니다. 하나님이 언어만 혼잡하게 하셔도 인간은 서로 알아듣지 못하여 아무것도 할 수 없는 무력한 존재들이 되고 맙니다.

> "여호와께서 사람들이 건설하는 그 성읍과 탑을 보려고 내려오셨더라 여호와께서 이르시되 이 무리가 한 족속이요 언어도 하나이므로 이같이 시작하였으니 이후로는 그 하고자 하는 일을 막을 수 없으리로다 자, 우리가 내려가서 거기서 그들의 언어를 혼잡하게 하여 그들이 서로 알아듣지 못하게 하자 하시고 여호와께서 거기서 그들을 온 지면에 흩으셨으므로 그들이 그 도시를 건설하기를 그쳤더라 그러므로 그 이름을 바벨이라 하니 이는 여호와께서 거기서 온 땅의 언어를 혼잡하게 하셨음이니라 여호와께서 거기서 그들을 온 지면에 흩으셨더라."(창 11:5-9)

인간의 지혜는 인간의 무능함을 깨닫고 자기 자아에 대해 절망하는 데서 나옵니다. 우리는 우리 힘으로 우리의 생명을 1초도 연장할 수 없고, 우리가 원하는 대로 하늘에 닿는 바벨탑을 쌓을 수 없으며, 내일 일도 알 수 없습니다. 그러므로 인간의 지혜는 오직 하나님만을 의지하는 데에서 나옵니다.

도박장, 카지노에는 세 가지가 없다고 합니다.

거울이 없고, 시계가 없고, 창문이 없다고 합니다.

자기 자신이 어떤 모습인지를 볼 거울이 없고, 지금 몇 시인지를 확인할 수 있는 시계가 없고, 밖의 세상을 내다볼 수 있는 창문이 없다고 합니다.

사탄은 우리를 영적 카지노에 가두려고 합니다.

자기 마음속에 갇혀서 자기중심적으로, 이기적으로 살게 하고 자기의 무능함과 무지함을 알지 못하게 만듭니다. 한방만 터지면 인생이 역전될 것이라고 기대하는 도박중독에 빠진 사람들처럼 세상의 바벨탑을 조금만 더 높이 쌓으면 지상낙원을 누릴 수 있을 것이라고 여기게 만듭니다.

그러나 하나님의 진리는 우리의 거울이 되고 시계가 되며 창문이 됩니다. 자기 죄를 보게 하는 거울이 되고, 만물의 마지막이 가까웠음을 보게 하는 시계가 되며, 인생의 창문 밖을 내다보게 하는 창문이 됩니다.

우리는 말씀의 거울로 우리의 내면세계를 깨닫고 철저히 우리의 죄성의 악함에 대해, 육신의 미련함에 대해 절망하고 십자가를 소망해야 합니다. 최고의 지혜는 여호와를 경외하는 것입니다(잠 1:7, 잠 14:26).

“여호와를 경외함이 지혜의 근본이라 그의 계명을 지키는 자는 다 훌륭한 지각을 가진 자이니 여호와를 찬양함이 영원히 계속되리로다.”(시 111:10)

사도 바울은 철저히 자기 자아에 대해 절망하며 괴로워하는 시간을 겪었습니다. 그는 자기 안에 하나님을 대적하는 죄의 세력이 있음을 보았고 그 죄의 세력이 자신을 사로잡는 것을 보았습니다. 그래서 한때 자기 의로움에 대해 자신만만했던 그는 모든 과거를 배설물로 여기고 자기에게 절망하게 되었습니다.

하지만 바울은 죄로 물든 자기 자아에 절망만 하고 있지 않았습니다. 그는 모든 죄에서 자신을 구원하실 유일하고 절대적인 진리가 되시는 예수 그리스도를 의지하여 영적 우울과 무기력을 물리쳤습니다.

A. W. 토저는 “영혼의 어두운 밤에 자기 의라는 불신앙의 빛이 단 한줄기라도 비추어져서는 안 된다.”라고 말했습니다. 철저한 절망 속에서 조금이라도 자신을 의지하지 말아야 한다는 것입니다. 우리가 가져야 할 소망의 빛은 오직 예수 안에만 있습니다.

“그러므로 이제 그리스도 예수 안에 있는 자에게는 결코 정죄함이 없나니 이는 그리스도예수 안에 있는 생명의 성령의 법이 죄와 사망의 법에서 너를 해방하였음이라.”(롬 8:1–2)

우리는 자아에 대해 절망한 만큼 십자가를 소망할 수 있습니다. 가난한 심령이 천국을 차지할 수 있고, 목마른 심령이 진리의 샘을 얻을 수 있습니다. 자신에 대해 절망하고 십자가를 붙드는 사람에게 천국 문이 열립니다. 그러므로 우리의 자아가 무너지고 깨어지는 것을 소망하고, 자아의 깨어짐을 유도하는 모든 고난과 시험에 대해 기뻐하기를 바랍니다.

세상의 바벨탑이 쌓이는 것에 기뻐하지 말고, 세상의 바벨탑이 무너지는 것에 기뻐하시기를 바랍니다. 다른 사람들이 세상의 바벨탑을 높이 쌓는 것에 대해 부러워하지 말고, 자아를 무너뜨려 십자가를 보게 하시는 하나님의 능력을 찬양하시기를 바랍니다.

우리는 철저하게 세상의 바벨탑을 무너뜨려야 합니다(시 62:1-6).

십자가를 소망하기 위한 자아의 절망은 건강한 절망이며, 성령이 이끄시는 절망입니다. 기도하게 하는 절망, 진리를 사모하게 하는 절망은 거룩한 절망입니다(고후 7:9-10).

하나님은 우리로 하여금 잠깐 근심하게 하시며, 절망하게도 하십니다. 그러나 하나님이 허락하시는 그 절망의 시간은 우리로 하여금 더욱더 십자가만을 소망하게 하며, 참된 회개를 위한 것, 즉 우리 영혼의 유익을 위한 절망입니다.

"그러므로 너희가 이제 여러 가지 시험으로 말미암아 잠깐 근심하게 되지 않을 수 없으나 오히려 크게 기뻐하는도다 너희 믿음의 확실함은 불로 연단 하여도 없어질 금보다 더 귀하여 예수그리스도께서 나타나실 때에 칭찬과 영광과 존귀를 얻게 할 것이니라."(벧전 1:6-7)

하지만 자기 자신의 내면의 문제와 환경의 문제로 인해 하나님을 소망하는 믿음까지 저버리게 하는 절망은 악한 절망이요, 미련한 절망입니다. 그런 의미에서 유명한 철학자 키에르케고르는 절망을 '죽음에 이르는 병'이라고 했습니다. 우리는 우리의 육신에 대해 절망하게 하는 모든 사건에 대해 하나님의 개입하심을 깨닫고 십자가 앞에 자신 속에 있는 모든 어둠을 드러내야 합니다. 인생의 절망을 하나님을 만날 결정적인 기회로 잡아야 합니다.

"내 영혼아 네가 어찌하여 낙심하며 어찌하여 내 속에서 불안해하는가 너는 하나님께 소망을 두라 그가 나타나 도우심으로 말미암아 내 하나님을 여전히 찬송하리로다."(시 43:5)

예수님은 절망의 밤에 우리를 찾아오십니다. 그러므로 우리는 절망의 순간에 더욱 주님을 찾고 구해야 합니다.

"환난 날에 나를 부르라 내가 너를 건지리니 네가 나를 영화롭게 하리로다."(시 50:15)

헤밍웨이가 쓴 소설 가운데 『노인과 바다』가 있습니다.
『노인과 바다』의 주인공 노인의 이름은 산디에고입니다.
그는 멕시코 바다에 조각배를 띄우고 낚시를 했습니다.
그런데 84일이 지나도록 한 마리도 잡지 못했습니다.
사람들은 불운이 덮쳤다며 산디에고를 비웃었습니다.
하지만 노인은 끝까지 낚시를 포기하지 않았습니다.
그러다가 85일째 되는 날, 몇 날 며칠의 사투 끝에 엄청난 크기의 청새치를 잡았습니다.

그런데 돌아와 보니 청새치는 뼈만 앙상하게 남아있었습니다. 돌아오는 길에 청새치의 피 냄새를 맡고 쫓아온 상어들이 청새치 살을 다 뜯어 먹었던 것입니다. 『노인과 바다』는 이렇게 인생의 허무와 절망을 드러낸 소설입니다. 이 소설을 쓴 헤밍웨이는 우울증과 과대망상에 시달리다가 61세에 총으로 자살하고 말았습니다.

우리는 절망을 통해 성령의 조명하심 아래에서 해석할 수 있는 능력을 받아야 합니다. 죄성에 대한 절망, 환경에 대한 절망, 문제에 대한 절망, 사람에 대한 절망, 건강에 대한 절망, 물질에 대한 절망 등 모든 절망을 십자가에 대한 소망으로 바꾸는 능력을 받아야 합니다(잠 24:16, 시 37:24).

큰 배는 깊은 바다를 필요로 한다는 말이 있습니다.
우리는 절망의 깊은 바다를 통해 인생의 깊이를 배우고, 십자가의 진리를 더욱 선명하게 깨달을 수 있습니다.

절망의 크기가 자아의 깨어짐의 크기요, 십자가를 소망하는 크기가 될 수 있습니다.

하나님은 우리의 자아가 만든 바벨탑을 무너뜨리시고 완전한 구원의 길인 예수 그리스도의 십자가를 계시해 주셨습니다.

> "그가 찔림은 우리의 허물 때문이요 그가 상함은 우리의 죄악 때문이라 그가 징계를 받으므로 우리는 평화를 누리고 그가 채찍에 맞으므로 우리는 나음을 받았도다 우리는 다 양 같아서 그릇 행하여 각기 제 길로 갔거늘 여호와께서는 우리 모두의 죄악을 그에게 담당시키셨도다."(사 53:5-6)

우리는 완전한 구원의 길인 십자가를 소망함으로 십자가 위에 우리의 절망투성이 자아를 못 박아야 합니다(롬 6:6-8, 갈 2:20). 그리고 사도 바울처럼 이렇게 고백할 수 있어야 합니다.

> "그러나 내게는 우리 주 예수 그리스도의 십자가 외에 결코 자랑할 것이 없으니 그리스도로 말미암아 세상이 나를 대하여 십자가에 못 박히고 내가 또한 세상을 대하여 그러하니라."(갈 6:14)

주님이 지신 십자가는 ① 죄의 결박에서 자유함을 얻는 장소, ② 자기를 부인하는 장소, ③ 옛사람이 죽는 장소, ④ 새사람으로 거듭나는 장소, ⑤ 하나님에 대한 지순한 사랑이 회복되는 장소, ⑥ 모든 삶의 영역에서 순종이 시작되는 장소, ⑦ 하나님의 능력을 받는 장소, ⑧ 예수님의 제자가 되는 장소, ⑨ 열매 맺는 삶으로 변화되는 장소, ⑩ 하나님 사랑, 이웃사랑의 장소입니다.

십자가는 고난의 길이지만 또한 영광의 길이요 생명의 길입니다.

"옛사람의 끝이 죽음이듯이 새사람의 마지막은 영원한 생명이다."라고 성 어거스틴은 말했습니다.

우리는 예수님의 십자가를 믿는 마음으로 바라보고 받아들여야 합니다. 십자가를 받아들인다는 것은 십자가 위에서 죽으시고 부활하신 예수 그리스도를 영접한다는 것을 의미합니다.

우리는 균형을 위한 혁명을 이루어야 합니다.

특별히 자아에 대한 절망과 십자가 소망의 균형을 이루기 위한 혁명을 이루어야 합니다. 십자가 소망이 빠진 자아의 절망은 영적 우울과 영적 무기력에 갇히게 하고, 자아의 절망이 빠진 십자가 소망은 교만으로 무장한 오만과 허무맹랑한 자기과신으로 바벨탑을 쌓게 합니다.

우리는 우리의 죄성에 대해 깊이 절망해야 합니다.

죄를 지어서 죄인이 아니라 죄인이기 때문에 죄를 지을 수

밖에 없는 자아에 대해 절망하고 그 절망을 십자가의 소망으로 바꾸어야 합니다.

십자가는 언제나 우리의 인생에 완전한 치료, 승리, 자유를 보장하는 능력이 됩니다. 자아의 절망과 십자가 소망의 균형을 이루어 모든 헛된 바벨탑을 무너뜨리고 하나님의 뜻을 이루는 삶을 살아가기를 주님의 이름으로 축원합니다.

〈주님과 동행하는 기쁨 나누기〉

1. (   ) 안에 맞는 단어는 무엇입니까?

(1) 균형을 잡으면 (   )이나 어긋남이 없이 서로 잘 어울리는 상태에 놓이게 됩니다.

균형은 아름다움의 핵심일 뿐만 아니라 성장과 능력의 근원이 됩니다.

● 당신은 영적 생활을 중심으로 육체적, 인격적, 사회적으로 균형 잡힌 삶을 살고 있습니까? (눅 2:52 참조)

(2) 균형을 잡지 못한 성도들은 항상 치우침으로 (   ) 없이 행동하게 됩니다.

율법주의에 치우치고, 은사주의에 치우치며, 행위에 집착하거나 자기 편견에 사로잡혀서 마귀에게 휘둘리게 됩니다.

● 치우치지 않는 사람에게 주시는 큰 복은 무엇입니까? (수 1:7 참조)

(3) 자아에 대해 절망하지 않은 사람은 (   )에 대한 갈급함이 없어서 쉽게 오만해집니다.

자아에 대해 절망만 하고 십자가의 소망을 붙들지 못하면 영적 우울증, 영적 무기력에 빠지기 쉽습니다.

● 누가복음 5장 31, 32절에서 예수님이 우리에게 오신 목적이 무엇

입니까? (눅 5:31, 32 참조)

2. 아래 성구를 보고 당신의 삶에 일어난 일을 나누십시오.

(1) 요한복음 8장 32절 – "진리를 알지니 진리가 너희를 자유롭게 하리라."

(2) 갈라디아서 5장 22~24절 –"오직 성령의 열매는 사랑과 희락과 화평과 오래 참음과 자비와 양선과 충성과 온유와 절제니 이같은 것을 금지할 법이 없느니라 그리스도 예수의 사람들은 육체와 함께 그 정욕과 탐심을 십자가에 못 박았느니라."

(3) 시편 111장 10절 – "여호와(하나님)를 경외함이 지혜의 근본이라 그의 계명을 지키는 자는 다 훌륭한 지각을 가진 자이니 여호와를 찬양함이 영원히 계속되리로다."

3. 아래 성구의 (　　)에 맞는 단어를 넣고 가능하면 암송합시다.

"그러므로 이제 그리스도 예수 안에 있는 자에게는 결코 (　　　)이 없나니 이는 그리스도 예수 안에 있는 (　　)의 (　　)의 법이 죄와 사망의 법에서 너를 (　　)하였음이라."(롬 8:1–2)

2. 자아의 절망과 십자가

작사/작곡 이 순 희

♩ = 76

G D/F♯ G Am C
자 아 의 절 망 과 십 자 가 소 망 균 형 을 이 루 며 살 리 라 인 생

5 G/B C D Am D(sus4)/F♯
길 을 걷 다 보 면 맞 이 하 는 절 망 의 밤 에 어 두

9 Em C G/B Am7 D/F♯ Em /B
운 시 간 속 에 감 추 어 둔 – 놀 라 운 소 망 을 발 견 하 네 나 의

13 C D G/B C D Em D/F♯ G
자 아 절 망 하 고 예 수 님 의 십 자 가 를 소 망 하 네

17 G D/F♯ Em C A/C♯ D
나 의 죄 성 회 개 하 고 영 원 한 생 명 소 망 하 네

21 Em D G/B Am G/B C D /F♯ G
성 령 이 이 끄 시 는 자 아 의 절 망 으 로 오 직 주 만 바 라 보 네

25 Em Bm/D C Am Em/G D/F♯
기 도 하 게 하 는 절 망 – 찬 양 하 게 하 는 절 망 –

29 Em G/D C D C G/B Am C/D D/F♯
사 모 하 게 하 는 절 망 – 거 룩 하 게 하 는 절 망 – 을 하

33 G D G D/F♯ Em C A/C♯
네 절 망 의 밤 을 기 도 의 밤 으 로 – 십 자 가 소 망 으

37 D Em D/F♯ G D/F♯ Em C D G
로 밝 히 시 는 나 의 주 를 주 를 보 네

제 3 장

분별을 여는 말씀의 능력

히 5:12–14

"때가 오래 되었으므로 너희가 마땅히 선생이 되었을 터인데 너희가 다시 하나님의 말씀의 초보에 대하여 누구에게서 가르침을 받아야 할 처지이니 단단한 음식은 못 먹고 젖이나 먹어야 할 자가 되었도다 이는 젖을 먹는 자마다 어린 아이니 의의 말씀을 경험하지 못한 자요 단단한 음식은 장성한 자의 것이니 그들은 지각을 사용함으로 연단을 받아 선악을 분별하는 자들이니라."

3

분별을 여는 말씀의 능력

말씀은 곧 하나님입니다.

하나님은 영원 전부터 말씀으로 존재하셨고 말씀을 통해 자신을 계시하셨습니다. 말씀을 통해 천지를 창조하셨고, 말씀으로 역사를 주장하셨으며, 성육신하신 말씀인 독생자 예수 그리스도를 통하여 온 인류를 구원하셨습니다(요 1:1–3, 14).

"온 세계는 내 교구!"라고 외치며 18세기 영국을 변화시키고, 전 세계에 강력한 부흥의 역사를 이루었던 존 웨슬리는 철두철미하게 '오직 성서! 즉, 하나님의 말씀으로 무장된 사람'이었습니다. 그는 "저로 하여금 한 책의 사람이 되게 하소서." 라고 하였고, 또한 "나의 근거는 성서이다. 그래, 나는 성서 고집쟁이다. 나는 크든지 작든지 모든 면에서 성서를 따른다."라고 말했습니다.

우리는 말씀을 통해 예수 그리스도의 인격을 느낄 수 있고, 성령의 감동을 받을 수 있습니다. 그뿐만 아니라 하나님의 언약과 성취의 실현 방식을 깨달을 수 있습니다. 그러므로 우리는 말씀 속에서 예수 그리스도를 보아야 합니다. 말씀 속에서 예수님의 인격을 느껴야 하고, 말씀 속에서 예수님의 빛을 만나야 하며, 말씀 속에서 예수님의 능력을 체험해야 합니다.

> "여호와의 율법은 완전하여 영혼을 소성시키며 여호와의 증거는 확실하여 우둔한 자를 지혜롭게 하며 여호와의 교훈은 정직하여 마음을 기쁘게 하고 여호와의 계명은 순결하여 눈을 밝게 하시도다 여호와를 경외하는 도는 정결하여 영원까지 이르고 여호와의 법도 진실하여 다 의로우니 금 곧 많은 순금보다 더 사모할 것이며 꿀과 송이 꿀보다 더 달도다."(시 19:7-10)

구약 39권, 신약 27권, 총 66권의 성경은 모두 하나님의 감동으로 지어진 것입니다. 일점일획도 빠짐없이 모든 성경에는 하나님의 숨결이 담겨 있고 성령의 역사가 응축되어 있습니다. 우리가 성경 말씀을 육적인 지식이 아니라 영혼의 능력으로 받기만 하면, 성경 말씀 자체가 우리 인생을 역전시키는 터닝포인트가 됩니다. 성령의 조명하심에 따라 말씀을 받을 때 말씀은 곧 교훈과 책망과 바르게 함과 의로 교육하는 역할을 하고 우리의 인생을 변화시킵니다.

"모든 성경은 하나님의감동으로 된 것으로 교훈과 책망과 바르게 함과 의로 교육하기에 유익하니 이는 하나님의 사람으로 온전하게 하며 모든 선한 일을 행할 능력을 갖추게 하려 함이라."(딤후 3:16-17)

성경은 미숙한 우리를 온전하게 하며, 자연스럽게 악으로 달려가던 우리를 모든 선한 일에 능한 자게 되게 하여 하나님의 뜻을 이루는 인생을 살게 합니다.

우드로우 크롤은 『성경의 영향력』이라는 책에서 성경의 영향력을 다음과 같이 네 가지로 설명했습니다.

● 첫째, 성경은 우리의 생각에 영향을 줍니다.

이 세상 모든 것의 시작과 끝을 알게 하고, 우리가 속한 가정과 사회에 대해 이해하게 하며, 우리의 모든 생각의 구성에 영향을 미칩니다.

● 둘째, 성경은 우리의 삶에 영향을 미칩니다.

성경에는 모든 영적 전쟁에 필요한 지침, 인생살이에 필요한 지침, 신앙생활에 필요한 지침이 담겨 있습니다.

● 셋째, 성경은 우리의 가치에 영향을 줍니다.

성경은 인생의 목적을 알게 하고, 영원한 가치를 알게 하여 인생의 차원을 높입니다.

● 넷째, 성경은 우리의 운명에 영향을 줍니다.

성경은 영원한 생명이 있는 천국을 보게 하고, 영원한 형벌이 있는 지옥을 알게 하여 당신을 천국 시민권자로 만듭니다.

R. A. 토레이는 "하나님께 구하는 것을 모두 받으려면, 그리스도의 말씀이 우리 속에 거해야 한다. 그리스도 안에 거하기를 배우는 방법은 바로 기록된 말씀을 받아 섭취하고, 성령께서 그 말씀을 우리 마음속에 심어주셔서 살아 역사하게 만드는 데 있다. 하나님의 말씀은 그저 지식적으로 공부하는 것만으로는 안 된다. 하나님을 끊임없이 바라보며 성령님께서 그 말씀을 우리 마음속에 살아 있게 만드시도록 구하면서, 하나님의 말씀이 우리 마음속에 계속해서 맴돌도록 해야 한다. 이렇게 그리스도의 말씀이 우리 속에 거하도록 하면, 그 말씀들이 우리를 자극하여 기도하게 만든다. 그 말씀들의 틀 속에서 우리의 기도가 형성되어 나오는 것이다. 그렇게 되면 우리의 기도는 반드시 하나님의 뜻과 동일선상에 있게 되고, 결국 하나님의 응답을 받게 된다."라고 말했습니다.

우리는 날마다 말씀을 가까이해야 합니다.

주야로 말씀을 묵상하고 시시때때로 말씀의 가르침에 귀를 기울여야 하며, 인생의 중요한 선택을 할 때마다 말씀을 기준으로 살아가야 합니다.

사실 현대를 살아가는 우리는 그 어느 때보다 말씀을 가까이하기에 좋은 시대에 살아가고 있습니다. 지금 우리는 스마트폰, TV, 컴퓨터만 켜면 언제 어디에서도 말씀을 들을 수 있습니다. 스마트폰 앱으로 필요할 때마다 성경을 읽을 수도 있고, 서점에 즐비한 신앙서적을 통해 성경에 쉽게 접근할 방법을 찾을 수도 있습니다. 교회 역사적으로 보면 이와 같이 거의 모든 성도가 성경을 가까이 할 수 있었던 때가 얼마 되지 않습니다.

기독교 역사 초기의 성경은 양피 두루마리에 원본을 쓰거나 파피루스에 기록해서 보관했는데 그 분량이 너무도 방대하여 보관하기가 불가능했다고 합니다. 그래서 서기관들은 오랜 시간에 걸쳐 일일이 성경을 필사해야 했고 일반 사람들에게는 읽을 기회가 주어지지 않았습니다.

405년 히에로니무스가 구약 성경의 히브리어 본문, 신약 성경의 코이네 그리스어 본문을 라틴어로 번역한 불가타 성경이 13세기 이후 서방교회의 표준 성경으로 사용되었습니다. 그러나 당시 라틴어는 일반인들이 사용하는 언어가 아니었기 때문에 교육을 받은 소수의 성직자들만 읽을 수 있었습니다. 그러므로 일반 성도들은 성직자들이 말씀을 잘못 가르치거나 왜곡된 진리를 선포해도 분별할 수가 없었습니다. 이로 인해 성경을 가까이할 수 있었던 소수의 사람들이 성경을 볼 수 있는 권한을 인간적인 목적의 특권으로 사용하는 경우도 많았습니다.

이후 1382년 라틴어로 된 성경을 영어로 번역한 존 위클리프, 독일어로 성경을 번역한 마틴 루터 등 많은 개혁자의 피와 헌신으로 각국의 언어로 성서 번역이 이루어져 일반 성도들이 성경을 읽을 수 있게 되었습니다.

이러한 성경이 우리나라에 들어와서 지금 우리가 읽는 한국어로 번역되기까지 수많은 어려움과 희생이 있었습니다. 그러므로 지금 우리는 손쉽게 성경을 읽을 수 있음에 감사하고 더욱 힘써 말씀의 인도를 받아야 합니다. 말씀의 인도를 받는 그 자체가 최고의 복입니다(시 1:1-6).

하나님이 말씀하시는 복의 상태는 말씀을 듣고 깨달아 말씀의 능력으로 살 수 있는 상태입니다.

복 있는 사람은 오직 여호와 하나님의 말씀을 즐거워합니다. 복 있는 사람에게는 말씀을 대하는 것이 어렵고 피곤한 일이 아니라 즐겁고 행복한 일이며, 말씀을 가까이하는 그 자체가 풍성한 생수를 공급받는 것과 같습니다.

그러나 악인은 말씀이 즐겁지 않습니다. 악인은 하나님의 말씀을 듣지 않고 세상의 소리를 들으며 세상에 속한 말을 하고 세상과 소통합니다.

마이클 패러데이는 "우리의 길을 인도해 주는 이 복된 책을 가지고 있으면서도 어찌하여 사람들은 길을 잃는가?"라고 말했습니다. 세상을 장악하고 있는 거짓의 영에 사로잡힌 악인은 진리를 들어도 깨닫지 못하고, 오히려 진리를 무시하고 거부합니다.

> "악한 자의 나타남은 사탄의 활동을 따라 모든 능력과 표적과 거짓 기적과 불의의 모든 속임으로 멸망하는 자들에게 있으리니 이는 그들이 진리의 사랑을 받지 아니하여 구원함을 받지 못함이라 이러므로 하나님이 미혹의 역사를 그들에게 보내사 거짓 것을 믿게 하심은 진리를 믿지 않고 불의를 좋아하는 모든 자들로 하여금 심판을 받게 하려 하심이라.(살후 2:9–12)

현대의 기독교가 갈수록 무력해지는 이유는 말씀을 들어도 말씀을 깨닫지 못하고 하나님과 소통하기는커녕 오히려 세상과 소통하며 악인의 삶을 사는 명목상의 그리스도인들이 많기 때문입니다(마 13:15–17).

우리가 살고 있는 이 시대는 말씀이 홍수를 이루는 시대이지만 깨달음은 기근의 상태에 놓인 시대입니다. 성경 지식으로 머리가 커진 성도는 많아도, 말씀을 통해 삶이 변화되어 빛을 발하는 성도는 찾아보기 힘듭니다. 목회자들의 상당수가 말씀의 역사를 순전하게 믿지 못한 채 인본주의와 타협한 설교를 합니다.

영적으로 기록된 말씀을 육적으로 해석하는 사람들은 적

당히 인간적인 교양 지식을 섞어가며 어제나 오늘이나 영원토록 동일한 예수 그리스도의 신유, 축귀, 변화, 기적 등을 믿지 않고 죽은 말씀을 선포합니다. 성도들 역시 신앙생활의 본질인 영적 싸움은 외면하고 적당히 세속적인 삶을 살면서 종교적인 액세서리(accessory)처럼 말씀을 취급하는 사람들이 많습니다(암 8:11).

우리는 말씀의 능력을 쌓고 말씀에 능한 자가 되어야 합니다. 말씀은 그 자체가 영혼의 양식이며 인생의 등불입니다.

> "주의 말씀의 맛이 내게 어찌 그리 단지요 내 입에 꿀보다 더 다니이다 주의 법도들로 말미암아 내가 명철하게 되었으므로 모든 거짓 행위를 미워하나이다 주의 말씀은 내 발에 등이요 내 길에 빛이니이다."(시 119:103-105)

본문을 기록한 히브리서 기자는 성도의 영적 수준을 나누는 기준으로 하나님의 말씀을 들고 있습니다. 그는 아무리 신앙생활을 오래 했어도 의의 말씀을 경험하지 못한 사람은 영적인 어린아이라고 했습니다.

히브리서는 저자와 수신자가 정확하지 않은 서신서이지만, 일반적으로 유대인 그리스도인 즉, 히브리 그리스도인들을 향해 쓰인 것으로 받아들여집니다.

히브리 그리스도인들은 신앙적 연륜이 다른 이를 가르치기에 충만할 만큼 오래되었습니다. 하지만 그들의 영적 상태는 이에 미치지 못한 영적 어린아이 수준에 머무르고 있었습니다.

오늘날의 그리스도인들도 외적으로는 성숙해 보이지만 실제로 영적 어린아이의 수준에 머물러 있는 경우가 많습니다. 반면에 히브리서 기자는 '장성한 자들'을 가리켜 '단단한 음식과 같은 말씀을 받고, 지각을 사용하여 연단을 받아 선악을 분별함에 이른 사람들'이라고 했습니다.

"때가 오래되었으므로 너희가 마땅히 선생이 되었을 터인데 너희가 다시 하나님의 말씀의 초보에 대하여 누구에게서 가르침을 받아야 할 처지이니 단단한 음식은 못 먹고 젖이나 먹어야 할 자가 되었도다 이는 젖을 먹는 자마다 어린 아이니 의의 말씀을 경험하지 못한 자요."(히 5:12-13)

모든 그리스도인들은 항상 자신의 영적 상태를 살펴야 합니다. 그리스도인이 긴 시간 동안 신앙생활을 하면서도 계속 같은 자리에 머물러 있다면 심각한 문제입니다.

신앙은 성장하고 발전해야 합니다.

성장하지 않는 신앙은 퇴보합니다.

"먹어야 할 자가 되었도다."라는 말씀은 '어쩔 수 없이 그렇게 되었다'는 의미가 아니라 '스스로 그렇게 되었다'는 의미입니다.

즉 영적 성장을 위해 노력하지 않은 것입니다.

본문은 마땅히 선생이 되었어야 할 사람들이 아직도 가르침을 받으며 젖이나 먹어야 할 처지에 이른 것을 안타까워하고 있는 내용입니다. 당시 히브리 그리스도인들이 신앙적으로 상당히 미숙한 상태임을 말하고 있습니다.

히브리서가 집필될 당시 히브리 그리스도인들은 심한 고통 중에 있었습니다. 사실 그들은 유대교적 배경에서 자라다가 기독교의 복음을 듣고 예수님을 영접하게 된 사람들입니다. 처음 그들은 예수 그리스도를 영접한 기쁨과 감격에 사로잡혀서 뜨거운 신앙생활을 이어갔습니다. 하지만 시간이 지나면서 그들은 동포 유대인들에게 박해를 받고 있다는 것을 실감하게 되었습니다. 유대인들의 공동체에서 퇴출당하고 재산도 몰수당하며 자주 죽음의 위협을 느끼기도 했습니다. 예수 믿는 것 때문에 치러야 하는 대가가 실로 엄청났던 것입니다.

그런데 히브리서 기자는 오늘 본문 말씀을 통해 달리는 말에 채찍질을 가하고 있습니다. 히브리 그리스도인들이 온갖 박해를 견디고 예수를 믿는 것도 칭찬받을 일이지만, 더욱 온전한 분량에 이르러 신앙의 진보를 이룰 수 있도록 영적 성장을 촉구하고 있습니다. 이를 위해 히브리서 기자가 강조하는 것은 "의의 말씀을 경험하라."라는 것입니다. 고린도 교회에게 편지했던 사도 바울은 하나님의 말씀을 젖과 밥으로 구분 지었습니다.

"형제들아 내가 신령한 자들을 대함과 같이 너희에게 말할 수 없어서 육신에 속한 자 곧 그리스도 안에서 어린 아이들을 대함과 같이 하노라 내가 너희를 젖으로 먹이고 밥으로 아니하였노니 이는 너희가 감당하지 못하였음이거니와 지금도 못하리라."(고전 3:1-2)

마찬가지로 본문의 기자 역시 하나님의 말씀을 단단한 음식과 젖으로 구분 지었습니다.

본문에서 말하는 단단한 음식은 하나님의 '의'를 나타내는 말씀입니다. 여기서 '의'는 하나님의 성품이자 하나님의 뜻입니다. 하나님의 뜻을 따르는 것은 피조물인 인간의 본분이요, 인간이 이룰 수 있는 선입니다.

하지만 아담과 하와의 범죄 이후에 죄의 경향성을 가지고 태어나는 인간은 본능적으로 하나님의 뜻을 거스르는 죄를 좋아합니다. 그래서 하나님의 능력을 받지 못한 인간은 죄를 이길 수 있는 능력이 없기 때문에 사랑하기를 원하면서 미워하고, 예배하기 원해도 세상을 좇고, 경건하게 살길 바라면서도 탐욕적으로 살아갑니다(롬 7:18-24).

죄의 지배를 받는 사람은 하나님의 말씀을 들어도 자기 안에서 역사하는 죄의 법과 충돌하는 하나님의 의를 거부하며 듣지 않습니다. 성경 말씀 안에는 우리를 향한 보호와 사랑, 위로와 축복이 있지만 교훈과 책망, 징계도 있습니다. 그러나 상당 부분 육의 속성에 사로잡힌 사람들은 듣고 싶은 말씀만 듣고 듣기 어려운 말씀은 듣지 않습니다. 그래서 성령을 따라

행하지 않고 육체의 욕심을 이루는 삶을 살게 됩니다(갈 5:16-18, 롬 8:13-14).

결국 듣고 싶은 말씀만 듣는 사람들은 영적인 어린아이와 같습니다. 어린아이는 소화능력이 약하기 때문에 단단한 음식을 먹을 수 없습니다. 맵거나 짠 것도 못 먹고 강한 맛의 음식을 먹지 못합니다. 어린아이는 그저 쉽게 넘길 수 있는 젖만 먹어야 합니다.

마찬가지로 영적인 어린아이는 오래 신앙생활을 했어도 권면과 가르침은 외면하고, 듣고 싶은 위로, 칭찬, 축복에만 귀를 기울입니다. 이들은 시간상으로만 본다면 마땅히 선생이 되고도 남아야 하는데도, 듣고 싶은 말만 듣다 보니 하나님이 말씀의 초보적인 수준도 이해하지 못하는 자가 되기 쉽습니다.

> "때가 이르리니 사람이 바른 교훈을 받지 아니하며 귀가 가려워서 자기의 사욕을 따를 스승을 많이 두고 또 그 귀를 진리에서 돌이켜 허탄한 이야기를 따르리라."(딤후 4:3-4)

본문의 기자는 이러한 잣대로 영적인 어린아이와 장성한 자를 구분 짓고 서신을 받는 히브리 그리스도인들에게 속히 어린아이의 일을 버리고 장성한 자로 진보할 것을 당부하고 있습니다.

그리고 말씀의 능력을 쌓아 장성한 자로 서도록 세 가지 지침을 주고 있습니다.

> "단단한 음식은 장성한 자의 것이니 그들은 지각을 사용함으로 연단을 받아 선악을 분별하는 자들이니라."(히 5:14)

1. 말씀의 능력을 쌓기 위해 지각을 사용해야 합니다.

지각을 사용한다는 것은 하나님께서 주신 지적 능력, 영적 능력을 총동원하여 적극적인 자세로 진리를 통찰하는 것을 말합니다.

하나님은 우리가 맹목적으로 믿거나 수동적으로 따르기를 원하지 않으십니다.

하나님은 우리가 지각을 사용하여 말씀을 알기 원하십니다. 이 말은 연단된 감각을 가진다는 말입니다. 영적으로 성숙한 사람들은 연단된 감각을 가졌습니다. 그러나 영적 아이는 연단된 감각이 부족합니다. 어린아이들은 본능에 충실할 뿐입니다. 하지만 어른들은 본능에 충실하지 않으며 눈에 보이는 것과 느껴지는 것을 넘어서는 다른 감각을 가지고 있습니다. 이와 마찬가지로 영적 어른은 지각을 사용할 줄 압니다(딤후 2:15).

미국 연합 감리교의 헌법서라 할 수 있는 『규율서(The Book of Discipline)』에는 존 웨슬리의 신념에 대해 이렇게 기록되어 있습니다.

“웨슬리는 기독교 신앙의 살아있는 핵심은 성서 안에 계시되었고, 전통에 의해 조명되었고, 개인적 경험에서 생기를 얻었고, 이성에 의하여 확고해졌다고 믿었다.”

즉, 웨슬리는 신앙에 있어서 ‘이성’의 중요성에 대해 간과하지 않았습니다.

웨슬리가 활동하던 18세기 서구사회는 이성의 지배 아래 있던 시기인데, 특히 기독교 이신론(理神論, Deism-인간이 이성으로 절대적 진리를 이해할 수 있기 때문에 신의 계시가 필요 없다는 학설, 일명 자연신론)이 풍미했던 시대이기에 전통주의들은 이성을 신앙의 원수로 거부하기도 했습니다. 그러나 웨슬리는 이성을 동반자로 여기고 적극적으로 받아들였습니다. 그는 말하기를 “우리는 참된 종교를 추구하는 모든 사람들에게 하나님의 사건을 발굴하려 할 때, 하나님이 주신 이성을 유감없이 활용하라고 주장할 뿐 아니라 권고하는 바이다.”라고 했습니다. 물론 웨슬리에게 지식이 신앙을 대신할 수는 없었습니다.

맹목적인 믿음은 엄밀한 의미에서 믿음이 아니라고 할 수 있습니다. 믿음의 대상과 실체에 대한 정확한 이해가 없는 믿음은 분별력을 잃고 합리적인 판단을 하지 못하는 삶으로 치우치기 쉽습니다.

지금까지 맹목적인 믿음에 이끌린 많은 사람들이 히틀러의 악독한 독재 정권에 충성했고, 각종 이단에 심취하며 무지 속에 악을 자행했습니다.

우리는 진리를 바로 알고 믿어야 합니다.

물론 제한된 능력을 가진 인간인 우리는 하나님의 말씀에 담겨있는 우주적 의미를 다 헤아려 알 수 없습니다. 그러나 하나님의 신실하심과 선하심에 대한 경험에서 비롯된 살아있는 영적 지식을 가지고 하나님의 약속을 신뢰하는 데까지 이르러야 합니다. 이를 위해 우리는 지각을 사용하여 말씀을 깊이 생각하고 성령의 조명하심을 따라 믿음의 영역을 넓혀가야 합니다.

A. W. 토저의 『예배』에 나오는 글입니다.

"인간으로서 우리에 관한 가장 놀랍고 두려운 것은 하나님이 우리에게 주신 영원한 지각이다. 그것은 하나님이 친히 우리에게 주신 의식, 자각, 감성이다. 그것은 인간에게 주어진 선물, 즉 지각이며 느낄 수 있는 능력이다. 하나님이 인간에게 주신 지각이 없다면, 지옥은 지옥이 아닐 것이다. 지옥이 지옥인 줄도 모를테니 말이다."

사실 신앙의 많은 장애는 생각의 게으름에서 오는 경우가 많습니다.

스콧 펙은 원죄를 '생각의 게으름'으로 정의했습니다.

뱀의 유혹을 받아 선악과를 먹은 아담과 하와는 생각의 게으름으로 인해 사탄의 음성과 하나님의 말씀을 분별하지 못했고 어리석은 행동을 했다는 것입니다. 아담과 하와 이후로 원죄의 영향을 받은 사람들은 말씀을 깊이 묵상하는 일에 미숙하고, 사탄의 유혹에 경솔한 태도로 넘어가기 쉽습니다. 그렇기 때문에 사도 바울은 모든 이론을 파하고 모든 생각을 사로잡아 그리스도 예수께 복종할 것을 강조했습니다.

> "우리가 육신으로 행하나 육신에 따라 싸우지 아니하노니 우리의 싸우는 무기는 육신에 속한 것이 아니요 오직 어떤 견고한 진도 무너뜨리는 하나님의 능력이라 모든 이론을 무너뜨리며 하나님 아는 것을 대적하여 높아진 것을 다 무너뜨리고 모든 생각을 사로잡아 그리스도에게 복종하게 하니."
> (고후 10:3-5)

우리는 하나님을 경외하며 온전히 신뢰하기 위해 적극적으로 우리의 지각을 사용해야 합니다. 하나님의 말씀을 깊이 묵상하여 성령이 주시는 깨달음을 얻기 위해 진지한 자세를 취해야 합니다.

고든 맥도날드는 "생각한다는 것은 위대한 일이다. 마치 잘 단련되고 다듬어진 육체가 경주에서 잘 달릴 수 있듯이, 잘 훈련되고 온전히 형성된 정신이 최선의 생각을 해낼 수 있다."라고 했습니다(딤후 3:13-15, 행 17:11).

특히 우리는 우리가 의도적으로 피하고 싶은 말씀에 대해 더욱 지각을 사용하여 신중한 자세를 취해야 합니다. 천성적으로 죄인인 우리는 모든 죄에 대해 가능성이 있는 존재임을 염두에 두고 날마다 하나님의 시선으로 자기 모습을 바라보도록 간구해야 합니다. 그리하여 자신도 몰랐던 죄가 드러나고, 은연중에 숨겨두었던 죄가 발각되는 은혜를 받아 회개에 이르러야 합니다.

> "하나님이여 나를 살피사 내 마음을 아시며 나를 시험하사 내 뜻을 아옵소서 내게 무슨 악한 행위가 있나 보시고 나를 영원한 길로 인도하소서."(시 139:23-24)

지각을 사용함으로 말씀을 받을 때, 말씀은 곧 살아있는 검이 되어 우리의 내면을 수술합니다. 그래서 성도가 하나님의 말씀을 '아멘'으로 화답할 때 그 말씀은 성도의 내면에서 역동적으로 역사하게 됩니다.

말씀의 역사는 활력이 있어 에너지가 넘치며 모든 악을 이기는 권세가 됩니다. 그래서 살아있는 말씀은 수술용 칼보다 더 예리하게 혼과 영과 관절과 골수를 찔러 쪼개어 죄를 추적하고 마음의 생각과 뜻을 판단합니다. 그렇기에 그 어떤 죄도 말씀의 능력을 피해서 숨어있을 수 없고, 그 어떤 악한 영도 말씀을 피해서 드러나지 않을 수 없습니다. 그러므로 우리는 지각을 사용하여 말씀의 거울에 자기 자신을 비추어 보고 모든 죄를 깨닫기를 간구하며 죄를 자백해야 합니다.

"만일 우리가 죄가 없다고 말하면 스스로 속이고 또 진리가 우리 속에 있지 아니할 것이요 만일 우리가 우리 죄를 자백하면 그는 미쁘시고 의로우사 우리 죄를 사하시며 우리를 모든 불의에서 깨끗하게 하실 것이요 만일 우리가 범죄하지 아니하였다 하면 하나님을 거짓말하는 이로 만드는 것이니 또한 그의 말씀이 우리 속에 있지 아니하니라."(요일 1:8-10)

2. 말씀의 능력을 쌓기 위해 연단을 받아야 합니다.

차승목 목사의 『광야, 그 은혜의 땅에서』에 나오는 글입니다.

"오늘의 연단을 두려워하면 날마다 거룩해지는 일은 결코 내 안에서 일어나지 않는다. 성령께서 허락하시는 연단을 거부하고 있는 동안 성령께서는 신자에게 능력을 부어주실 수 없다. 거룩하지 못한 그릇에, 연단되어 준비되지 않은 그릇에 하나님의 능력은 담기지 않기 때문이다."

'말씀으로 연단 받는 것은 말씀으로 인한 치료를 경험한다'는 것입니다. 하나님의 말씀이 우리의 지적 영역이나 혼적인 영역에만 머무르지 않고 영적인 영역에까지 침투하면 죄가 살아나는 역사가 일어납니다. 그래서 이전에는 죄의식 없이 행했던 일에 대해 양심에 가책이 느껴지고 죄의 세력이 자신을 장악하고 있었다는 사실을 깨닫게 됩니다.

사도 바울도 그랬습니다.

"그런즉 우리가 무슨 말을 하리요 율법이 죄냐 그럴 수 없느니라 율법으로 말미암지 않고는 내가 죄를 알지 못하였으니 곧 율법이 탐내지 말라 하지 아니하였더라면 내가 탐심을 알지 못하였으리라 그러나 죄가 기회를 타서 계명으로 말미암아 내 속에서 온갖 탐심을 이루었나니 이는 율법이 없으면 죄가 죽은 것임이라 전에 율법을 깨닫지 못했을 때에는 내가 살았더니 계명이 이르매 죄는 살아나고 나는 죽었도다."(롬 7:7-9)

바울은 예수님의 빛을 받기 전에는 자신의 죄를 알지 못해 스스로 흠 없다고 생각했던 사람이었습니다. 하지만 빛을 받은 그는 그의 안에 존재하는 죄의 실체를 적나라하게 보게 되었습니다. 어두운 곳에 살면서 자신의 더러움을 깨닫지 못한 사람이 빛 가운데로 나아와서 자신의 추함을 보게 된 것입니다. 그래서 자신이 깨달은 죄 중에 '탐심'의 죄를 대표적으로 언급했습니다.

존 트랩은 "배에 금을 지나치게 많이 실으면, 그 금의 10배나 더 실을 공간이 있음에도 불구하고 가라앉게 된다. 이와 같이 탐욕적인 사람도 많은 것을 소유했음에도 불구하고 결코 만족을 모른다. 원이 삼각형을 채울 수가 없는 것처럼 그 어떤 것도 인간의 마음을 충족시켜 줄 수는 없다. 그러나 인간의 마음은 금으로는 채울 수가 없어도 은혜로는 쉽게 채울 수 있다."라고 했습니다.

사실 '탐심'은 인간의 심성 속에 은밀하게 자리 잡고 있는 것이고, 실제적인 범법 행위가 아니기 때문에 사람들이 쉽게 죄라고 깨닫지 못하는 죄의 동기입니다. 그래서 일반 사회에서는 탐심을 가졌다고 해서 그 사람을 처벌하거나 죄인이라고 부르지 않습니다.

예수 그리스도의 빛을 받기 전의 바울은 자신이 가지고 있었던 '탐심'에 대해 깨닫지도 못하고, 그 심각성에 대해 인식하지 못했는데, 빛을 받은 후 자신의 탐심이 얼마나 악한 것인지 알게 되었습니다. 그 후 바울은 하나님의 계명을 깨달음으로 인해 죄가 살아나고 자신은 죽었다고 말하게 되었습니다.

'죄가 살아나고'에서 '살아나고'에 해당하는 헬라어 '아네제센(ἀνέζησεν)'은 본래 '다시 살아나다', '회생하다'라는 의미를 지니고 있으나 본 절에서는 단순히 '활동하게 되다'라는 의미입니다. 즉 죄가 본래부터 사람 안에서 활동하고 있었지만, 사람이 계명을 깨달음으로 인해 죄가 자기 속에 있음을 알게 된다는 의미라는 것입니다. 그리고 죄가 살아남으로 인해 자신은 죽었다는 것은 깨달음이 커질수록 죄의 활동성과 죄를 이겨내지 못하는 자신의 무능력을 깨닫게 된다는 의미라고 볼 수 있습니다.

바울이 하나님의 말씀을 머리로만, 지식으로만 알 때에는 죄에 대해 자신감이 있었습니다. 그때는 자신의 힘으로 죄를 컨트롤하며 완벽한 삶을 살 수 있다고 생각했습니다. 그러나 하나님의 진리를 영으로 깨닫고 보니 그제야 비로소 자신 안에서 엄청난 세력을 발휘하고 있는 죄의 존재를 보게 되었습니다. 그리고 자신의 힘으로는 도저히 그 죄를 감당할 수 없다는 것을 깨달았습니다. 바울은 이러한 과정을 통해 전적으로 예수 그리스도만을 의지하여 생명의 성령의 법 안에서 자유를 누리는 데까지 나아갈 수 있었습니다.

"그러므로 이제 그리스도 예수 안에 있는 자에게는 결코 정죄함이 없나니 이는 그리스도 예수 안에 있는 생명의 성령의 법이 죄와 사망의 법에서 너를 해방하였음이라."(롬 8:1-2)

이와 같은 과정이 바로 말씀을 통해 연단을 받는 것이요, 의의 말씀을 경험하는 것입니다. 이렇게 말씀을 통해 죄가 살아나 자신에게 절망하고 십자가만을 의지하여 죄로부터 자유하게 되는 과정을 거쳐보지 않은 사람은 아직 영적인 어린아이 수준에 머물 수밖에 없습니다. 우리는 의의 말씀을 경험하기 위해 마음 가죽을 베고 회칠한 무덤을 파해야 합니다(렘 4:3-4).

마음의 가죽을 베지 않으면 하나님의 말씀을 영으로 받을 수 없습니다. 우리는 가장 정직하고 진실한 모습으로 말씀 앞에 서야 하고 가슴 깊은 곳을 다루시는 말씀의 능력을 신뢰해야 합니다. 그런데 문제는 많은 사람들이 남을 평가하고, 남에게 평가받는 일에만 익숙해져서 자신을 돌아보지 못한다는 데 있습니다. 사람들은 본래 자기 자신의 모습을 보지 못하고 살아갑니다.

프랑스의 철학자 볼테르는 "눈은 다른 것을 모두 보아도, 자기 자신은 보지 못한다."라고 말했습니다. 자신을 바라보지 못하는 사람들은 다른 사람과의 소통이 어렵고 갈등도 자주 일어납니다. 더 현명하게 살 수 있는 기회를 놓칩니다. 자신을 돌아보지 못하는 사람들은 자신을 잃어버리고 살아갑니다. 열심히는 살고, 앞을 향해 부지런히 달리기는 하지만, 방향에 대한 심각한 고민 없이, 달리는 목적에 대한 깊은 성찰 없이 맹목적으로 달리다 보니 정작 자기 자신의 존재에 대해서는 잘 모르고 살아가는 것입니다.

이렇게 자신을 돌아보지 못하는 사람들의 마음은 더욱 세상의 가죽으로 겹겹이 포장됩니다. 그러므로 우리는 마음의 가죽을 베기 위해, 마음의 묵은 땅을 기경하기 위해 기도해야 합니다. 우리가 기도할 때 성령님은 맑은 물을 뿌려서 우리 마음 안에 모든 굳은 것을 제거하시고 장애물을 무너뜨려 주십니다. 그리고 새 영, 새 마음, 부드러운 마음을 주셔서 마음의 고속도로를 만들어 내십니다(겔 36:25-27).

본문의 연단은 또한 '연습하다'의 의미도 담고 있습니다.

하나님의 말씀은 한 번 경험하고 말 것이 아닙니다. 우리는 꾸준한 훈련을 통해 말씀을 듣고 읽고 배워야 하고, 지속적인 기도로 말씀을 깨달아야 합니다. 그리고 말씀을 실천하여 삶으로 이어가야 합니다.

D. L. 무디는 성경책 곳곳에 T. P.라는 두 글자를 적어놨다고 합니다. T. P.는 'Tried and Proved' 즉, 실천하고 입증했다는 뜻입니다. 무디는 성경 말씀을 눈으로 읽는 것에 그치지 않고 삶에 적용하여 말씀에 순종함으로써 그 말씀이 사실임을 확인했던 것입니다. 진정으로 깨달아진 말씀은 반드시 삶으로 실천됩니다.

3. 말씀의 능력을 쌓기 위해 선악을 분별해야 합니다.

반복적으로 지각을 사용하여 말씀의 연단을 받음으로 축적된 말씀의 능력은 선악을 분별하는 것으로 드러납니다. 여기서 선은 하나님의 존재적인 속성으로, 하나님이 행하신 모든 일과 현재 하나님이 의도하시는 모든 섭리를 포함하는 말입니다. 반대로 악은 하나님의 뜻에서 벗어난 모든 것을 가리키는 말입니다.

"너희는 이 세대를 본받지 말고 오직 마음을 새롭게 함으로 변화를 받아 하나님의 선하시고 기뻐하시고 온전하신 뜻이 무엇인지 분별하도록 하라."(롬 12:2)

A. W. 토저는 "우리 모두는 이 세상에서 살아야 한다. 우리는 수많은 문명의 이기와 문화적 산물과 더불어 살아가지 않으면 안 된다. 그러나 그리스도인들이 이런 것들 속에 파묻혀 세상 사람들과 똑같이 살아가서는 안 된다. 즉 우리는 이런 것들을 무비판적으로 받아들여서는 안 된다. 우리는 이런 것들을 지혜롭게 살펴서 거부할 것은 거부하고, 받아들일 것은 받아들여야 한다.

어떤 의미에서 그리스도인들은 이 세상에서 살지 않는 것처럼 이 세상에서 살아야 한다. 이것은 세상 안에서 살되 세상에 속하지 않는 자세다. 이런 자세로 살아갈 때 우리는 하나님 한 분만으로 만족하면서 살아갈 수 있다. 하나님의 임재의 체험이 주는 즐거움은 온갖 문명의 이기와 문화적 산물이 주는 즐거움보다 더 크다. 그러나 세상의 즐거움에 탐닉하다 못해 이제는 그것에 싫증을 느끼는 이 세대는 이 깊은 진리를 알지 못한다."라고 말했습니다.

지금 우리가 살아가고 있는 세상은 선과 악이 공존하고 있는데, 선으로 위장한 악이 참으로 많습니다.

교회 안에도 예외가 아닙니다.

예배와 기도, 섬김과 구제라는 명목으로도 얼마든지 악이 행해질 수 있습니다. 그러므로 우리는 말씀을 통해 하나님의 뜻을 정확히 알고 선악을 분별해야 합니다. 무엇보다 이를 위해 우리는 하나님의 선하심을 체험하여 선에 대한 지식을 쌓아가야 합니다.

영적 지식이 쌓인 사람은 말씀으로 선악을 분별하고 하나님이 기뻐하시는 삶을 살아갈 수 있습니다. 단단한 음식을 먹는 사람들은 영적으로 장성한 자들입니다. 이들은 날마다 자기 부인을 하며 하나님이 주시는 능력으로 살아갑니다.

기독교는 체험의 종교입니다. 우리는 하나님의 선하심을 맛보아 알아야 하고, 기적의 하나님, 치료의 하나님, 변화의 하나님을 경험해야 합니다(시 34:8–10, 엡 1:17–19).

수영에 대한 해박한 지식을 가지고 있다고 해서 수영을 잘할 수 있는 것이 아닙니다. 수영 지식은 없더라도 물에 빠져 허우적거리다가 수영을 배우게 되듯이 하나님을 만나야 하나님을 알 수 있습니다. 그러므로 분별은 하나님을 경험하는 것입니다.

나아가 우리는 선악을 분별하기 위해 자기중심적인 사고방식을 깨뜨려야 합니다.

어린아이는 타인을 배려하지 못합니다.

갓난아이는 배가 고프면 울고 자기가 만족하면 웃습니다.

엄마가 얼마나 바쁘고 피곤한지, 엄마가 원하는 것이 무엇인지 전혀 알지 못하고 관심도 없습니다.

마찬가지로 영적인 어린아이는 오직 자신의 필요에만 급급

해서 자신만을 위해서 살아갑니다. 하나님의 뜻이 무엇인지, 교회가 필요로 하는 것이 무엇인지, 다른 사람들의 상황은 어떠한지 전혀 고려하지 않고 자기 상처, 자기 욕심에만 집중합니다. 결국 은혜와 축복에 관한 말씀은 잘 받아들이지만 자기 부인, 자기 십자가, 헌신, 희생, 주권 신앙 등 받아들이기 힘든 말씀은 다 뱉어버리고 결정적인 분별을 하지 못하는 삶을 살게 됩니다.

그러므로 우리는 선악을 분별하기 위해 이기적인 삶의 태도를 버리고 먼저 하나님의 나라와 하나님의 의를 구해야 합니다. 어린아이의 일을 버리면 영적인 이해도가 높아지고 소화력이 강해집니다. 그래서 단단한 음식도 먹을 수 있고 하나님의 뜻이 자신의 뜻처럼 품어집니다.

우리는 무엇보다 영혼의 능력을 쌓음으로 하늘의 능력으로 이 땅에서도 천국을 누리며 살아야 합니다. 영혼의 능력을 쌓으면 쌓을수록 우리는 하나님과 친밀한 교제를 나누며 악의 영들을 대적하고 성령의 능력으로 넉넉한 승리를 이룰 수 있습니다. 이를 위해 먼저 말씀의 능력을 쌓아 어린아이의 일을 버리고 장성한 분량의 믿음을 가진 자가 되어야 합니다.

어린아이는 의의 말씀을 경험하지 못한 자로 듣고 싶은 말씀만 듣고 자기중심적으로 사는 사람입니다. 우리는 지각을 사용하여 진중한 자세로 말씀을 받고, 연단을 받아 의의 말씀을 경험하며, 선악을 분별하는 데까지 이르러 말씀의 능력을 쌓아야 합니다. 말씀의 능력을 쌓아 장성한 자가 되어 장성한 자에게 허락되는 권한과 축복을 누리며 하나님의 뜻을 이루는 삶을 사시기를 주님의 이름으로 축원합니다.

〈주님과 동행하는 기쁨 나누기〉

1. 하나님의 말씀의 능력에 대해 (　　) 안에 맞는 단어는 무엇입니까?

(1) 말씀의 능력을 쌓기 위해 (　　)을 사용해야 합니다.

지각을 사용한다는 것은 하나님께서 주신 지적 능력, 영적 능력을 총동원하여 적극적인 자세로 진리를 통찰하는 것을 말합니다. 하나님은 우리가 맹목적으로 믿거나 수동적으로 따르기를 원하지 않으십니다.

● 디모데후서 2장 15절 말씀대로 살아가고 있습니까?

(2) 말씀의 능력을 쌓기 위해 (　　)을 받아야 합니다.

말씀으로 연단 받는 것은 말씀으로 인한 치료를 경험한다는 것입니다.

● 히브리서 4장 12절 말씀처럼 나에게 변화된 일은 무엇입니까?

(3) 말씀의 능력을 쌓기 위해 (　　)을 분별해야 합니다.

선은 하나님의 존재적인 속성으로, 하나님이 행하신 모든 일과 현재 하나님이 의도하시는 모든 섭리를 포함하는 말입니다. 반대로 악은 하나님의 뜻에서 벗어난 모든 것을 가리키는 말입니다.

● 하나님의 말씀이 나를 새롭게 하여 변화 받은 경험이 있습니까?(롬 12:2 참조)

2. 아래 성구를 보고 당신의 삶에 일어난 일을 나누십시오.

(1) 시편 1편 2, 3절 – “오직 여호와의 율법을 즐거워하여 그의 율법을 주야로 묵상 하는도다 그는 시냇가에 심은 나무가 철을 따라 열매를 맺으며 그 잎사귀가 마르지 아니함 같으니 그가 하는 모든 일이 다 형통하리로다.”

(2) 시편 19편 7, 8절 – “여호와의 율법은 완전하여 영혼을 소성시키며 여호와의 증거는 확실하여 우둔한 자를 지혜롭게 하며 여호와의 교훈은 정직하여 마음을 기쁘게 하고 여호와의 계명은 순결하여 눈을 밝게 하시도다.”

(3) 디모데후서 3장 16, 17절 – “모든 성경은 하나님의감동으로 된 것으로 교훈과 책망과 바르게 함과 의로 교육하기에 유익하니 이는 하나님의 사람으로 온전하게 하며 모든 선한 일을 행할 능력을 갖추게 하려 함이라.”

3. 아래 성구의 (　　)에 맞는 단어를 넣고 가능하면 암송합시다.

“너희는 이 (　　)를 본받지 말고 오직 마음을 새롭게 함으로 (　　)를 받아 하나님의 선하시고 기뻐하시고 온전하신 뜻이 무엇인지 (　　) 하도록 하라.”(롬 12:2)

3. 분별을 여는 말씀

작사/작곡 이 순 희

♩ = 70

A Bm /C♯ Bm E E/C♯

분 별 을 여 는 말 씀 의 능 력 말 씀 의 빛 을 받 아

5 D E F♯m E/G♯ D/F♯ E/G♯ A /E

모 든 상 황 가 운 데 서 분 별 하 여 지 혜 롭 게 살 아 가 세 말 씀

9 F♯m A/E D /E F♯m E^7/G♯ A Bm

은 하 나 님 의 감 동 으 로 된 것 으 로 교 훈 과 책 망 과 바 르 게 함

13 A/C♯ E D A/C♯ B E/G♯ A Bm E/G♯

과 의 로 교 육 하 기 에 유 익 하 네 말 씀 은 우 리 를 온 전 하 게

17 F♯m D A/C♯ Bm^7 A/C♯ D E A

하 며 – 모 든 선 한 일 을 행 할 능 력 을 갖 게 하 시 네

21 F♯m E /G♯ F♯m D A/C♯

말 – 씀 의 능 력 위 에 연 단 을 받 고 선 악 을

25 Bm E/G♯ $C♯m^7$ F♯m E/G♯ F♯m

분 별 하 리 라 분 – 별 의 능 력 위 에 마 음 문 열 고

29 E F♯m A Bm^7 E/C♯ D D/E E A

말 씀 으 로 충 만 받 아 승 리 하 리 라

제 4 장

악한 영을 물리치는 실력

막 1:21-28

"그들이 가버나움에 들어가니라 예수께서 곧 안식일에 회당에 들어가 가르치시매 뭇 사람이 그의 교훈에 놀라니 이는 그가 가르치시는 것이 권위 있는 자와 같고 서기관들과 같지 아니함일러라 마침 그들의 회당에 더러운 귀신 들린 사람이 있어 소리 질러 이르되 나사렛 예수여 우리가 당신과 무슨 상관이 있나이까 우리를 멸하러 왔나이까 나는 당신이 누구인 줄 아노니 하나님의 거룩한 자니이다 예수께서 꾸짖어 이르시되 잠잠하고 그 사람에게서 나오라 하시니 더러운 귀신이 그 사람에게 경련을 일으키고 큰 소리를 지르며 나오는지라 다 놀라 서로 물어 이르되 이는 어찜이냐 권위 있는 새 교훈이로다 더러운 귀신들에게 명한즉 순종하는도다 하더라 예수의 소문이 곧 온 갈릴리 사방에 퍼지더라."

4
악한 영을 물리치는 실력

사람들은 실력 있는 사람을 원합니다.

환자는 실력 있는 의사를 원하고, 학생은 실력 있는 선생님을 원합니다. 식당을 찾는 손님들도 실력 있는 요리사가 있는 맛집을 선호하고, 직원을 구하는 기업들도 실력 있는 인재를 찾습니다. 그래서 실력이 있는 사람들은 어디를 가도 우대받고, 무슨 일을 해도 자신감이 있는 삶을 살 수 있습니다. 탁월한 실력을 가진 사람들은 탁월한 인생을 살 수 있는 가능성이 높아지는 것입니다.

이러한 이유로 많은 사람들이 실력 있는 사람이 되기 위해 애씁니다. 일을 잘하는 실력, 공부를 잘하는 실력, 인간관계를 잘 맺는 실력을 쌓기 위해 노력하고 자신만의 주특기를 갖추어 실력 있는 사람이 되기 위해 힘씁니다.

H. 발자크는 "현대의 행동 수단은 실력이어야 한다. 가문과 문벌 같은 것은 소용없다."라고 했고, 리빙스턴은 "기회는 반드시 찾아온다. 실력 없는 자에겐 잠자고 있을 때 오고, 실력이 있는 자에겐 눈을 부릅뜨고 있을 때 온다."라고 말했습니다.

특히 외모지상주의가 만연한 현대에는 "얼굴도 실력이다. 미모도 실력이다."라고 말하며 아름다운 외모를 가진 사람들은 쉽게 행복한 인생을 살 수 있다고 생각하는 사람들이 많습니다. 또 황금만능주의, 물질만능주의 속에 살고 있는 현대인들은 재력이 중요한 실력이 될 수 있다고 생각합니다. 실력으로 평가하는 세상 속에서 살아가는 사람들은 저마다의 실력을 추구하고 자신들의 실력을 뽐내며 살아갑니다. 하지만 그리스도인들이 겸비해야 할 실력은 세상 사람들의 실력과는 다른 것입니다. 우리는 육적인 실력으로 승부하는 사람들이 아닙니다. 하늘의 시민권을 가진 성도는 마땅히 하늘로부터 임하는 영적 실력으로 살아야 합니다.

영적 실력은 겉으로 보이는 육적인 실력과는 다릅니다. 노력한다고 해서 쉽게 얻을 수 있는 것도 아닙니다. 자신이 얼마나 영적인 실력이 있는지 쉽게 깨달아지지도 않습니다.

성도가 가져야 하는 영적 실력은 오직 성령으로 말미암는 인격의 실력이요, 삶의 실력이며, 모든 영적 전쟁에서 승리하게 하는 실력입니다. 이러한 영적 실력은 말씀의 실력, 찬양의 실력, 예배의 실력, 기도의 실력을 통해 사랑의 실력, 인내의 실력, 평안의 실력으로 나타납니다.

우리는 영적인 실력을 겸비하여 영적 생활에 능한 자가 되어야 합니다. 영적 실력이 빠진 육적인 실력은 공허와 허무를 향해 치닫게 되지만, 육적인 실력이 영적인 실력과 만나면 육적인 실력도 신령하고 거룩한 실력이 되어 영원하고 가치 있는 일을 위해 쓰임 받게 됩니다. 우리는 무엇보다도 우선하여 영적인 실력을 받고 영적인 실력으로 자신을 이기고, 죄를 이기며, 어둠의 영과 세상을 이기는 능력의 삶을 살아가야 합니다.

특별히 우리는 '악한 영을 물리치는 실력'을 겸비해야 합니다. 이 세상의 모든 보이는 것 이면에는 그것을 주관하는 영적 실체가 있습니다. 영적 실체는 성령이 아니면 악령입니다. 빛과 어둠은 절대 공존할 수 없습니다. 생명이신 예수님이 빛이십니다. 예수의 생명을 소유한 사람은 어둠 속에 다니지 않습니다(요 8:12).

생명과 죽음, 세상과 교회, 성령과 악령이 분명히 나눠지는 지점이 있습니다. 성령의 역사가 없는 곳에는 반드시 어둠의 영이 진을 치고 활동하면서 자신들의 계략을 펼칩니다.

악한 영은 파괴자이며 약탈자이고 강도입니다.

악한 영은 우리 안에 기쁨과 사랑, 소망, 평강을 빼앗습니다. 악한 영은 인간을 괴롭게 하고 비참하게 만드는 우리의 원수이며 우리를 불행하게 만드는 원흉입니다. 그리고 우리를 교만하게 만들고 공동체를 분열시키며 가정과 교회를 파괴시킵니다. 정치, 문화, 예술, 경제, 교육의 배후에서 사람과 사건, 지역의 배후에서 활동하면서 사람의 영혼을 죽이고 하나님의 일을 대적하며 악한 간계를 도모합니다. 그러므로 우리는 보이는 혈과 육 즉, 사람과 환경을 상대해서 싸울 것이 아니라 영적인 싸움을 해야 합니다. 영적 싸움은 배후의 어둠의 영을 몰아내는 근원적이고 본질적인 싸움입니다.

> "우리가 육신으로 행하나 육신에 따라 싸우지 아니하노니 우리의 싸우는 무기는 육신에 속한 것이 아니요 오직 어떤 견고한 진도 무너뜨리는 하나님의 능력이라 모든 이론을 무너뜨리며 하나님 아는 것을 대적하여 높아진 것을 다 무너뜨리고 모든 생각을 사로잡아 그리스도에게 복종하게 하니."
>
> (고후 10:3-5)

셰익스피어의 단편집에 나오는 '오펠로'라는 사람의 이야기입니다. 옛날 시리아에 오펠로라는 사람이 있었는데, 이 사람의 소원은 자기 나라의 왕을 한 번 모시는 것이었습니다. 그의 눈에 왕은 최고 권력을 가진 절대적 존재로 보였기 때문에 그런 사람을 가까이에서 모시는 것이 그의 소원이었습니다.

결국 오펠로는 갖은 노력 끝에 왕의 심복이 되었습니다. 이제 그는 왕을 가까이에서 모시면서 왕의 일거수일투족을 보게 되었습니다. 그런데 멀리서는 신처럼 보이던 왕을 가까이에서 보니 연약한 인간으로 보이기 시작했습니다. 왕도 일반 사람들과 다를 바 없이 긴장하고, 잠을 못 자고, 염려하고, 걱정하며 불안에 떠는 모습이 보였습니다.

그러던 어느 날 오펠로는 왕이 사탄에게 사로잡혀 헛소리를 하는 것을 보았습니다. 그는 크게 실망한 나머지 '내가 모시고 있는 왕보다는 사탄이 더 강하고 힘이 있구나!'라고 생각해 즉시 그 자리를 떠나 사탄을 섬기는 자가 되었습니다.

오펠로는 아무런 두려움 없이 사탄이 이끄는 대로 행동하면서 모든 일이 잘되어 가고 있다고 생각했습니다. 그러던 어느 날 길을 가다가 교회 옆을 지나게 되었는데, 십자가를 바라보는 순간 발걸음이 움직이지 않고 벌벌 떨고 있는 자신의 모습을 발견했습니다. 이때 오펠로는 사탄보다 더 힘 있고 능력 있는 것이 예수 그리스도의 십자가임을 깨달았습니다. 그래서 그는 즉시 사탄의 길에서 벗어나 교회 안에 들어가 주님을 영접하고 믿음으로 살게 되었다고 합니다.

요한 크리스토프 블룸하르트는 이렇게 말했습니다.

"인간은 자기의 약함만을 탓할 것이 아니라 스스로 생각하고 말하고 행동함으로 저지르는 모든 죄들이 인격적인 악, 즉 사탄으로부터 나온다는 사실을 인식해야 한다. 그러나 모든 죄의 책임이 사탄에게 있는 것이 아니고 죄를 짓는 자신에게도 있다고 말해야 한다. 사탄으로 하여금 자기를 유혹하고 악을 조장하도록 허용한 죄를 인정해야 한다."

우리는 영의 눈을 열어 영적 세력을 분별해야 합니다.

세상은 공중 권세 잡은 자들이 통치하는 곳입니다. 이 땅에서 사는 우리는 세상의 법에 쉽게 이끌립니다. 콩 심은 데 콩이 나고, 팥 심은 데 팥이 나듯이 성령이 있는 곳에는 성령의 열매가 맺히고, 악한 영이 있는 곳에는 악한 영의 역사가 일어납니다.

시기와 미움, 다툼과 분쟁이 가득한 마음에는 악령이 존재하고, 살인과 파멸의 역사가 일어나는 곳에는 어둠의 영이 존재합니다. 단순히 '교회에 다니는 성도에게는 귀신이 있을 수 없다', '예배하고 기도하는 그리스도인에게는 악한 영이 존재하지 않는다'라는 생각은 충분하지 않습니다. 사도 바울은 다음과 같이 고백합니다.

> "전에 율법을 깨닫지 못했을 때에는 내가 살았더니 계명이 이르매 죄는 살아나고 나는 죽었도다 그러므로 내가 한 법을 깨달았노니 곧 선을 행하기 원하는 나에게 악이 함께 있는 것이로다 내 속사람으로는 하나님의 법을 즐거워하되 내 지체 속에서 한 다른 법이 내 마음의 법과 싸워 내 지체 속에 있는 죄의 법으로 나를 사로잡는 것을 보는도다 오호라 나는 곤고한 사람이로다 이 사망의 몸에서 누가 나를 건져내랴."(롬 7:9, 21-24)

예수를 믿는다고 하면서 다투고, 분열하고, 미워하고, 시기하고, 이간질하는 사람들은 악한 영에게 지배받는 사람들입니다(약 3:14-16). 예수를 믿으면서도 죄를 범하고 하나님이 기뻐하시는 삶을 살지 못하는 사람은 자신이 사탄의 영향권 아래에 노출되어 있음을 스스로 인정해야 합니다.

> "죄를 짓는 자는 마귀에게 속하나니 마귀는 처음부터 범죄함이라 하나님의 아들이 나타나신 것은 마귀의 일을 멸하려 하심이라 하나님께로부터 난 자마다 죄를 짓지 아니하나니 이는 하나님의 씨가 그의 속에 거함이요 그도 범죄하지 못하는 것은 하나님께로부터 났음이라."(요일 3:8-9)

사도 요한은 "하나님께 속한 자는 죄를 짓지 않는다."라고 강력하게 선포했습니다. 즉, 범죄하는 인생에는 마귀의 영이 연관되어 있음을 시사하는 것입니다. 스스로 예수를 믿는다고 자부하는 사람도, 심지어 목사, 장로, 권사 등의 직분을 가지고 오랜 시간 신앙생활을 한 사람도 범죄하며 변함없이 육체의 일에 매여서 살아간다면 죄의 영의 사주를 받고 있다는 것입니다. 사도 바울도 에베소 교인들을 향해서 "마귀에게 틈을 주지 말라."라고 말했습니다(엡 4:27).

사실 예수를 온전히 믿지 않는 사람에겐 악한 영이 싸움을 걸지 않습니다. 어차피 자신의 것이기 때문입니다. 그러나 나는 죽고 예수로 살려고 결단할 때, 십자가를 지려고 할 때, 주의 일을 열심히 하겠다고 결단할 때 마귀는 우는 사자같이 다가옵니다. 그래서 예수를 잘 믿으려고 하는 사람은 더욱더 자신을 내려놓고, 부인해야 하는 것입니다(요 15:18-19).

온전히 예수를 믿고, 자기 자아를 내려놓은 사람 안에는 악한 영이 살 수 없습니다. 그러나 자기를 부인하지 않고, 자기 자아를 죽이지 못한 사람은 악한 영의 공격 대상이 됩니다. 악한 영들은 죽지 못한 자아가 만들어낸 죄와 상처를 통해 사람 안으로 들어가서 영혼육에 집을 짓습니다.

자아는 사탄의 표적입니다.

자아가 성령에 붙들려서 온전히 죽으면 사탄이 건드릴 수 없지만, 자아가 잠시나마 성령 충만하지 않으면 그 틈을 어떻게든 비집고 들어가 마침내 장악합니다. 그리고 사탄의 훌륭한 거처가 됩니다.

사람 안에 집을 짓고 사는 악한 영들은 교묘한 간계를 동원하여 영혼을 불안하게 하고 육체를 괴롭게 만듭니다. 악한 영들은 사람의 영혼을 최후의 파멸로 끌고 가기 위해 안간힘을 씁니다.

우리는 악한 영이 들어올 조그마한 틈도 허용하면 안됩니다. 그렇지 않으면 악한 영은 작은 틈으로 들어와 우리의 모든 부분을 장악하게 됩니다. 악한 영은 "한 번 뿐인데 뭐. 티 안 나니까 괜찮아, 아무도 모를 거야."라는 말로 우리를 속여 사망의 길로 이끌어갑니다(요 10:10).

마귀는 성도가 틈을 보이는 만큼 성도의 영혼을 장악하고 그를 실족시키려 합니다. 상처의 틈, 불신의 틈, 욕심의 틈, 죄의 틈을 많이 내준 성도들은 그만큼 악한 영에게 자기 주도권을 내어준 셈이 됩니다. 그러므로 우리는 스스로 믿음의 의지를 붙잡고 악한 영에게 틈을 보이지 않도록 주의해야 합니다. 그리고 자신의 영혼육을 오직 성령께서 주관하시도록 온전히 내어드려야 합니다.

악한 영은 아래와 같이 점진적인 역사로 사람의 영혼을 장악해 나갑니다. **악한 영이 영혼을 파괴하는 7단계**는 다음과 같습니다.

■ **악한 영이 영혼을 파괴하는 7단계**

① 무기력 발생: 성경도 보기 싫고 기도도 하기 싫어서 뒤로 물러가게 하는 단계

② 기쁨의 상실: 스스로 감정을 억제해 기쁨도 활기도 없게 하는 단계

③ 우울의 시작: 귀신의 힘으로 살고, 감정, 욕망을 억압하는 단계

④ 우울의 증가: 침울, 집중력 저하, 불면, 좌절, 절망에 빠뜨리는 단계

⑤ 극단적 사고: "넌 끝장이야! 죽어라! 죽여라!"라고 몰아붙이는 단계

⑥ 망상과 집착: 괴상한 사상이나 감정에 충동적으로 집착하게 하는 단계

⑦ 의지의 상실: 악한 영이 영혼육을 소유해서 전적으로 통제하는 단계

악한 영들은 처음에는 작은 틈으로 들어왔다가 나중에는 전체를 장악합니다. 그러므로 우리는 마귀에게 작은 틈도 보여주면 안 됩니다(롬 6:12-14). 영적 실력은 자신의 지체를 사탄에게 빼앗기지 않는 힘이요, 오직 성령의 다스림 안에 순종할 수 있는 능력입니다.

그런데 영적인 힘이 약한 사람은 성령의 인도에는 무감각하거나 반항적인 자세를 취하면서도 악한 영의 미혹에는 곧잘 넘어갑니다. 태어날 때부터 가지고 태어난 죄성이 악한 영의 속임에 쉽게 넘어가도록 만들기 때문입니다.

우리는 악한 영을 물리치는 실력을 받아야 합니다.

악한 영을 분별하는 실력을 받아야 하고, 악한 영의 미혹을 물리칠 수 있는 실력을 가져야 하며, 제아무리 강하고 악한 영이라도 제압할 수 있는 능력을 소유해야 합니다.

악한 영들에게 매여 있으나 영적 힘이 약한 사람들은 악한 영이 조종하는 대로 살게 됩니다. 음란의 영에 매인 사람들은 음란한 것을 좋아하고, 음란한 사람들을 만나며, 음란한 삶을 살게 됩니다. 또 교만의 영에 붙들린 사람들은 모든 사고체계 속에서 교만의 영의 조종을 받아 교만하게 생각하고 교만하게 움직이게 됩니다. 그뿐 아니라 병마에 사로잡힌 사람들

은 병약한 삶을 살게 되고, 중독의 영에 붙들린 사람들은 헤어 나올 수 없는 중독에 빠지게 됩니다. 자신은 건강한 삶을 살고 싶고 중독에서 벗어난 삶을 살고 싶으며 선한 삶을 살고 싶어도 영력이 약한 사람은 자신을 장악하고 있는 악한 영들을 이길 수 없습니다.

이는 마치 어린아이가 악한 강도에게 붙들린 상황과 같습니다. 어린아이가 아무리 집에 가길 원하고, 강도의 손에서 벗어나길 원해도 힘이 약한 아이는 강도를 이길 수 없습니다(눅 11:21-22).

마찬가지로 영적 실력이 약한 사람은 악한 영을 이기지 못해서 원함과 행함이 다른 삶을 살게 됩니다. 사도 바울도 자신 속의 악한 영을 물리치는 실력이 약했을 때는 이렇게 고백했습니다.

> "내 속 곧 내 육신에 선한 것이 거하지 아니하는 줄을 아노니 원함은 내게 있으나 선을 행하는 것은 없노라 내가 원하는 바 선은 행하지 아니하고 도리어 원하지 아니하는 바 악을 행하는도다 만일 내가 원하지 아니하는 그것을 하면 이를 행하는 자는 내가 아니요 내 속에 거하는 죄니라."(롬 7:18-20)

지금 우리 주위에는 악한 영을 물리치는 실력이 없어서 악한 영에게 속수무책으로 끌려다니는 영혼들이 참으로 많습니다. 우울의 영에게 이끌려 우울증에 빠져서 살아있으나 죽은 것 같은 삶을 사는 사람들이 많고, 절망과 비관의 영에 매여서 모든 것을 포기하고 비참한 삶을 사는 사람도 많습니다. 자살의 영에 이끌려 자살하는 사람들도 참으로 많습니다.

악한 영에 매인 사람들은 고통스러워하며 악한 영이 속삭이는 소리에 귀를 기울입니다. 그래서 악한 영이 원하는 대로 살아갑니다.

여러분의 삶을 돌아보시기 바랍니다. 시시때때로 분노의 영에 매여서 분노하고 있지 않은지, 불신의 영에 매여서 끊임없는 의심 속에 살고 있지는 않은지 살펴보고, 악한 영을 물리치는 영적 실력을 받아야 합니다.

예수님은 우리에게 이미 악한 영을 쫓을 수 있는 권세를 주셨습니다.

"내가 너희에게 뱀과 전갈을 밟으며 원수의 모든 능력을 제어할 권능을 주었으니 너희를 해칠 자가 결코 없으리라."(눅 10:19)

예수 안에 있는 우리에게는 이미 뱀과 전갈로 드러난 악한 영을 밟을 수 있는 실력이 있고, 악한 영의 모든 능력을 제어할 실력이 있습니다. 그러므로 우리는 모든 영적 실력의 근원이 되시는 성령으로만 살아야 합니다.

영적인 세력은 인간 개인의 지혜나 힘으로는 결코 상대할 수 없습니다. 다시 말해 성령을 힘입지 않고서는 영적 전쟁에서 승리할 수 없습니다. 우리는 성령의 역사를 방해하는 우리의 자아를 철저히 깨뜨리고 오직 성령의 나타나심과 능력으로 악한 영을 물리쳐야 합니다.

교회성장연구소의 소장을 역임했던 명성훈 목사는 "영적 전쟁의 주체는 성령이시다. 삶의 통치권이 성령에게 있는 사람 즉, 성령 충만한 사람은 승리를 보장받는 사람이다. 성령 운동은 어느 교파의 전유물이 아니라 모든 교회의 본질 그 자체다."라고 말했습니다(고전 2:4–5).

본문 속에서 예수님은 '악한 영을 물리치는 실력'을 보여주셨습니다. 사실 악한 영을 물리치는 축귀의 사역은 예수님이 공생애 기간 동안 핵심적으로 하신 사역이었습니다. 예수님은 가는 곳마다 복음을 선포하시고, 하나님의 나라를 가르치시며, 귀신을 쫓아내시고, 병든 자를 치유하셨습니다(마 8:16).

이에 따라 복음서 기자들은 자신들의 기사의 상당 부분을 예수님께서 악한 영들을 쫓아내신 사건을 기록하는데 할애했습니다. 성경에 귀신을 가리키는 말이 100번 남짓 나오는데, 복음서에만 89번 나옵니다. 그만큼 예수님의 사역 중 축귀사역이 차지하는 비중이 크다는 것을 알 수 있습니다.

오늘 본문인 마가복음 1장에서도 예수님은 가버나움 회당에서 말씀을 가르치시다가 귀신 들린 사람을 만나시고, 그 사람 안에 있던 귀신을 쫓아내시는 일을 하셨습니다.

귀신은 타락한 천사의 무리입니다. 하나님을 찬양하던 일을 맡았던 천사장 루시퍼가 교만하여 하나님처럼 되고자 반역하여 심판을 받고 사탄이 되었을 때, 그를 따르던 천사들도 함께 타락하여 귀신이 되었습니다(유 1:6).

본문에서 말하는 귀신 들린 사람은 귀신에게 자신의 인격을 빼앗기고 영혼육을 점령당하여 귀신에게 압제 받던 사람이었습니다. 그도 처음에는 회당에 있는 다른 사람과 섞여서 예수님이 가르치시는 말씀을 듣고 있었습니다. 그런데 예수님의 가르침에서 놀라운 권위가 나타나자 더러운 귀신 들린 사람이 소리를 지르기 시작했습니다.

> "그들이 가버나움에 들어가니라 예수께서 곧 안식일에 회당에 들어가 가르치시매 뭇 사람이 그의 교훈에 놀라니 이는 그가 가르치시는 것이 권위 있는 자와 같고 서기관들과 같지 아니함일러라 마침 그들의 회당에 더러운 귀신 들린 사람이 있어 소리 질러 이르되."(막 1:21-23)

예수님 당시 회당은 예배와 설교, 교육, 모임의 매우 중요한 역할을 했습니다. 어떤 마을이나 도시든 유대인 남성 10명이 있으면 회당을 세울 수 있었습니다.

유대인 역사가 요세푸스에 의하면 당시 갈릴리에는 240개의 도시와 마을이 있었습니다. 가버나움은 큰 도시라 여러 개의 회당이 있었습니다. 토요일 안식일에 나팔 소리와 함께 유대인들이 회당에 모여 예배를 드렸고 말씀을 들었습니다. 모인 사람 중에 영적으로 성숙한 사람이 있으면 회당장이 그를 설교자로 세우기도 했습니다.

예수님은 이런 기회를 통해 가버나움 회당에서 말씀을 가르치셨습니다. 가버나움 회당에 있던 사람들은 놀랄 수밖에 없었습니다. 예수님의 가르침이 자신들이 들어왔던 서기관들의 설교와 달랐기 때문입니다. 서기관들은 자신이 배우고 들은 것을 가르쳤지만 예수님은 실제의 삶을 가르치셨습니다.

이때에 귀신 들린 사람도 회당을 찾은 것을 보면 그는 유대인이거나 하나님을 경외하는 이방인이었을 것입니다. 그런데 그런 그가 예수님의 권위 있는 가르침이 이어지자 귀신에게 장악되어 소리를 지르며 외쳤습니다.

예수님이 말씀을 전하시자 성령이 일하셔서 그 안에 악한 영이 드러나고 예수님의 정체성을 알아보기 시작했습니다.

> "나사렛 예수여 우리가 당신과 무슨 상관이 있나이까 우리를 멸하러 왔나이까 나는 당신이 누구인 줄 아노니 하나님의 거룩한 자니이다."(막 1:24)

여기서 우리는 몇 가지 사실을 알 수 있습니다. 먼저 귀신들이 예수 그리스도를 알아보았다는 사실입니다. 귀신들은 예수님이 나사렛 출신이라는 것과 하나님의 거룩한 자이심을 알았고 그들을 멸하러 오신 분이라는 사실을 알았습니다.

'나사렛'은 예수님의 출생지는 아니었으나 유년시절을 보내신 곳이므로 실질적인 출신지라고 할 수 있습니다. 그러나 당시 나사렛은 이방 땅과 가까운 갈릴리 지역의 아주 작은 마을로 유대인들은 나사렛을 이방 땅으로 간주했고 이런 이유에서 유대인에 의해 경멸받던 지명이었습니다. 따라서 악한 영이 사람들 앞에서 예수님이 나사렛 출신이라는 사실을 크게 떠든 것은 예수님의 권위를 떨어뜨리려는 의도가 있었던 것입니다.

귀신들은 영적 지능이 뛰어나기 때문에 예수님이 이 땅에 오신 목적을 알고 있었습니다. 그리고 이러한 사실을 예수님께 이야기하는 것으로 보아 귀신들도 예수님과 대화를 시도한다는 사실을 알 수 있습니다.

또 "우리를 멸하러 왔나이까?"라고 복수형으로 신분을 언급한 것으로 보아 여러 귀신이 들어갔음을 알 수 있습니다. 그리고 이 귀신들이 예수님을 만나기 전까지는 회당에서 잠잠히 거했지만 예수님을 만난 후에 자신들의 신분이 노출되어 극도의 두려움과 공포심을 표출한다는 사실을 알 수 있습니다. 이를 통해 우리는 '교회 안에 귀신이 있을 수 없다', '예배하는 성도 안에 악한 영이 있을 수 없다'는 식의 발상은 잘못된 것임을 알 수 있습니다.

본문에 따르면 귀신들도 회당 안에 거할 수 있고, 말씀이 선포되는 가운데 있을 수 있습니다. 다만 예수님의 권위가 나타날 때는 더 이상 악한 영들이 그들의 존재를 숨기지 못하고 드러납니다.

오늘날 우리의 예배에도 마찬가지 현상이 일어날 수 있습니다. 예수를 믿는다고 하지만 명목상의 신앙을 가진 성도들은 세상 사람들과 다를 바 없는 미움, 다툼, 시기, 질투, 원망, 교만 등을 가지고 살면서 무수히 많은 악한 영들의 지배를 받습니다. 때로는 그들의 생각을 악한 영에게 빼앗기고, 때로는 그들의 언어와 행동을 부분적으로 빼앗깁니다. 또 때로는 그들의 전 존재가 악한 영에게 사로잡혀 스스로도 이해할 수 없는 행동을 하기도 합니다.

어느 때는 정말 성령에 충만한 모습을 보이지만, 어느 때는 이해할 수 없는 말과 행동이 튀어나오고 부정적인 생각에 사로잡힙니다. 그럼에도 불구하고 그들이 영과 진리의 예배가 아니라 육적인 예배, 혼적인 예배만을 이어가면 그들 안에 있는 어둠의 영들은 정체를 드러내지 않습니다.

명목상의 그리스도인들은 내면에서 정체를 드러내지 않은 악한 영들을 키우며 자신들은 거룩하고 신실하게 살아가고 있다고 생각합니다. 그들 안에 숨어있는 악한 영들은 중요한 순간 그들의 생각, 마음, 입술을 지배합니다. 그래서 성도들 간에 오해를 만들고 이간질을 하여 교회를 분열시킵니다. 간사하게 움직이는 악한 영들은 자신들의 존재는 밝히지 않고 사람들을 조종하면서 사람들로 하여금 그들이 여전히 자신들의 의지대로 살고 있다고 믿게 만듭니다.

이러한 악한 영들에게 조종을 받는 사람들은 깊은 우울에 빠져도 우울의 영적 실체를 알지 못하고, 치명적인 분노에 사로잡혀도 분노의 영적 실체를 알지 못합니다. 보이는 육의 세계를 결정짓는 영적 세계를 이해하지 못하는 것입니다. 하지만 이들이 살아있는 하나님의 말씀이 선포되는 영적인 예배를 드리게 되면 이야기가 달라집니다. 살아있는 하나님의 말씀은 사람들의 은폐된 내면을 파헤치고 숨어있는 악한 영들의 실체를 드러냅니다.

> "하나님의 말씀은 살아 있고 활력이 있어 좌우에 날선 어떤 검보다도 예리하여 혼과 영과 및 관절과 골수를 찔러 쪼개기까지 하며 또 마음의 생각과 뜻을 판단하나니."(히 4:12)

존 파이퍼는 이러한 하나님의 말씀에 대해 다음과 같이 말했습니다.

"하나님의 약속의 말씀은 마치 커다란 창문을 열어 우리 마음속에서 만족케 하는 기쁨인 척 가장하는 바퀴벌레 같은 죄 위에 밝은 아침 해를 드리우는 것과 같습니다."

절대적인 권위를 드러내는 살아있는 하나님의 말씀 앞에 악한 영들은 견디지 못하고 드러나게 됩니다. 그래서 본문의 귀신 들린 자 속에 있던 귀신도 권위 있는 예수님의 말씀 앞에 견디지 못하고 드러나게 된 것입니다.

우리는 모든 어둠을 드러내 몰아내시는 하나님의 능력을 경험해야 합니다. 우리의 내면세계에 강력한 성령의 빛이 임하여 모든 숨어있던 어둠의 영들이 드러나기를 원합니다. 드러남으로 치료받고, 나타남으로 새로움을 입는 모두가 되시기를 소원합니다(마 23:25–28, 33).

우리가 읽고 듣는 하나님의 말씀은 강력한 예수 그리스도의 권위가 묻어 있는 말씀입니다. 이 말씀은 성도에게 자기 내면에 숨어있는 악한 영을 밝히 드러내는 조명이고 모든 악한 영들을 물리치는 성령의 검입니다. 그러므로 우리는 말씀을 통해 영적 실력을 받고, 말씀을 통해 영적 실력을 나타내야 합니다(딤후 3:16–17).

말씀을 통해 영적 실력을 받기 위해 우리는 균형 잡힌 시각으로 말씀을 이해해야 합니다. 구약은 신약의 도움을 받아, 신약은 구약의 도움을 받아 이해해야 합니다. 어느 한 군데에도 치우치지 않고 성경 전체를 통해 계시하시는 예수 그리스도의 나타나심을 이해해야 합니다. 또 말씀 안에서 드러난 공의 안에서 사랑을 보고 사랑 안에서 공의를 보아야 합니다. 말씀 안에 있는 위로에서 징계를 깨닫고 징계 안에서 위로를 발견해야 합니다. 더불어 은사와 신비 안에서 성령의 열매를 추구하고, 성령의 열매를 추구하는 삶 안에서 은사와 신비를 체험해야 합니다.

이와 같이 균형 잡힌 말씀 해석과 적용이 영적 실력을 받는 지름길입니다. 그러므로 우리는 날마다 진중하게 하나님의 말씀을 묵상하고 모든 영적 전쟁에서 말씀으로 싸워야 합니다(시 1:1-2).

특히 우리는 마귀를 대적할 때 담대하고 권위 있게 말씀을 선포해야 합니다. 예수님은 우리에게 말씀의 검을 사용하여 마귀를 물리치는 본을 보여 주셨습니다.

"그때에 예수께서 성령에게 이끌리어 마귀에게 시험을 받으러 광야로 가사 사십 일을 밤낮으로 금식하신 후에 주리신지라 시험하는 자가 예수께 나아와서 이르되 네가 만일 하나님의 아들이어든 명하여 이 돌들로 떡덩이가 되게 하라 예수께서 대답하여 이르시되 기록되었으되 사람이 떡으로만 살 것이 아니요 하나님의 입으로부터 나오는 모든 말씀으로 살 것이라 하였느니라 하시니 이에 마귀가 예수를 거룩한 성으로 데려다가 성전 꼭대기에 세우고 이르되 네가 만일 하나님의 아들이어든 뛰어내리라 기록되었으되 그가 너를 위하여 그의 사자들을 명하시리니 그들이 손으로 너를 받들어 발이 돌에 부딪치지 않게 하리로다 하였느니라 예수께서 이르시되 또 기록되었으되 주 너의 하나님을 시험하지 말라 하였느니라 하시니 마귀가 또 그를 데리고 지극히 높은 산으로 가서 천하 만국과 그 영광을 보여 이르되 만일 내게 엎드려 경배하면 이 모든 것을 네게 주리라 이에 예수께서 말씀하시되 사탄아 물러가라 기록되었으되 주 너의 하나님께 경배하고 다만 그를

섬기라 하였느니라 이에 마귀는 예수를 떠나고 천사들이 나아와서 수종드니라."(마 4:1–11)

여기서 눈여겨볼 것은 마귀도 하나님의 말씀을 인용한다는 점입니다. 하지만 마귀의 말씀 인용은 언제나 하나님의 성품에 위배됩니다. 하나님은 질서의 영, 사랑의 영, 겸손의 영이십니다. 하나님은 언제나 친절하시며 따뜻하시고 최고의 선으로 가득한 분이십니다.

그러나 마귀는 하나님의 성품을 비꼬아서 말씀을 인용합니다. 마치 하나님이 교만과 욕심으로 가득한 분인 것처럼, 많은 사람들에게 숭배받기 위해 권력을 행사하는 분으로 묘사합니다. 이러한 마귀의 공격에 맞서서 예수님은 하나님의 성품을 정확히 이해한 말씀 적용으로 마귀를 물리치셨습니다. 우리는 예수님을 본받아, 말씀을 선포하되 하나님의 선하심을 신뢰하며 믿음으로 말씀을 선포해야 합니다.

하나님의 말씀을 통해 영적 실력을 나타내되, 바른 동기와 바른 해석을 통해 말씀의 검을 사용해야 합니다(시 19:7–11).

한편 악한 영들이 예수님의 권위 있는 말씀 앞에 드러나서 소리를 지른 것은 이중적인 의미에서 해석할 수 있습니다.

첫째는 이제까지 말씀드린 것처럼 악한 영들이 예수님의 말씀을 견디지 못해서 드러난 것이고, 둘째는 악한 영들이 예수님의 사역을 방해하기 위해 소리를 지른 것으로도 볼 수 있습니다.

악한 영들은 언제나 예수 그리스도의 사역을 방해합니다. 예수님이 성육신하심으로 이 땅에 오실 때에도 악한 영들은 헤롯의 배후에서 두 살 이하의 아기들을 죽이게 만들어서 예수 그리스도의 탄생을 방해하려 했습니다. 그리고 계속해서 예수님의 사역을 방해하는데 심지어 예수님의 제자들까지 이용했습니다. 실제로 사탄의 사주를 받은 베드로는 예수님께서 고난 당하시고 죽으셨다가 다시 살아난다는 말씀을 듣고 그렇게 해서는 안 된다고 예수님께 대적했습니다. 그래서 예수님께서 "사탄아 내 뒤로 물러가라."라고 선포하시면서 어둠의 영들을 몰아내셨습니다.

> "예수께서 돌이키시며 베드로에게 이르시되 사탄아 내 뒤로 물러가라 너는 나를 넘어지게 하는 자로다 네가 하나님의 일을 생각하지 아니하고 도리어 사람의 일을 생각하는도다 하시고."(마 16:23)

또 마귀는 예수님의 제자 가룟 유다에게 예수님을 팔 생각을 주었습니다. 결국 가룟 유다는 마귀의 시나리오대로 움직여서 예수님이 십자가에서 못 박혀 죽으시는 일에 결정적인 역할을 하게 되었습니다. 물론 결과적으로는 예수님의 십자가에서의 죽음이 구속사를 위한 하나님의 섭리에 포함된 일이었지만 마귀의 세력들은 예수님의 사역을 방해하기 위해 그 모든 일을 주도했습니다. 본문에서도 귀신 들린 자가 소리를 지르는 바람에 예수님의 권위 있는 가르침이 중단되고 말았습니다.

그러므로 우리가 우리 안에 있는 악한 영에게 휘둘려 하나님의 일을 방해하는 사탄의 도구가 될 수 있다는 사실을 깨닫고 주의해야 합니다. 악한 영의 사주를 받은 사람은 자기도 모르게 교회의 부흥을 막고, 영적인 사역을 그르치며, 영혼들을 실족시킵니다. 우리가 완전히 성령의 지배를 받지 않으면 악한 영은 죽지 못한 우리의 자아를 가지고 장난칩니다. 악한 영은 우리의 작은 행동, 말투 하나하나를 사용하여 연약한 영혼들을 다치게 합니다.

> "누구든지 나를 믿는 이 작은 자 중 하나를 실족하게 하면 차라리 연자 맷돌이 그 목에 달려서 깊은 바다에 빠뜨려지는 것이 나으니라."(마 18:6)

문제는 우리가 악한 영의 도구로 사용되어 연약한 영혼들을 다치게 했으면서 그 사실을 모른다는 것입니다. 그러므로 우리는 영을 분별하고 악한 영에게 속지 말아야 합니다(요일 4:1).

귀신들은 예수님의 사역을 방해하며 소리를 지르고 예수님께 질문했지만, 예수님은 귀신들의 이야기를 들어주시지 않으셨습니다. 예수님은 그들을 꾸짖어 잠잠하게 하셨고 그 사람에게서 나오라고 하셨습니다.

"예수께서 꾸짖어 이르시되 잠잠하고 그 사람에게서 나오라 하시니 더러운 귀신이 그 사람에게 경련을 일으키고 큰 소리를 지르며 나오는지라 다 놀라 서로 물어 이르되 이는 어찜이냐 권위 있는 새 교훈이로다 더러운 귀신들에게 명한즉 순종하는도다 하더라 예수의 소문이 곧 온 갈릴리 사방에 퍼지더라."(막 1:25-28)

'꾸짖다'에 해당하는 '에페티메센(ἐπετίμησεν)'의 원형 '에피티마오(ἐπιτιμάω)'는 '엄하게 경고하다', '책망하다'라는 의미를 가지고 있습니다. 예수님 당시에 마술사들은 귀신 들린 자에게서 귀신을 쫓아낼 경우에는 독특한 도구를 사용하여 주술적 행위를 함으로써 축귀를 하였습니다. 하지만 예수님은 오직 말씀의 권위만을 사용하시어 귀신을 쫓아내셨습니다.

예수님은 단호하게 꾸짖으셨고 귀신은 큰 소리를 지르며 나왔습니다.

먼저 귀신은 귀신 들린 자로 하여금 경련을 일으키게 하였습니다. 이것은 참혹한 장면입니다. 귀신 들린 자는 마치 간질병 환자처럼 경련을 일으켰던 것입니다. 누가복음에서는 이 사건을 "귀신이 그 사람을 무리 중에 넘어뜨리고 나오되."라고 기록하고 있습니다.

"예수께서 꾸짖어 이르시되 잠잠하고 그 사람에게서 나오라 하시니 귀신이 그 사람을 무리 중에 넘어뜨리고 나오되 그 사람은 상하지 아니한지라."(눅 4:35)

마가는 당시의 장면을 '발작하며 몸부림치게 하다'라는 의미의 '스파락산(σπαράξαν)'과 '(큰 충격에 의한) 강한 비명'이란 의미를 갖는 '포네 메갈레(φωνῇ μεγάλῃ)'라는 두 단어를 사용하여 귀신이 나가는 모습을 시각적인 면과 청각적인 면에서 동시에 묘사하고 있습니다. 즉 경련의 모습을 실감나게 그리면서도 통곡의 소리를 동시에 표현함으로써 귀신의 극한 저항을 그린 것입니다. 특히 귀신이 큰 소리를 지르며 나가는 장면은 마가만의 독특한 표현으로써 사탄의 완전한 패배를 암시한 것입니다.

이렇게 귀신이 떠나갈 때는 다양한 현상들이 있을 수 있습니다. 괴성, 호흡, 기침, 가래, 구토, 두드러기, 쓰러짐, 피, 설사, 감기몸살, 뻣뻣해짐, 오줌, 소름 끼침, 마비 등 갖가지 현상을 통해 떠나가면서 많은 통증을 느끼게도 합니다. 마가복음 5장에 등장하는 거라사 광인 속의 군대 귀신은 떠나가면서 돼지 떼 2천 마리를 몰살시키는 경제적 손실을 일으키기도 했습니다(막 5:1–13).

악한 영과의 전쟁을 치를 때 우리는 분명히 시간, 물질, 노력의 대가를 치러야 한다는 것을 염두에 두어야 합니다. 아무런 희생 없이 승리하는 전쟁은 없습니다. 실제 전쟁에서도 수없이 많은 군수물자와 무기, 식량 등이 동원됩니다. 마찬가지로 영적 전쟁도 공짜로 치를 수 없습니다. 여기에는 반드시 대가가 있습니다. 그러므로 우리는 어둠의 영이 떠나갈 때 고통이

나 손실을 일으킬 수 있다는 사실을 이해해야 합니다. 그리고 영원한 영혼의 생명을 얻기 위해 영적 전쟁을 치를 때 필요한 대가를 지불할 각오를 해야 합니다.

오스왈드 챔버스는 "영적 전쟁에서 이기지 못하는 가장 큰 이유는 싸움의 대상을 오해하기 때문이다. 우리는 이생의 자랑에서 이기는 것을 영적인 승리라고 착각한다."라고 말했습니다. 우리는 영원한 것을 위하여 이 땅에서 영적 전쟁을 치릅니다. 결코 잠시 있다가 없어질 육신의 것에 매여 영혼을 위한 싸움을 포기해서는 안 됩니다. 우리가 예수님께 부여받은 영적 실력은 모든 악한 영을 물리치고 최후의 승리를 누리게 하는 권세입니다. 우리는 이러한 예수님의 권세를 위임받아 모든 영적 싸움에서 승리해야 합니다.

"예수께서 나아와 말씀하여 이르시되 하늘과 땅의 모든 권세를 내게 주셨으니 그러므로 너희는 가서 모든 민족을 제자로 삼아 아버지와 아들과 성령의 이름으로 세례를 베풀고 내가 너희에게 분부한 모든 것을 가르쳐 지키게 하라 볼지어다 내가 세상 끝날까지 너희와 항상 함께 있으리라 하시니라."(마 28:18–20)

하늘과 땅의 모든 권세는 예수 그리스도의 이름 앞에 무릎을 꿇습니다. 그러므로 우리가 예수님을 의지할 때 예수님의 권세를 위임받고 모든 문제를 이기고 정복할 수 있습니다. 가정의 문제, 사업의 문제, 인간관계의 문제, 질병의 문제 그 어떤 문제라도 예수의 이름으로 이길 수 있습니다.

똑같이 예배를 드리고, 똑같이 말씀을 선포하고, 똑같이 기도를 해도 결과가 다른 것은 영적 실력이 다르기 때문입니다. 영적 실력은 하루아침에 쌓이는 것이 아닙니다. 예배를 드리고 말씀을 보고 기도를 하며 내 안의 죄와 치열하게 싸워 승리해야 합니다. 악한 영이 있던 자리를 빛으로 채워 영적 권세를 키워야 합니다. 그러므로 오늘 예수님의 영적 권세를 받기 위해 기도해야 합니다.

"예수께서 이르시되 할 수 있거든이 무슨 말이냐 믿는 자에게는 능히 하지 못할 일이 없느니라 하시니 곧 그 아이의 아버지가 소리를 질러 이르되 내가 믿나이다 나의 믿음 없는 것을 도와 주소서 하더라 예수께서 무리가 달려와 모이는 것을 보시고 그 더러운 귀신을 꾸짖어 이르시되 말 못하고 못 듣는 귀신아 내가 네게 명하노니 그 아이에게서 나오고 다시 들어가지 말라 하시매 귀신이 소리 지르며 아이로 심히 경련을 일으키게 하고 나가니 그 아이가 죽은 것 같이 되어 많은 사람이 말하기를 죽었다 하나 예수께서 그 손을 잡아 일으키시니 이에 일어서니라."(막 9:23-27)

제자들이 귀신 들려 거품을 흘리며 쓰러지는 아이를 위해 기도했을 때는 그를 묶고 있는 귀신이 떠나가지 않았습니다. 그러나 예수님이 오셔서 명령하시니 곧 떠나갔습니다. 제자들이 왜 우리는 쫓아내지 못했냐고 조용히 물었을 때 예수님은

"기도 외에 다른 것으로는 이런 종류가 나갈 수 없느니라."라고 말씀하셨습니다. 즉, 기도를 통해 영적 실력을 쌓아야 악한 영을 물리칠 수 있다는 것입니다.

우리는 늘 깨어 끊임없이 기도함으로 더 강한 영적 권세를 받아야 합니다. 주님이 이미 우리 안에 부어주신 권능은 우리가 기도할 때 타오르며 발현됩니다. 기도하지 않으면 불신앙과 교만의 자아가 우리 안에 있는 신성의 빛을 가려서 하나님의 능력을 나타낼 수 없습니다.

기도는 자아를 죽이는 과정입니다. 나는 죽고 예수님만 나타내는 과정입니다. 기도 가운데 우리의 믿음은 강해져서 예수님과 우리가 온전히 연합하게 만들어줍니다.

영적 실력을 받기 위한 기도를 하기 위해 우리는 반드시 바른 기도의 방법을 이해해야 합니다. 무조건 오래 기도한다고, 많이 기도한다고 좋은 것이 아닙니다. 분명히 잘못된 기도가 있습니다. 잘못된 기도, 치우친 기도, 자기 욕심에 속는 기도 등 성령의 인도를 받는 것이 아니라 악령에게 끌려가는 기도가 있습니다. 그런 기도를 많이 하면 열매가 좋지 않습니다.

건강한 기도는 자기 자아를 내려놓고 성령의 소욕을 좇게 하는 기도이며, 하나님의 뜻을 이루게 하는 기도입니다. 우리가 온전히 예수를 믿고 자아를 내려놓으며 기도할 때 우리에게는 강력한 영적 권세가 임하게 됩니다.

우리가 철저히 자아를 죽이고 예수님을 주인으로 모시면 하나님은 우리를 통해 놀라운 일을 행하십니다(행 19:11-12, 막 16:17-18).

우리는 하늘과 땅의 모든 권세를 가지신 예수의 이름으로 내면에 숨어있는 모든 악한 영을 물리치고 가정의 배후에, 인간관계의 배후에, 사업의 배후에, 사역의 배후에 역사하는 모든 악한 영들을 물리쳐야 합니다. 그리고 예수님의 영적 실력에 의지하여 주님의 뜻에 순종하며 하나님의 뜻을 이루어야 합니다. 악한 영이 떠나간 자리를 은혜와 진리로 채워 오직 사명을 감당하는 일에 집중하는 모두가 되시기를 바랍니다.

모든 문제를 해결하는 가장 근본적인 싸움은 영적 싸움입니다. 우리는 모든 악한 영들을 상대하는 영적 싸움에서 승리하기 위해 예수 그리스도의 영적 실력을 위임받아야 합니다. 예수님은 마귀의 일을 멸하기 위해 이 땅에 오셨고 강력한 권위의 말씀으로 악한 영들의 실체를 드러내고 강한 영적 실력으로 그들을 쫓아내셨습니다.

우리는 예수님의 영적 실력을 받기 위해 오직 말씀에 의지하여 영적 싸움을 하고, 영적 실력을 쌓기 위해 기도에 힘써야 합니다. 예수님은 모든 권세의 근원이요, 하늘과 땅의 모든 권세를 굴복시키시는 분이십니다. 예수 그리스도로 말미암은 영적 실력으로 무장하여 모든 악한 영을 물리치고 하나님의 뜻을 이루는 위대한 삶을 사시기를 주님의 이름으로 축원합니다.

〈주님과 동행하는 기쁨 나누기〉

1. (　　) 안에 맞는 단어는 무엇입니까?

(1) 그리스도인들이 겸비해야 할 실력은 (　　) 사람들의 실력과는 다른 것입니다.

성도가 가져야 하는 영적 실력은 오직 성령님으로 말미암는 인격의 실력이요, 삶의 실력이며, 모든 영적 전쟁에서 승리하게 하는 실력입니다.

● 당신의 영적 실력은 어떤 방법으로 드러나고 있습니까?

(2) 우리는 영의 눈을 열어 (　　) 세력을 분별해야 합니다.

세상은 공중권세 잡은 자들이 통치하는 곳입니다. 이 땅에서 사는 우리는 세상의 법에 쉽게 이끌려서는 안됩니다.

● 로마서 7장 19, 20절의 경험을 한 적이 있습니까?

(3) 자아는 (　　)의 표적입니다.

자아가 성령에 붙들려서 온전히 죽으면 사탄이 건드릴 수 없지만, 잠시나마 자아가 성령 충만하지 않으면 그 틈을 어떻게든 비집고 들어가 마침내 장악합니다.

● 베드로전서 5장 8절의 말씀을 경험한 적이 있습니까?

2. 아래 성구를 보고 당신의 삶에 일어난 일을 나누십시오.

(1) 디모데후서 3장 16, 17절 – "모든 성경은 하나님의 감동으로 된 것으로 교훈과 책망과 바르게 함과 의로 교육하기에 유익하니 이는 하나님의 사람으로 온전하게 하며 모든 선한 일을 행할 능력을 갖추게 하려 함이라."

(2) 시편 1, 2절 – "복 있는 사람은 악인들의 꾀를 따르지 아니하며 죄인들의 길에 서지 아니하며 오만한 자들의 자리에 앉지 아니하고 오직 여호와의 율법을 즐거워하여 그의 율법을 주야로 묵상하는도다."

(3) 요한일서 4장 1절 – "사랑하는 자들아 영을 다 믿지 말고 오직 영들이 하나님께 속하였나 분별하라 많은 거짓 선지자가 세상에 나왔음이라."

3. 아래 성구의 (　　) 안에 맞는 단어를 넣고 가능하면 암송합시다.

"내가 문이니 누구든지 나로 말미암아 들어가면 (　　)을 받고 또는 들어가며 나오며 꼴을 얻으리라 도둑이 오는 것은 도둑질하고 죽이고 멸망시키려는 것뿐이요 내가 온 것은 양으로 (　　)을 얻게 하고 더 (　　　) 얻게 하려는 것이라."(요 10:9, 10)

4. 영적 실력

작사/작곡 이 순 희

♩ = 90

D A(sus2)/C♯ Bm7 D/F♯ G(add2) A7
영 적 실 력 은 말 씀 의 실 력 찬 양 의 실 력

5 A Bm7 Em D/F♯ Gmaj7 A
기 도 의 실 력 예 배 의 실 력 으 로 나 타 난 다 네

9 G(add2) D/F♯ Em A/C♯ Bm
영 적 실 력 은 사 랑 의 실 력 희 락 의 실 력
자 비 의 실 력 양 선 의 실 력

13 Bm A F♯m Gmaj7 A D
화 평 의 실 력 인 내 의 실 력 으 로 나 타 난 다 네
충 성 의 실 력 온 유 와 절 제 로 ㅡ

17 D/F♯ A G D/F♯ G D/F♯ Em
성 령 의 열 매 로 나 타 나 는 영 적 실 력 은 하 나 님 의 영 으 로 인 도 받 아

21 A7/C♯ Bm Em7 A D G/A D
살 아 갈 때 쌓 을 수 있 다 네 우 ㅡ 리 의

25 Em D/F♯ G A G D/F♯ Em D
영 적 싸 움 은 영 적 실 력 을 빛 내 고 배 후 에 서 역 사 하 는 악 한 영 들

29 Em G A D Bm A
을 몰 아 내 는 본 질 적 싸 움 이 네 자 아 와 죄 를 이 기 고

33 A/C♯ Bm G D/F♯ Em D/F♯
악 한 영 과 세 상 이 기 는 능 력 의 삶 을 살 기 위 해

37 G D/F♯ Em D A/C♯ Bm Em/G A7 D
악 한 권 세 물 리 치 는 영 적 실 력 주 실 주 님 을 의 지 하 세

제 5 장

과거에
속지 않는 인생

행 15:37-41

"바나바는 마가라 하는 요한도 데리고 가고자 하나 바울은 밤빌리아에서 자기들을 떠나 함께 일하러 가지 아니한 자를 데리고 가는 것이 옳지 않다 하여 서로 심히 다투어 피차 갈라서니 바나바는 마가를 데리고 배 타고 구브로로 가고 바울은 실라를 택한 후에 형제들에게 주의 은혜에 부탁함을 받고 떠나 수리아와 길리기아로 다니며 교회들을 견고하게 하니라."

5
과거에 속지 않는 인생

마귀는 속이는 자입니다.

속이는 자 마귀에게서 나오는 모든 것은 거짓입니다.

마귀는 태초부터 지금까지 거짓으로 역사합니다.

마귀는 거짓 두려움, 거짓 열등감으로 사람들을 미혹하고, 거짓 평안, 거짓 기쁨으로 사람들을 교란시킵니다.

"너희는 너희 아비 마귀에게서 났으니 너희 아비의 욕심을 너희도 행하고자 하느니라 저는 처음부터 살인한 자요 진리가 그 속에 없으므로 진리에 서지 못하고 거짓을 말할 때마다 제 것으로 말하나니 이는 저가 거짓말장이요 거짓의 아비가 되었음이니라."(요 8:44)

모태에서부터 거짓에 물들어 태어나는 인간은 일평생 속고 속이는 삶을 반복합니다. 그러기에 거짓 노예가 된 사람들은 거짓이 판을 치는 세상에서 거짓을 생활의 일부분으로 받아들입니다.

우리가 과일 한 상자를 사더라도 품질 좋은 과일로만 채워진 상자를 찾는 것은 쉽지 않습니다. 겉에만 품질 좋은 과일이 있고, 속에는 흠이 있고 작은 과일들로 차 있는 경우가 종종 있기 때문입니다. 물건을 살 때는 습관적으로 "진짜예요?"라고 묻고 진짜라고 해도 의심합니다. 기름 한 병을 사도 '참, 진짜, 순, 100%, 원조'와 같은 말이 붙어야 조금 안심이 됩니다. 우리가 살고 있는 이 세상은 사기꾼, 강도, 도둑만 거짓말을 하는 것이 아니라 정치, 경제, 문화, 예술 전반이 거짓으로 가득 차 있습니다.

아더 덴트는 거짓으로 가득한 세상을 '자기 좋을 대로 즐기자는 요지경, 허영의 극장, 오류의 미로(迷路), 슬픔의 바다, 더러운 돼지우리, 비참한 계곡, 재앙의 전시장, 눈물의 강, 속이는 무대, 악마들의 본거지, 전갈들의 굴, 늑대들의 들판, 곰의 오두막, 격정(激情)의 소용돌이, 금지된 코미디, 거짓 기쁨, 빠져나오기 힘든 슬픔, 피할 수 없는 고통, 붙잡기 힘든 즐거움, 끝없는 재앙, 언제 없어질지 모르는 재물, 우울한 세월'이라고 표현했습니다.

지금은 속지 않고 살아가기가 어려운 시대입니다.

세상 곳곳에 가짜가 너무 많고, 거짓이 비일비재하기 때문입니다. 공신력이 보장되어야 하는 뉴스까지 거짓인 경우가 많습니다. 시간이 갈수록 가짜 뉴스는 점점 더 교묘해져서 소셜 미디어(Social Media)를 통해 빠르게 전파되고 있습니다.

2018년 미국 매사추세츠 공대 연구진은 가짜 뉴스의 소셜 미디어 전파 속도가 진짜보다 최대 20배 빠르다는 결과를 사이언스지에 발표했습니다. 진위 여부가 검증된 뉴스들이 트위터 상에서 확산된 양상을 분석해 보니 가짜 뉴스는 진짜 뉴스보다 전달되는 비율이 70%가량 높았습니다. 그리고 소셜 미디어의 글을 진짜와 가짜로 분류해 본 결과 3분의 2가량은 가짜였고, 나머지는 진짜와 가짜 뉴스가 섞여 있었다고 합니다. 그리고 진짜 뉴스만을 놓고 볼 때, 진짜 뉴스는 전체 뉴스의 5분의 1에도 못 미쳤다고 합니다. 이렇게 우리는 거짓의 홍수 속에 살아가고 있습니다.

거짓에는 여러 가지 유형이 있습니다.

- 남을 속여 자기의 유익을 도모하는 수단으로 사용하기 위한 사기형 거짓.
- 남을 괴롭히고 망하게 하는데 목적이 있는 악질형 거짓.
- 남을 기쁘게 해줌으로써 자신의 이득을 노리는 아부형 거짓.
- 자신을 돋보이기 위해서 하는 위장형 거짓.

- 자신의 책임이나 잘못을 회피하기 위한 회피형 거짓.
- 남에게 손해를 주려는 것이 아니라 그저 장난삼아 하는 농담형 거짓.
- 나름대로의 선한 의도를 가지고 하는 선의의 거짓.

하지만 그 어떤 거짓도 정당화될 수는 없습니다.

한 마디의 거짓말을 하면, 그 거짓을 은폐하기 위해 열 마디의 거짓말을 하게 되고. 자기도 모르는 사이에 거짓에 중독되어 거짓으로 가득한 삶을 살게 됩니다. 그러므로 오늘 우리는 모든 거짓을 버리고 속이지 않고, 속지 않는 인생을 살아야 합니다. 거짓을 버리지 않으면 속고 속이는 삶 속에 참된 자기를 잃어버리게 되고, 하나님의 심판을 피할 수 없습니다(계 21:8).

1977년 미국 캘리포니아 연구진은 사람은 누구나 하루에 200번의 거짓말을 한다는 연구 결과를 발표했습니다. 안타깝게도 이 연구 결과를 뒤집을 만한 또 다른 획기적인 주장은 아직까지 없는 것으로 알려져 있습니다.

미국 심리학 교수인 로버트 펠드먼 박사는 수많은 사례들과 다년간의 연구 결과를 근거로 사람은 10분 대화 중 세 번은 거짓말을 한다고 밝혔습니다. 거짓말을 학문적으로 연구하는 사람들이 하나같이 동의하는 한 가지 사실은, 우리는 모두 날마다 거짓을 말하며, 스스로 생각하는 것보다 훨씬 자주 거짓말을 한다는 것입니다. 그래서 거짓의 아비 마귀는 거짓을 좋아하는 사람들을 공격 대상으로 삼습니다. 마귀는 거짓을 좋아하는 사람들에게 거짓 기적과 불의의 속임으로 역사하여 그들이 결국 멸망에 처하게 만듭니다. 거짓을 버림으로 진리의 사랑을 받지 않는 사람들은 거짓으로 행하는 사탄의 활동에 쉽게 미혹됩니다.

> "악한 자의 나타남은 사탄의 활동을 따라 모든 능력과 표적과 거짓 기적과 불의의 모든 속임으로 멸망하는 자들에게 있으리니 이는 그들이 진리의 사랑을 받지 아니하여 구원함을 받지 못함이라."(살후 2:9,10)

결국 불의의 속임은 멸망하는 자들에게 있는 것입니다.

불의한 자들은 돈에 속고 인기에 속고 지식에 속고 사람에게 속습니다. 진리를 믿지 않고 불의를 좋아하는 사람들은 미혹에 속고, 고난에 속으며 상처에 속습니다. 또 운명에 속고 자기변명에 속으며, 자기 욕심에 속습니다. 그러므로 오늘 우리는 진리의 검을 들고 모든 거짓을 몰아내어 속지 않는 인생을 살아야 합니다(딤후 3:13-15).

간교한 악한 영들은 지금도 거짓으로 성도를 미혹합니다. 하나님은 없다고, 하나님은 우리를 도와줄 수 없다고 속이고, 우리의 고난과 문제는 끝나지 않을 것이라고 속입니다.

태초에 아담과 하와를 속였던 간사한 마귀는 시간이 갈수록 더욱 교묘한 거짓말로 성도의 심령을 낙심시키고, 성도의 영혼을 탈취하려 합니다. 그러므로 오늘 우리는 진리 위에 바로 서서 속지 않는 인생을 살아야 합니다. 우리를 향한 하나님의 말씀에 귀를 기울여 진리의 말씀으로 인도받아야 합니다.

> "내 양은 내 음성을 들으며 나는 그들을 알며 그들은 나를 따르느니라 내가 그들에게 영생을 주노니 영원히 멸망하지 아니할 것이요 또 그들을 내 손에서 빼앗을 자가 없느니라 그들을 주신 내 아버지는 만물보다 크시매 아무도 아버지 손에서 빼앗을 수 없느니라."(요 10:27-29)

특별히 우리는 과거에 속지 않는 인생을 살아야 합니다.

이 세상에 과거가 없는 사람은 없습니다.

세상을 살아가는 모든 사람들은 과거에서 출발한 시간의 흐름 속에서 살아갑니다. 죄를 가지고 태어나 상처를 주고받으며 살아가는 사람들은 누구나 부끄러운 과거, 고통스러운 과거, 쓰라린 기억을 가지고 있습니다. 그래서 마귀는 과거를 통해 사람들을 속이는 전략을 자주 사용합니다. 과거 때문에 현재를 낭비하게 하고, 과거 때문에 주눅 들게 하며, 과거 때문에 고통스럽게 합니다. 물론 과거는 지나간 시간입니다. 지나간 과거는 실제의 시간이 아니라 기억 속에 존재하는 시간일 뿐입니다.

하지만 마귀의 거짓에 걸려든 사람들은 지나간 과거에서 벗어나지 못합니다. 과거에 경험했던 충격적인 아픔을 현재에도 느끼고, 과거에 자신을 힘들게 했던 사람을 현재에도 용서하지 못하며, 과거에 지은 죄에 대한 죄책감을 현재에도 가지고 살아갑니다. 이제는 충분히 과거에서 벗어나 새로운 인생을 살아갈 수 있음에도 불구하고 과거에 속아서 여전히 과거에 머물러 있는 사람들이 참으로 많습니다. 과거는 우리를 속이기에 딱 좋은 조건들을 가지고 있습니다. 과거는 손에 잡히지도 않고 당장 돌아가서 확인할 길도 없습니다. 과거는 기억하고 싶은 사실만 조합해도 조작이 가능합니다. 그래서 사탄은 과거라는 기제를 잘 악용합니다. 과거에서 헤어 나오지 못할수록 우리 현실과 미래에는 소망이 없습니다.

과거에 속는 인생의 특징입니다.

1. 과거에 속는 인생은 '묻어둔 과거'에 속습니다.

많은 사람들이 감당하기 힘든 아픔을 가슴속 깊은 곳에 묻어둡니다. 생각하기 싫은 문제를 묻고, 직면하기 힘든 두려움을 묻어둡니다. 어쩔 수 없이 이별해야 했던 사람들을 마음에 묻고, 간절히 원했지만 이루지 못했던 일들을 가슴속에 묻습니다. 그리고 묻어 둔 과거에 대해서는 최대한 잊어버리려 몸부림을 칩니다. 묻어 둔 과거의 기억을 떠오르게 하는 장소나 사람은 피하고, 묻어 둔 과거의 기억을 끄집어내는 일들도 외면합니다.

심리학자 베르트하이머가 영감을 얻어서 주장한 게슈탈트 심리치료는 사람들이 자신의 진정한 삶을 살지 못하도록 방해하는 과거의 해결되지 않은 그 무엇을 '미해결 과제(unfinished business)'라고 명했습니다.

미해결 과제는 과거의 충격적인 사건일 수도 있고, 현재 자신의 좌절된 욕구일 수도 있습니다. 미해결 과제가 있으면 과거의 해결되지 않은 과제에 에너지가 집중되다 보니, 현재 자신이 집중해야 할 시급하고, 중요한 과제에 집중할 수 없게 됩니다.

우리는 주변에서 옛날 일만 생각하며 현재 일을 처리하지 못하거나, 미래에 대해 꿈을 꾸지 못하는 삶을 사는 사람들을 흔히 볼 수 있습니다. 사람들이 감당하기 어려운 과거를 해결하지 못하고 가슴에 묻어두는 것은 일종의 방어기제입니다. 방어기제는 '자아가 위협을 받는 상황에서 무의식적으로 자기를 속이거나 상황을 다르게 해석해서, 감정적인 상처로부터 자신을 보호하는 심리 의식이나 행위'라고 할 수 있습니다. 자기 통제를 벗어난 고통에 대한 무의식적인 방패가 방어기제인 것입니다.

여러 가지 방어기제가 있지만 프로이드는 5가지를 대표적인 방어기제로 꼽았습니다.

(1) 억압: 가장 대표적인 방어기제는 '억압'입니다. 사람들은 내면에서 원하지만 현실적으로 불가능하다고 생각하는 것들을 무의식적으로 억누르고, 자기 힘으로 해결할 수 없다고 생각하는 고통도 억누릅니다.

(2) 부정: 사람들은 감당하기 어려운 사실을 부정하거나 부인합니다. 스스로 '그럴 리 없다'고 여기며 주어진 사실을 받아들이지 않습니다.

(3) 행동화: 좋아하는 사람을 괴롭히는 것처럼 자기 마음과 반대로 행동하는 것도 방어기제입니다. 너무 괴로운데 행복한 척을 한다거나, 너무 좋은데 싫은 척을 할 수도 있습니다.

(4) 합리화: 합리화 역시 방어기제의 한 종류입니다. 사람들은 상황을 자신에게 유리한 쪽으로 해석해서 가능한 자기를 보호하려고 합니다.

(5) 투사: 타인에게 책임을 전가함으로써 자신의 열등감에서 탈피하려는 방어기제입니다. 책임 전가는 사람들이 자주 사용하는 방어기제입니다. 사람들은 고통의 문제에 대해 다

른 누군가에게 책임을 전가하여 일시적으로나마 자신이 감당해야 할 죄책감을 감소시키기를 원합니다.

이렇게 사람들은 자기 마음을 억압하고 부정하며, 마음을 숨기는 행동으로 자기를 보호하려 합니다. 또 자기 마음과 반대로 행동하고 합리화와 투사 즉, 책임 전가를 통해 최대한 자신에게 유리한 상황을 만들어보려고 합니다. 이렇게 여러 가지 방어기제를 총동원시켜서, 가슴 깊은 곳에 과거를 묻어놓은 사람들은 그 과거가 언젠가는 잊힐 것이라고 생각합니다. 세월이 약이라고 생각하고 마음속에 과거를 묻어 두는 것이 최선이라고 생각합니다. 그리고 실제로 잊은 듯이 살기도 합니다.

하지만 그것은 과거에 속는 것입니다.

묻어 둔 과거는 결코 사라지지 않습니다. 오히려 보이지 않는 세계에 묻어 둔 과거는 더욱 무서운 파괴력을 가지고 확장되어 갈 뿐입니다. 가슴 깊숙한 곳에 묻어놓은 과거의 상처는 늘 인생을 괴롭게 합니다. 불쑥 튀어나오는 생각으로 괴롭게 하고, 무의식 가운데에서 알지도 못하는 사이에 괴롭게 하며, 꿈으로도 괴롭게 합니다. 결국 가슴속에 묻어 둔 과거는 한이 되고 속병이 됩니다.

'한(恨)'은 5천 년 역사 속에서 크고 작은 외적의 침입을 수 없이 당해오며 품은 우리 민족의 독특한 정서입니다. 우리 민족은 가난과 차별 속에 아프고, 전쟁과 학대 속에 억울했으며, 답답한 현실에 분노했지만 그 어디에도 쏟아놓지 못했습니다. 그러다 보니 우리나라 사람들은 오래전부터 속병을 가지고 살아왔습니다. 억울함과 분노를 어딘가에 쏟아놓지 못하고 가슴속에 묻어 둔 것이 병이 된 것입니다.

이와 같이 묻어 둔 상처는 현재의 삶에 영향을 미칩니다.

우리는 묻어 둔 과거에 속지 말아야 합니다. 묻어 둔 과거는 사라지지 않고 우리 영혼에 무서운 독이 됩니다. 묻어 둔 과거에서 나오는 영혼의 독은 생각과 마음을 병들게 하고 인간관계를 망칩니다. 인생 전체를 망치고 가정을 병들게 합니다. 그러므로 오늘 우리는 묻어 둔 모든 과거를 하나님 앞에 드러내야 합니다. 환부를 보여주지 않는 환자를 고칠 수 있는 의사는 없듯이, 자기 문제를 드러내지 않고 감추는 사람은 하나님의 치료를 받을 수 없습니다(시 32:3-5, 시 51:17).

살아계신 하나님은 과거의 슬픔을 현재의 기쁨으로 바꾸어 주시고, 과거의 근심을 현재의 찬송으로 변화시켜 주십니다.

"주께서 나의 슬픔이 변하여 내게 춤이 되게 하시며 나의 베옷을 벗기고 기쁨으로 띠 띠우셨나이다 이는 잠잠하지 아니하고 내 영광으로 주를 찬송하게 하심이니 여호와 나의 하나님이여 내가 주께 영원히 감사하리이다."(시 30:11-12)

하나님 앞에 드러낸 과거는 인생의 약재료가 되고, 미래를 위한 디딤돌이 됩니다. 당신에게도 드러내지 못하고 묻어 둔 과거가 있지 않습니까? 하나님의 치료를 원한다면 그 어떤 것도 묻어두지 말고 드러내야 합니다. 무의식의 세계에 밀어 넣은 과거까지 하나님의 치료를 입어 과거에 속지 않는 인생을 사시기 바랍니다.

2. 과거에 속는 인생은 고통스러운 과거에 속습니다.

인간이 가진 뇌는 두 가지의 숙제를 가지고 있다고 합니다. 첫째는 고통에 어떻게 반응해야 하는지에 대한 숙제, 둘째는 긍정적인 느낌을 항상 유지해야 한다는 숙제입니다. 특히 고통스러운 과거에 대한 숙제는 '미처 끝마치지 못한 숙제'라고 할 수 있습니다. 아직 답변이 이뤄지지 않은 미해결 숙제라서 고통스러운 과거의 일을 떠올리면 그 시절의 감정이 그대로 생생하게 느껴집니다. 해결된 과거는 성숙하게 반응할 수 있지만, 해결되지 않은 고통스러운 과거의 일은 미숙하게 반응하게 되고 그 시절 미숙했던 내 모습으로 돌아가게 됩니다.

사람은 저마다 고통스러운 과거를 가지고 있습니다.

그런데 고통스러운 과거에 대한 태도는 사람마다 다릅니다. 어떤 사람은 별일 아니라고 여기고 툴툴 털어낼 수 있는 작은 일에 묶여서 인생 전체를 허비하지만, 또 어떤 사람은 태산 같은 일도 동산같이 여기다가 평지로 여기며 이겨냅니다(슥 4:6-7).

데이비드 브링클리는 "성공하는 사람은 남들이 던진 벽돌로 견고한 기초를 쌓는 사람이다."라고 말했습니다. 어떤 사람은 남이 던진 벽돌에 맞아서 쓰러져 원망과 불평으로 인생을 낭비하지만, 어떤 사람은 남이 던진 벽돌을 디딤돌 삼아 더욱 견고하게 세워집니다. 과거의 고통스러운 기억에서 벗어나지 못하는 사람들은 트라우마를 가지고 살아갑니다.

트라우마 장애를 갖고 있는 이들은 상처가 발생했던 과거에 묶여 현재 일어나는 일을 객관적으로 바라보지 못합니다. 과거의 상처가 뇌에 착각을 일으키기 때문입니다. 과거에 부모에게 버림받았거나 학교에서 따돌림을 당했거나, 교통사고로 큰 부상을 입는 등의 안 좋은 사건은 '이미 지나간 과거'의 일입니다. 하지만 트라우마 장애가 생기면 지금도 위급한 상황이라고 착각한 뇌가 신체를 비상체제로 전환시킵니다. 그렇게 되면 실제적으로 심장이 쿵쾅거리고, 현기증이 나고, 호흡이 답답해지기도 합니다. 수십 년 전의 그때와 똑같은 고통이 찾아오는 것입니다. 그러나 오히려 우리는 고통스러운 과거를 교훈 삼아 성공적인 미래를 만들어야 합니다.

3. 과거에 속는 인생은 환상 속 과거에 속습니다.

우리는 고통스러운 과거뿐만 아니라 좋았던 기억도 우리 인생을 속일 수 있다는 사실을 알아야 합니다. 실제로 많은 사람들이 과거에 성공했던 기억, 과거에 잘 나갔던 기억, 과거에 화려했던 기억에 묶여서 현실감각을 잃어버리고 살아갑니다. 현재는 비참하고 초라하게 살면서도 '왕년에'를 들먹이며 과거의 환상 속에 빠져서 살아가는 사람들이 참으로 많습니다. 심지어 과거의 불행을 미화시켜서 붙들고 살아가는 사람들도 있습니다. 출애굽한 이스라엘 백성들이 그랬습니다.

> "이스라엘 자손이 그들에게 이르되 우리가 애굽 땅에서 고기 가마 곁에 앉아 있던 때와 떡을 배불리 먹던 때에 여호와의 손에 죽었더라면 좋았을 것을 너희가 이 광야로 우리를 인도해 내어 이 온 회중이 주려 죽게 하는도다."(출 16:3)

애굽의 노예로 있었던 이스라엘 백성들은 학대와 멸시를 받으며 비참한 삶을 살았습니다. 그들에게는 자유가 없었고 꿈과 소망도 없었습니다. 그러나 하나님은 절대적인 은혜로 그들을 출애굽하게 하여 자유인이 되게 하셨습니다. 하지만 이스라엘 백성들은 광야생활이 고달프다고 여겨질 때 노예로 살았던 과거를 그리워하는 어리석은 모습을 보였습니다. 처음 하나님이 만나를 주셨을 때는 꿀송이처럼 달다며 좋아했지만 어느새 감사를 잃어버리고 고기가 먹고 싶다고 울부짖었습니다.

"그들 중에 섞여 사는 다른 인종들이 탐욕을 품으매 이스라엘 자손도 다시 울며 이르되 누가 우리에게 고기를 주어 먹게 하랴 우리가 애굽에 있을 때에는 값없이 생선과 오이와 참외와 부추와 파와 마늘들을 먹은 것이 생각나거늘 이제는 우리의 기력이 다하여 이 만나 외에는 보이는 것이 아무 것도 없도다 하니 만나는 깟씨와 같고 모양은 진주와 같은 것이라."(민 11:4-6)

사실 그들은 애굽에 있을 때 값없이 생선과 오이와 참외와 부추와 파와 마늘들을 먹은 것이 아닙니다. 그들은 노동력을 착취당했고, 끝없는 종살이를 해야 했습니다. 하지만 환상 속 과거에 속은 그들은 현재의 광야생활에 대해 불평하느라 과거를 미화시켰습니다. 이스라엘 백성들은 그렇게 과거에 집착하는 행태로 현재의 불만족을 어떻게든 해결하려 했습니다. 지난 일은 결코 돌이킬 수 없습니다.

현재에 적응하지 못하고 계속해서 과거만 곱씹는다면 상황만 더욱 어지럽힐 뿐입니다.

오늘 우리는 진리로 말미암아 과거에 속지 않는 인생을 살아야 합니다. 묻어 둔 과거에 속지 않고, 고통스러운 과거에 속지 않으며, 환상 속 과거에 속지 않아야 합니다. 진리를 아는 사람은 과거에 속지 않습니다. 진리가 과거를 은혜로 해석하고, 현재에서 최선을 끌어내며, 미래의 소망을 갖게 하는 능력이기 때문입니다.

우울한 사람은 과거에 살고, 불안한 사람은 미래에 살며, 평안한 사람은 현재에 삽니다. 그러므로 진리를 알면 알수록 우리는 현재에 충실한 삶을 살게 됩니다.

하나님의 은혜는 현재에 임합니다.

"이르시되 내가 은혜 베풀 때에 너에게 듣고 구원의 날에 너를 도왔다 하셨으니 보라 지금은 은혜 받을 만한 때요 보라 지금은 구원의 날이로다."(고후 6:2)

진리에는 현재성이 있습니다.

진리는 과거의 죄에 영향받고 있는 현재의 우리를 건지고, 고치며, 자유케 하는 힘입니다. 진리는 우리의 상한 과거를 치료하고, 불안한 미래를 회복하여 결국 살아있는 현재를 만듭니다. 그래서 진리를 아는 사람은 현재가 기쁘고, 현재가 알차며, 현재가 살아있습니다.

안젤름 그륀은 그의 저서 『머물지 말고 흘러라』에서 이렇게 말했습니다.

"과거를 자유롭게 놓아주십시오. 과거를 놓아준 만큼 미래가 열립니다. 과거를 놓아주면 마음이 유연해집니다. 익숙한 것과의 이별, 습관과 우리를 신뢰하는 모든 것과 하루에 몇 번씩이라도 이별을 고하십시오."

진리를 아는 사람은 과거에서 벗어나 과거와는 완전히 다른 삶을 살게 됩니다. 예수 그리스도의 진리는 우리의 모든 과거를 청산하게 할 뿐만 아니라 우리의 존재를 새로운 피조물로 재창조하기 때문입니다.

> "그런즉 누구든지 그리스도 안에 있으면 새로운 피조물이라 이전 것은 지나갔으니 보라 새것이 되었도다."(고후 5:17)

성경은 그리스도인들에게 변화를 요구하고, 과거와 단절된 삶을 요구합니다. 하나님은 하나님의 말씀에 순종하여 과거를 떨쳐내는 사람을 변화시켜 그를 존귀하게 사용하십니다. 아브라함, 요셉, 모세, 다윗, 사도 바울, 베드로 등 하나님이 존귀하게 사용하신 사람들은 한결같이 과거를 청산한 사람들이었습니다.

과거가 없는 사람은 없습니다.

과거를 어떻게 해석하느냐에 따라서 그 인생이 달라질 뿐입니다. 그러기에 무조건 과거를 배척해서도 안됩니다. 과거가 실제적으로 주는 고통에 직면해야 고쳐질 수 있습니다. 우리가 정면으로 승부하지 않는 이상 과거는 계속해서 영향력을 행사합니다. 그래서 우리는 고통스러운 과거를 직면하여 비우고, 은혜와 진리로 채워야 합니다(엡 4:22-24).

본문에 등장하는 마가 역시 과거에 속지 않는 인생을 살았던 사람입니다. 마가라는 이름은 로마 이름입니다. 그의 히브리어 이름은 요한입니다. 그래서 그를 부를 때 흔히 두개를 붙여 마가 요한이라고 합니다.

마가 요한은 원래 물질적으로, 가문적으로, 신앙적으로 금수저를 물고 태어난 사람입니다. 마가는 어렸을 때부터 믿음이 독실한 어머니의 가르침을 받아 여호와 하나님을 섬기며 자랐습니다. 마가 요한의 어머니 마리아는 상당한 재산가로, 한꺼번에 어른 몇 백명이 들어가는 다락방이 있는 저택을 예루살렘에 갖고 있었습니다. 그래서 예루살렘의 마리아는 처음으로 교회가 세워질 때 자신의 집을 제공함으로써 위대한 교회의 출발을 가능하게 했습니다. 마가의 집은 예배하는 장소로 성도들을 위해 제공되었고 성경은 마가의 집을 가리켜 '교회'라고 말했습니다.

"이에 베드로는 옥에 갇혔고 교회는 그를 위하여 간절히 하나님께 기도하더라."(행 12:5)

베드로가 헤롯에게 잡혀가 처형당하기 전날 밤 천사의 도움으로 탈출한 후 찾아간 곳이 바로 마가 요한의 어머니 마리아의 집이었습니다. 이때 마가의 집 하인 로데라는 여자 아이는 대문을 두드리는 베드로의 음성을 알아듣고 기뻐했습니다.

"베드로가 대문을 두드린대 로데라 하는 여자 아이가 영접하러 나왔다가 베드로의 음성인 줄 알고 기뻐하여 문을 미처 열지 못하고 달려 들어가 말하되 베드로가 대문 밖에 섰더라 하니."(행 12:13-14)

이것은 마가 요한의 어머니 마리아의 집에서 그동안 제자들이 자주 모였다는 뜻입니다. 그랬기 때문에 그 집 여종도 베드로의 음성을 알아들었던 것입니다.

이렇게 마가의 집은 최초의 교회가 시작된 역사적인 장소였고, 끊임없이 기도와 말씀이 울려 퍼졌던 거룩한 곳이었습니다. 이에 따라 마가는 가만히 있어도 말씀을 들을 수 있었고 믿음의 거장들과 교류할 수 있는 환경에서 자라날 수 있었습니다.

마가의 삼촌은 초대교회의 영적 거장 바나바였습니다.

마가의 가정이 부유했듯이 바나바도 큰 재력을 가진 사람이었습니다. 바나바는 자신이 가진 큰 재산을 초대교회에 바쳐서 초대교회에 큰 힘이 되었고 착한 심성과 행동으로 많은 사람들에게 본보기가 되었습니다. 예루살렘의 사도들은 그런 바나바를 권위자라고 불렀습니다. 권위자는 '권하고 위로하는 자'라는 뜻입니다. 권위자라는 말에서 요즘 교회의 중요한 직분인 권사가 나왔습니다.

게다가 마가는 사도 베드로의 수제자가 되어 영성훈련을 받았고, 사도 바울을 만나 선교여행을 함께 하기도 했습니다. 그야말로 마가는 부유한 가정, 신앙이 좋은 가정에서 자라나서 바나바, 사도 바울, 사도 베드로 등 초대교회의 영적 거장들에게 막대한 영향을 받은 사람이었습니다. 아마 마가는 초대교회 당시 모든 기독교인들의 부러움을 한 몸에 받는 사람이었을 것입니다. 하지만 그럼에도 불구하고 마가는 심령이 유약한 사람이었습니다.

> "한 청년이 벗은 몸에 베 홑이불을 두르고 예수를 따라가다가 무리에게 잡히매 베 홑이불을 버리고 벗은 몸으로 도망하니라."(막 14:51–52)

후에 마가는 마가복음을 기록하면서 한 번도 자신의 이름을 드러내지 않았지만 예수님이 붙잡히자 몸에 두르고 있던 베 홑이불을 버리고 벗은 몸으로 도망갔다고 고백했습니다.

옥스퍼드 주석에 의하면 '베 홑이불'로 번역된 이 천은 '고운 천'을 의미하며 '아마포(영어로 린넨, linen)'로 만든 매우 귀하고 값비싼 천입니다. 서민들은 일상생활에서는 입지 못하고 시체를 싸는 용도로만 제한적으로 이용했으며, 부자들은 잠옷이나 시원한 겉옷을 만들어 입기도 하였습니다. 본문에 등장하는 청년이 이 천을 걸치고 있었다는 것은 그가 상당히 부유층 사람이었음을 보여줍니다.

마가는 예수께서 잡히셨다는 말을 듣고 황급히 뛰쳐나왔습니다. 마가에게는 예수님이 잡히셔도 예수님을 따라가고 싶은 열정이 있었습니다. 그래서 옷도 챙겨 입지 못하고 베 홑이불만 두르고 예수님을 따라갔습니다. 하지만 무리에게 붙잡히자마자 마가의 유약한 마음은 두려움에 장악되고 말았습니다. 그래서 그는 베 홑이불을 버리고 벌거벗은 몸으로 도망갔습니다.

이렇게 마가는 예수님을 사랑하는 마음이 있었지만 약했고, 예수님을 따라가는 열정이 있었지만 비겁했습니다. 하지만 마가는 예수님의 죽으심과 부활하심의 복음을 들었습니다. 예수님이 부활 승천하신 후에 자신의 집에서 열린 매일의 기도회에 참여하면서 기도의 불을 지폈습니다. 이런 가운데 어느새 장성한 자가 된 마가 요한은 복음 전파의 현장에 사역자가 되어 정식으로 등장하게 되었습니다.

"바나바와 사울이 부조하는 일을 마치고 마가라 하는 요한을 데리고 예루살렘에서 돌아오니라."(행 12:25)

유대에 큰 기근이 일어나자 안디옥 교회 신자들이 연보를 모아 예루살렘 교회를 돕게 되었습니다. 이때 바나바와 바울이 안디옥 교회의 대표로 이 일을 책임지고 예루살렘에 갔다가 돌아오는 길에, 마가 요한이 이들과 함께 안디옥으로 돌아가게 되었습니다. 그리고 이어 안디옥 교회에서 제1차 선교여행단을 파송하는데, 그 선교단에 마가가 참가하게 된 것입니다.

마가는 두 사람을 따라 먼저 구브로에 갔습니다.

이곳은 바나바의 고향으로 마가의 친척도 있었을 것입니다. 그러나 선교단의 여정이 순조롭지 못했습니다. 그들은 구브로를 떠나 배를 타고 밤빌리아에 있는 버가에 갔는데, 때는 이미 초여름이라 더위가 극성을 부리기 시작하고 전염병이 유행했습니다.. 더군다나 선교단이 나아가고자 하는 터키 중앙고원 지대는 지형이 험하고 황량하여 산적 떼의 출몰이 잦았는데, 이 같은 산적 떼 얘기가 사방에 퍼져 있었습니다. 그래서 결국 갈라디아 지방으로 계속 가고자 하는 바울의 주장에 바나바는 찬성했으나, 마가는 더 이상 고난과 싸우면서 선교여행을 지속하고 싶지 않았습니다.

당시 사도 바울은 어떤 역경에도 굴하지 않고 뚫고 나가서 계획했던 일을 성취하는 열혈 사도였습니다. 그는 한때 유대교에 심취하여 특심으로 예수 믿는 사람들을 박해했지만, 예수님을 만난 후에는 그 열심의 방향이 바뀌었습니다. 바울은 누구도 막을 수 없는 열정으로 선교를 이어나갔습니다. 회심한 사도 바울이 초대교회의 구성원으로 들어올 수 있게 한 바나바도 마찬가지였습니다. 바나바도 바울과 같은 열정으로 모든 어려움을 이겨내고 선교를 이어나갔습니다. 하지만 마가는 그럴 수 없었습니다. 마가도 비장한 마음으로 선교에 동참했지만 현실적으로 그는 역부족이었습니다. 결국 마가는 도중에 선교여행을 포기하고 일행과 헤어져 예루살렘의 가정으로 돌아가게 되었습니다.

"바울과 및 동행하는 사람들이 바보에서 배 타고 밤빌리아에 있는 버가에 이르니 요한은 그들에게서 떠나 예루살렘으로 돌아가고."(행 13:13)

마가 요한은 그야말로 부잣집 도련님으로 온실에서 순탄하게 자란 화초와 같았습니다. 그의 의지는 연약했고 신앙의 깊이도 없었습니다. 역경을 이겨내지 못하고 도중에 선교여행을 포기한 마가는 그 후에 스스로 자책하면서 후회하는 시간을 보냈을 것입니다. 어머니 마리아와 주위의 초대교회 성도들도 마가의 유약함을 안타까워했을 것이고, 마가는 자신이 사람들을 실망시켰다는 생각을 멈출 수 없었을 것입니다.

그리고 그 후 잇따라 들려오는 숭고한 순교자들의 소식과 또한 용감한 사도들의 소식을 들을 적마다 어려운 환경 앞에서 무기력했던 자신의 모습이 한심스러웠을 것입니다.

하지만 마가는 과거에 속지 않았습니다.

마가는 실패한 과거가 자기 인생에 장애물이 되게 한 것이 아니라 오히려 실패한 과거가 자기 인생에 디딤돌이 되게 했습니다. 그래서 실패한 과거를 자신의 신앙을 돌아볼 수 있는 기회로 삼았습니다. 그렇게 시간이 흐르는 가운데 마가는 다시 한번 예수 그리스도를 깊이 사랑하는 사람으로 회복되어 믿음이 굳건해졌습니다. 그래서 마가는 바울과 바나바가 전도에 큰 성과를 올리고 안디옥으로 돌아와 열린 예루살렘 종교 회의에 참석했습니다. 이때 마가는 더 이상 잠자코 있을 수 없다고 생각하고 다시 주님께 헌신을 다짐하고 일어섰습니다. 그리고 바울과 바나바의 제2차 선교여행에 따라가게 해달라고 부탁했습니다.

그런데 이때 바울은 마가를 거절했습니다.

1차 선교여행 때 자기의 중대한 사명을 저버리고 십자가를 내려놓았던 자를 데리고 목숨을 건 전도여행을 떠났다가 또 중간에 포기해버리면 선교여행 전체에 큰 어려움을 가져올 수 있기 때문에 동행할 수 없다고 반대했습니다. 아마 1차 선교여행 때 마가가 도중하차 한 후에 바울은 엄청난 어려움을 감당했던 것 같습니다. 마가가 감당해야 할 부분까지 바울과 바나바가 짊어져야 했으니 힘들었을 것입니다. 그래서 이번에는 마가를 데리고 갈 수 없다고 단호하게 말했습니다.

하지만 바나바의 입장은 그렇지 않았습니다.

바나바는 다시 한번 마가에게 기회를 주고 싶었습니다.

이 일로 인해 바울과 바나바는 크게 다투게 되고, 결국 바울은 실라를 데리고 수리아와 길리기아 방면으로 떠나고, 바나바는 다시 마가를 데리고 구브로로 향했습니다. 오늘 본문은 바로 이러한 장면을 담고 있습니다.

"바나바는 마가라 하는 요한도 데리고 가고자 하나 바울은 밤빌리아에서 자기들을 떠나 함께 일하러 가지 아니한 자를 데리고 가는 것이 옳지 않다 하여 서로 심히 다투어 피차 갈라서니 바나바는 마가를 데리고 배 타고 구브로로 가고 바울은 실라를 택한 후에 형제들에게 주의 은혜에 부탁함을 받고 떠나 수리아와 길리기아로 다니며 교회들을 견고하게 하니라."(행 15:37-41)

바울과 바나바는 지금까지 한 몸처럼 사역했습니다.

바나바는 여러 가지 위험을 감수하고 바울을 변호해 주었습니다. 사실 처음에는 예루살렘 교회의 사도들이 바울의 회심을 믿지 않았습니다. 그동안 워낙 바울이 악명 높았기에 바울이 위장 회심을 했을 것이라 생각했습니다.

그때 사도들의 신망이 두터웠던 바나바가 나서서 바울의 후견인을 자처했습니다. 바나바 때문에 사도들이 바울을 받아들였습니다. 바나바가 바울이 기독교에 정착하도록 도왔습니다. 그뿐만 아니라 바나바는 자신이 목회하던 안디옥 교회에 바울을 초빙하기도 했습니다. 그리고 1차 선교여행을 비롯한 지금까지의 사역에 한결같이 뜻을 함께 했습니다.

하지만 그들은 마가 한 사람 때문에 심하게 다투게 되었습니다. 예수님을 위해 생명을 건 두 사람이 마가 한 사람 때문에 싸우게 된 것입니다. 마가는 자신 때문에 당대 최고의 영적 거장인 바울과 바나바가 심하게 다투는 것을 보고 상당히 충격을 받았을 것입니다. 자신 때문에 두 거장이 싸우고 갈라진 것을 보고 엄청난 자책을 했을 것입니다.

또 자신의 변화와 결심을 믿어주지 않는 사도 바울에게 섭섭한 마음도 들었을 것입니다. 더불어 자신이 존경하는 사도 바울로부터 '함께 일할 수 없는 사람, 믿을 수 없는 사람, 영적으로 성숙하지 못한 사람'이라는 평가를 받은 것이 큰 상처가 되기도 했을 것입니다. 마가는 스스로 바울에게 버림받고, 바울의 신임을 잃었다고 생각할 수 있었습니다.

많은 사람들이 마가처럼 실패하고, 마가처럼 비판받을 때 좌절하고, 실패한 과거를 떨쳐내지 못합니다. 실패를 통해 과다한 수치심과 모욕감을 느낌으로 낮은 자존감을 가지고 다시 시작하지 못하는 사람들이 많습니다.

하지만 마가는 과거에 속지 않았습니다. 마가는 자신의 유약했던 과거에도 속지 않았고, 버림받은 과거에도 속지 않았습니다. 마가는 복음의 능력으로 새로 시작했습니다. 바나바와 떠난 선교여행에서 흔들림 없이 승리했고, 이후에 단 한 번도 흔들림 없이 십자가의 길을 걸어갔습니다. 연약했던 마가, 버림받은 마가, 사람들을 실망시킨 마가는 이제 담대한 마가, 유익한 마가, 사람들에게 꼭 필요한 마가가 되었습니다. 마가 요한의 이후 행적은 바울 서신에서 찾아볼 수 있는데, 그는 로마 감옥에 갇혀 있는 바울 옆에 있었습니다.

> "나와 함께 갇힌 아리스다고와 바나바의 생질 마가와(이 마가에 대하여 너희가 명을 받았으매 그가 이르거든 영접하라.)"(골 4:10)

어느새 마가는 바울과 함께 고난받는 그리스도 예수의 군사가 되었습니다. 빌레몬에게 보낸 편지에도 바울은 다른 동역자들과 함께 마가의 안부를 전하고 있습니다.

> "또한 나의 동역자 마가, 아리스다고, 데마, 누가가 문안하느니라."(몬 1:24)

마가에 대한 바울의 이러한 평가는 이제 마가가 복음의 사역자로 완전히 회복되었음을 증거하고 있습니다. 주님의 일에 아무 쓸모 없는 존재로 평가되고, 낙심 가운데 좌절할 수밖에 없었던 마가였지만, 과거를 이기는 복음의 능력을 의지함으로 또 바나바와 같은 귀한 일꾼의 도움으로 마가는 새롭게 일어설 수가 있었던 것입니다.

마가에 대한 바울의 마지막 언급은 사도 바울이 순교하기 얼마 전 디모데에게 보낸 편지에 있습니다. 거기서 바울은 디모데에게 어서 속히 오라고 얘기하면서 "마가를 데리고 오라. 저가 나의 일에 유익하니라."라고 말했습니다.

> "누가만 나와 함께 있느니라 네가 올 때에 마가를 데리고 오라 그가 나의 일에 유익하니라."(딤후 4:11)

한때 마가로 인해 존경하는 선배이자 친한 동역자였던 바나바와 헤어질 정도로 마가를 불신했던 바울이었는데, 그를 데리고 오라고 부탁하는 것입니다. 또 마가의 변화를 증언한 사람은 바울만이 아니었습니다. 베드로 역시 마가를 아들이라 부르며 그를 언급했습니다.

> "택하심을 함께 받은 바벨론에 있는 교회가 너희에게 문안하고 내 아들 마가도 그리하느니라."(벧전 5:13)

이렇게 마가는 과거에 속지 않고 완전히 새로운 사람으로 변화되었습니다. 마가는 지나간 과거를 벗어버리고 '현재'를 선택했습니다. 과거에 속는 사람은 과거를 버리지 못해 현재에 무엇을 해야 할지 전혀 모릅니다. 그러나 과거에 속지 않는 사람은 지금 즉시 내가 무엇을 해야 할지 분별합니다. 그리고 현재에 집중합니다. 마가는 이제 자신이 할 수 있는 일이 무엇인가에 집중했습니다. 무엇보다 마가는 사도 베드로의 훌륭한 통역관이자 동역자가 되었습니다.

베드로는 이스라엘을 떠나 로마를 비롯하여 이방 세계에 복음을 전했는데, 이때 마가가 베드로와 동행하면서 베드로의 복음사역을 결정적으로 도왔습니다. 사도 바울에게 디모데가 있었다면 베드로에게는 마가가 있었던 것입니다. 이후 마가의 재능과 신앙은 성령에 의해 더욱 크게 자라 드디어 '마가

복음'이라는 위대한 복음서를 썼습니다.

마가가 마가복음을 쓸 때 동원한 근본 자료는 모두 베드로에게서 전해 받은 것입니다. 그래서 마가복음의 별칭은 베드로복음입니다. 마가는 A.D. 30-65년 사이에 베드로가 행한 예루살렘에서 로마에 이르는 전도 사역의 초기부터 끝까지 그와 함께 하면서 베드로가 전하는 바를 상세히 기록했습니다. 그래서 마가복음에는 다른 복음서보다 베드로에 대해 비교적 상세히 기록되어 있습니다.

이렇게 마가는 주님의 일에 꼭 필요한 사람으로 우뚝 섰습니다.

마가는 초대 교회 대표라고 할 수 있는 바나바와 베드로, 바울 사이에서 아주 중요한 연결 고리 역할을 담당하면서 주님의 일을 이루었습니다. 전설에 의하면, 그는 후년에 알렉산드리아 교회의 창립자가 되고 감독으로서 그곳에 머물러 이집트의 전도에 힘쓰다가 트라야누스 황제의 박해를 받아 줄에 매여 끌려다니며 고초를 당하고 불속에 던져져 순교했다고 합니다.

위대한 발명가 찰스 케터링은 '과거의 실패를 성공으로 전환시키는 데 필요한 몇 가지 충고'를 남겼습니다.

● 첫째, 정직하게 실패를 인정하십시오.

- 둘째, 실패를 이용하십시오. 절대로 실패를 낭비하지 마십시오. 실패에서 얻을 수 있는 모든 것을 배우십시오.
- 셋째, 실패를 이제 아무것도 하지 않겠노라고 결심하는 계기로 삼지 마십시오. 실패는 누구에게나 찾아옵니다. 실패를 반가운 손님을 맞듯 대우하시기 바랍니다.

성공의 시간이 있듯이 실패의 시간도 하나님이 허락하신 것입니다.

우리는 과거의 모든 속임에서 벗어나서 자유해야 합니다. 마가는 과거에 속지 않는 인생을 살아서 변화되었습니다. 마가는 안락하고 부유했던 과거에도, 부끄러운 실패의 과거에도 속지 않았습니다. 버림받은 과거의 상처에도 속지 않았습니다. 마가는 '속지 않게 하는 복음의 능력'을 의지하여 과거로부터 자유한 자가 되었습니다.

과거에 속는 사람은 변화될 수 없습니다.

과거를 이기는 복음의 능력을 의지함으로 과거의 부정적인 그늘에서 벗어나 주님 나라의 기쁨으로 우뚝 서시기를 주님의 이름으로 축원합니다.

〈주님과 동행하는 기쁨 나누기〉

1. 과거에 속는 인생의 특징입니다.

( ) 안에 맞는 단어는 무엇입니까?

(1) 과거에 속는 인생은 ( ) 과거에 속습니다.

생각하기 싫은 문제를 묻고, 직면하기 힘든 두려움을 묻어둡니다. 그리고 묻어 둔 과거에 대해서는 최대한 잊어버리려 몸부림을 칩니다.

●프로이드가 말한 5가지의 방어기제 중 내가 가장 잘 사용하는 것은 무엇입니까?

(2) 과거에 속는 인생은 ( )스러운 과거에 속습니다.

해결된 과거는 성숙하게 반응할 수 있지만, 해결되지 않은 고통스러운 과거의 일은 미숙하게 반응하게 되고 그 시절 미숙했던 내 모습으로 돌아가게 됩니다.

●"어떤 사람은 남이 던진 벽돌에 맞아서 쓰러져 원망과 불평으로 인생을 낭비하지만, 어떤 사람은 남이 던진 벽돌을 디딤돌 삼아 더욱 견고하게 세워진다."에서 디딤돌을 삼은 경험이 있습니까?

(3) 과거에 속는 인생은 ( ) 속 과거에 속습니다.

많은 사람들이 과거에 성공했던 기억, 잘 나갔던 기억, 화려했던 기억에 묶여서 과거의 불행을 미화시키고 붙들고 현실감각을 잃어버리고 살아갑니다.

● 당신은 과거를 생각하면 어떤 생각이 떠오릅니까?

2. 아래 성구를 보고 당신의 삶에 일어난 일을 나누십시오.

(1) 요한복음 10장 27, 28절 – "내 양은 내 음성을 들으며 나는 그들을 알며 그들은 나를 따르느니라 내가 그들에게 영생을 주노니 영원히 멸망하지 아니할 것이요 또 그들을 내 손에서 빼앗을 자가 없느니라."

(2) 시편 30편 11, 12절 – "주께서 나의 슬픔이 변하여 내게 춤이 되게 하시며 나의 베옷을 벗기고 기쁨으로 띠 띠우셨나이다 이는 잠잠하지 아니하고 내 영광으로 주를 찬송하게 하심이니 여호와 나의 하나님이여 내가 주께 영원히 감사하리이다."

(3) 고린도후서 5장 17절 – "그런즉 누구든지 그리스도 안에 있으면 새로운 피조물이라 이전 것은 지나갔으니 보라 새것이 되었도다."

3. 아래 성구의 (   ) 안에 맞는 단어를 넣고 가능하면 암송합시다.

"이르시되 내가 은혜 베풀 때에 너에게 듣고 (   )의 날에 너를 도왔다 하셨으니 보라 지금은 (   ) 받을 만한 때요 보라 지금은 (   )의 날이로다."(고후 6:2)

5. 나를 붙잡는 과거의 상처

작사/작곡 이 순 희

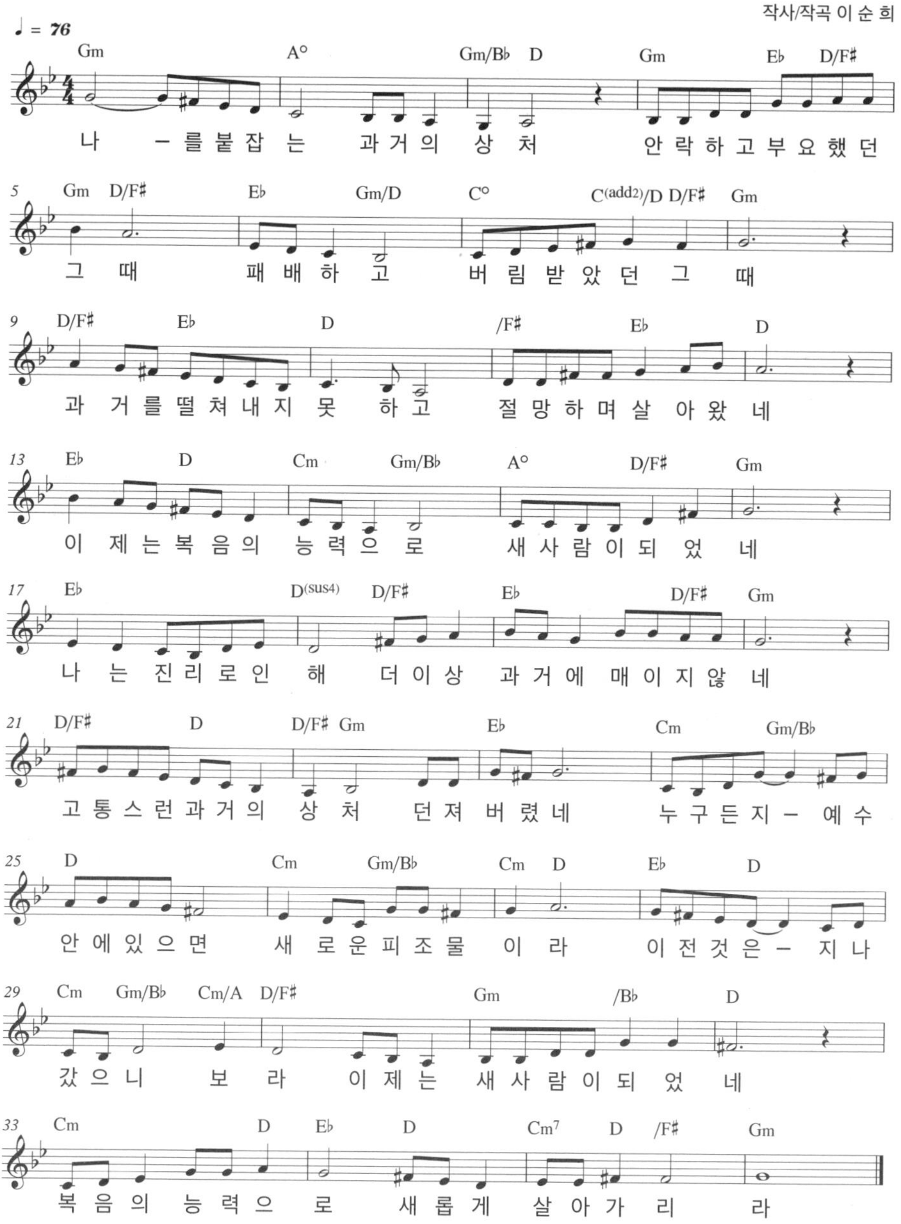

♩ = 76

나 ㅡ를 붙 잡 는 과 거 의 상 처 안 락 하 고 부 요 했 던

그 때 패 배 하 고 버 림 받 았 던 그 때

과 거 를 떨 쳐 내 지 못 하 고 절 망 하 며 살 아 왔 네

이 제 는 복 음 의 능 력 으 로 새 사 람 이 되 었 네

나 는 진 리 로 인 해 더 이 상 과 거 에 매 이 지 않 네

고 통 스 런 과 거 의 상 처 던 져 버 렸 네 누 구 든 지 ㅡ 예 수

안 에 있 으 면 새 로 운 피 조 물 이 라 이 전 것 은 ㅡ 지 나

갔 으 니 보 라 이 제 는 새 사 람 이 되 었 네

복 음 의 능 력 으 로 새 롭 게 살 아 가 리 라

제 6 장

진리의 영과 미혹의 영의 분별

요일 4:4-6

"자녀들아 너희는 하나님께 속하였고 또 그들을 이기었나니 이는 너희 안에 계신 이가 세상에 있는 자보다 크심이라 그들은 세상에 속한 고로 세상에 속한 말을 하매 세상이 그들의 말을 듣느니라 우리는 하나님께 속하였으니 하나님을 아는 자는 우리의 말을 듣고 하나님께 속하지 아니한 자는 우리의 말을 듣지 아니하나니 진리의 영과 미혹의 영을 이로써 아느니라."

6
진리의 영과 미혹의 영의 분별

건강한 상태는 분별이 명확한 상태입니다.

눈이 건강한 사람은 사물을 명확하게 보고 분별하고, 귀가 건강한 사람은 소리를 정확하게 듣고 분별합니다. 또 혀가 건강한 사람은 맛을 정확하게 보고 분별하여 음식의 상태를 파악합니다.

마찬가지로 건강한 영혼은 영을 분별합니다.

건강한 영혼은 하나님의 영에 익숙하고, 하나님의 음성을 듣는 일에 자연스럽기 때문에 하나님의 영이 아닌 다른 영, 하나님의 음성이 아닌 다른 음성에 민감하게 분별합니다. 그러므로 오늘 우리는 하나님의 능력으로 우리의 숨은 사람을 온전하게 치료받음으로 정확한 분별의 상태까지 나아가야 합니다(고전 2:12-14).

약을 먹기 전에는 항상 이 약이 병을 고치는 약인지 독을 퍼뜨리는 약인지 분별해야 합니다. 자신이 먹으려는 약이 독약인지도 모르고 좋은 것이라 생각해서 많이 먹는 것은 지극히 어리석은 일입니다.

또 길을 떠날 때는 항상 그 길이 목적지로 향하는 최단 거리인지 확인해야 합니다. 아무리 좋은 차를 타고 간다고 해도, 제아무리 한 눈 팔지 않고 열심히 간다고 해도, 길을 분별하지 못하고 가면 목적지에 제대로 도착할 수 없습니다.

이렇게 무슨 일을 하든지 가장 중요한 것은 '분별'입니다. 마찬가지로 말세를 살아가는 현대의 성도들에게 가장 중요한 영적 활동은 '분별'이라고 할 수 있습니다. 하나님은 성도들에게 언제나 영을 분별할 것을 당부하셨습니다. 우리는 무슨 일을 하든지 조직의 배후에, 사건의 배후에, 사람의 배후에 역사하는 영을 분별해야 합니다.

> "사랑하는 자들아 영을 다 믿지 말고 오직 영들이 하나님께 속하였나 분별하라 많은 거짓 선지자가 세상에 나왔음이라 이로써 너희가 하나님의 영을 알지니 곧 예수 그리스도께서 육체로 오신 것을 시인하는 영마다 하나님께 속한 것이요 예수를 시인하지 아니하는 영마다 하나님께 속한 것이 아니니 이것이 곧 적그리스도의 영이니라 오리라 한 말을 너희가 들었거니와 지금 벌써 세상에 있느니라."(요일 4:1-3)

교회라고 다 같은 교회가 아니고, 예배라고 다 같은 예배가 아닙니다. 같은 성경 본문으로 설교한다고 해서 다 같은 설교가 아니고, 예수님의 이름으로 기도한다고 해서 다 같은 기도가 아닙니다.

요한계시록 2장, 3장에 등장하는 예수님의 편지를 받은 일곱 교회를 보십시오. 예수님이 편지를 보낸 교회는 에베소 교회, 서머나 교회, 버가모 교회, 두아디라 교회, 사데 교회, 빌라델비아 교회, 라오디게아 교회였는데 각기 다른 평가를 받았습니다. 칭찬만 받은 빌라델비아 교회, 서머나 교회도 있지만 꾸중만 들은 라오디게아 교회도 있었습니다. 예수님은 라오디게아 교회를 향하여 곤고하고 가련하고 가난하며 눈 멀고 벌거벗었다고 말씀하셨습니다.

> "네가 말하기를 나는 부자라 부요하여 부족한 것이 없다 하나 네 곤고한 것과 가련한 것과 가난한 것과 눈 먼 것과 벌거벗은 것을 알지 못하는도다."(계 3:17)

이렇게 교회 중에는 예수님을 기쁘시게 하는 교회, 예수님의 칭찬을 받는 교회, 영혼을 살리고 성령님의 열매를 맺는 교회도 있지만, 예수님께 책망받는 교회, 영혼을 죽이고 하나님의 나라에 걸림돌이 되는 교회도 있습니다.

마찬가지로 목회자라고 해서 다 같은 목회자가 아닙니다.

현대의 마귀는 교회에 가지 못하도록 핍박하는 전략을 쓰기보다 교회가 타락하고 세속화되어 교회 전체가 파멸의 길로 가도록 미혹하는 전략을 쓰고 있습니다. 그러므로 우리는 무엇보다 영 분별의 능력을 받아야 합니다. 교회의 결말, 목회자의 행실의 결말을 주의하여 보고 분별해야 합니다.

> "하나님의 말씀을 너희에게 일러 주고 너희를 인도하던 자들을 생각하며 그들의 행실의 결말을 주의하여 보고 그들의 믿음을 본받으라."(히 13:7)

특별히 자기 자신의 영혼을 분별하여 마귀의 미혹을 받은 부분이 있지 않은지 늘 점검해야 합니다.

> "너희는 믿음 안에 있는가 너희 자신을 시험하고 너희 자신을 확증하라 예수 그리스도께서 너희 안에 계신 줄을 너희가 스스로 알지 못하느냐 그렇지 않으면 너희는 버림 받은 자니라 우리가 버림 받은 자 되지 아니한 것을 너희가 알기를 내가 바라고 우리가 하나님께서 너희로 악을 조금도 행하지 않게 하시기를 구하노니 이는 우리가 옳은 자임을 나타내고자 함이 아니라 오직 우리는 버림 받은 자 같을지라도 너희는 선을 행하게 하고자 함이라."
> (고후 13:5–7)

신앙의 본질은 제3자의 문제를 다루는 데 있지 않습니다. 신앙의 본질은 '나 자신'의 문제를 놓고 고민하는 것이요, 하나님과 나와의 1:1의 관계를 늘 점검하고 확인하면서, "나 스스로가 온전한 믿음에 있는가?"를 시험하고 확증하는 데 있습니다. 즉 신앙생활은 자기 분별이라고 할 수 있습니다.

오늘 우리는 진리의 영과 미혹의 영을 분별하는 능력을 받음으로 영성 혁명을 일으켜야 합니다. 분별한다는 것은 그 자체가 악한 길을 버리고 선한 길로 돌아서겠다는 의지의 표명이고, 죄에서부터 멀어지고 성결에 가까이 달려가고 있다는 증거가 됩니다. 제대로 분별하면서 악을 자초하지는 않기 때문입니다.

성경은 분별에 대해 다양하게 정의하는데 이는 크게 네 가지 의미입니다.

성경에서 말하는 분별

(1) 히브리어 '빠달(בָּדַל)'로 '골라낸다'는 의미입니다.

골라낸다는 것은 온전한 것 중에 흠이 있는 것을 빼내는 것이고, 선한 것 중에 악한 것을 제거하는 것이며, 목적을 이루기 위해 목적에 부합하지 않는 것을 추려내는 것입니다. 그러므로 분별의 첫 번째 의미인 '골라낸다'는 성령의 삶을 살기 위하여 악령의 요소를 뽑아낸다는 의미라고 이해할 수 있습니다. 우리는 바르게 분별하여 골라내기 위해 먼저 영의 눈을 열어야 하고 자기 눈 속에 있는 들보를 빼내야 합니다.

"어찌하여 형제의 눈 속에 있는 티는 보고 네 눈 속에 있는 들보는 깨닫지 못하느냐 너는 네 눈 속에 있는 들보를 보지 못하면서 어찌하여 형제에게 말하기를 형제여 나로 네 눈 속에 있는 티를 빼게 하라 할 수 있느냐 외식하는 자여 먼저 네 눈 속에서 들보를 빼라 그 후에야 네가 밝히 보고 형제의 눈 속에 있는 티를 빼리라."(눅 6:41-42)

(2) 히브리어 '빠한(בָּחַן)'으로 '살펴보다'의 의미입니다.

살펴보는 것은 전체를 둘러보는 것입니다. 하박국 선지자는 분별하기 위해 파수하는 곳에 서며 성루에 섰습니다.

"내가 내 파수하는 곳에 서며 성루에 서리라 그가 내게 무엇이라 말씀하실는지 기다리고 바라보며 나의 질문에 대하여 어떻게 대답하실는지 보리라 하였더니."(합 2:1)

성루는 성에서 가장 높은 곳입니다.

외면도 보이고 내면도 보이는 곳입니다. 전체적인 정리를 하기 좋은 곳이 성루입니다. 즉, 성루는 전체를 바라볼 수 있는 곳입니다. 성루에서는 사방이 다 보입니다. 적들이 어떻게 침입하고 어떻게 움직이는지도 보입니다. 살펴보는 것은 성루에 올라가서 사방을 보는 것과 같은 것입니다. 즉 통찰력을 가지고 전체를 보는 것입니다. 우리는 하나님이 주신 통찰력으로 시대의 상황을 살펴봐야 하고, 자기 자신의 영적 상태를 살펴야 합니다.

(3) 헬라어 '디아스톨레(διαστολὴ)'로 '차이'라는 의미입니다.

분별은 영의 눈을 떠서 선과 악이 어떤 차이가 있는지 깨닫는 것입니다. 은혜가 있을 때와 은혜가 없을 때의 차이, 성령이 역사하실 때와 역사하지 않으실 때의 차이, 기름부음이 있을 때와 기름부음이 없을 때의 차이를 느끼는 것입니다.

"단단한 음식은 장성한 자의 것이니 그들은 지각을 사용함으로 연단을 받아 선악을 분별하는 자들이니라."(히 5:14)

(4) 히브리어 '야다(יָדַע)'로 '경험하다'의 의미입니다.

분별의 절정은 체험을 통해 이루어집니다. 기독교는 체험의 종교입니다. 우리는 하나님의 선하심을 맛보아 알아야 하고, 기적의 하나님, 치료의 하나님, 변화의 하나님을 경험해야 합니다.

"너희는 여호와의 선하심을 맛보아 알지어다 그에게 피하는 자는 복이 있도다 너희 성도들아 여호와를 경외하라 그를 경외하는 자에게는 부족함이 없도다 젊은 사자는 궁핍하여 주릴지라도 여호와를 찾는 자는 모든 좋은 것에 부족함이 없으리로다."(시 34:8-10)

우리 모두에게 골라내는 분별, 살펴보는 분별, 차이를 아는 분별, 경험하는 분별의 능력이 임하기를 소원합니다. 이러한 분별의 시작은 영의 눈을 뜨는 것으로 이루어집니다.

이 세상은 눈에 보이는 것이 전부가 아닙니다.

보이지 않는 영적 세계가 존재합니다. 사실 보이는 육의 세계는 보이지 않는 영의 세계의 다스림을 받습니다. 영이 육을 다스리고, 영의 세계에 의해 육의 세계가 결정되는 것입니다. 그러므로 우리는 드러나는 표면만 볼 것이 아니라 이면의 뿌리인 영을 보아야 합니다.

우리는 우리의 생각의 배후에서, 언어의 배후에서, 인간관계의 배후에서, 일의 배후에서 역사하는 영적 세력을 분별하고 하나님의 능력으로 승리를 이루어야 합니다. 사람의 능력이 아닌 하나님의 능력으로 싸워서 이겨야 합니다(고후 10:3-5).

사람의 방법으로 싸우면 영을 이길 수 없습니다.

사람의 생각으로 판단하면 하나님의 뜻을 알 수 없습니다. 그러므로 우리는 철저히 성령님의 인도를 받아야 합니다. 오직 기도로, 예배로 싸워서 이겨야 합니다. 우리의 기도에는 실제적인 힘이 있습니다. 사실 영적 전쟁의 실체는 나 자신과의 싸움입니다. 나를 둘러싼 육체 자체가 죄로 인해 형성된 죄의 경향성이기 때문입니다.

우리를 실족시키기 위해 수단과 방법을 가리지 않는 사탄은 주로 우리의 마음을 공략하여 우리 안에 수많은 가짜 자아를 만들어냅니다. 사탄은 아주 교묘하고 자연스럽게 교만,

이기심, 탐욕, 미움, 분노, 낙심, 두려움 등의 악한 마음을 마치 우리 자신의 마음인 것처럼 가장시켜서 우리 마음에 심어 놓습니다. 그래서 많은 사람들이 사탄이 파송한 거짓 자아를 자신이라고 생각하며 사탄의 전략에 넘어갑니다. 그러므로 우리는 나 자신과의 싸움, 영적 전쟁에서 승리하기 위하여 영의 눈을 열고 우리의 마음 안에 사탄이 심어놓은 가짜 자아를 분별해서 보아야 합니다.

> "하나님이 우리에게 주신 것은 두려워하는 마음이 아니요 오직 능력과 사랑과 절제하는 마음이니."(딤후 1:7)

영은 두 가지 세계로 나뉩니다.

하나는 성령님의 세계이고 다른 하나는 악령의 세계입니다. 성령님의 세계에는 성령의 특징이 나타나고 악령의 세계에는 악령의 특징이 나타납니다. 성령님의 세계는 의와 평강과 희락이며 생명의 역사로 나타나지만 악령의 세계는 죽음과 파멸이며 공포와 두려움으로 나타납니다(롬 14:17, 요 10:10).

하인츠 프레히터라는 독일계 미국인은 접시닦이 출신으로 억만장자가 된 사람입니다.

그는 전기와 수도도 없는 독일의 시골 벽촌에서 태어났습니다. 그의 집은 찢어지게 가난했기에 그는 겨우 초등학교만 졸업하고 미국으로 건너갔습니다. 그는 하루 14시간씩 일하면서 열심히 돈을 모았습니다. 그래서 자동차 정비소를 개업했는데, 그때 자동차 천장을 여닫을 수 있는 '썬루프'를 개발했습니다. 그것이 계기가 되어 36개나 되는 회사를 소유하는 거부가 된 것입니다.

그는 22개의 언론사도 소유했으며, 여러 개의 호텔까지 갖고 있었습니다. 그리고 섬 하나를 통째로 사서 초호화 저택을 짓고 살았습니다. 그처럼, 부러울 것 하나 없는 삶을 살던 그가 자살을 했습니다. 그 이유는 단 하나 '인생이 허무하다'는 것이었습니다.

배후에 어둠의 영이 역사하고 있는 사람은 아무리 선으로 포장하고, 가식으로 사랑하는 척을 해도 결국 상처 주고 무너뜨리며 멸망시키는 역사를 일으킵니다. 눈에 보이지 않는 영의 흐름이 육의 흐름을 지배하기 때문입니다. 그러므로 우리는 성령의 열매를 맺는 삶을 살기 위해 먼저 자신의 배후에, 사람의 배후에, 가정의 배후에, 교회의 배후에 역사하는 영적 실체를 분별하고 어둠의 영을 예수 그리스도의 이름으로 몰아내야 합니다.

영국의 세계적인 석학 C. S. 루이스는 대표적인 무신론자였습니다. 그가 예수님을 믿게 되었을 때 그의 회심은 세계 지성계를 발칵 뒤집어 놓았습니다.

루이스 박사는 예수님을 영접한 후에 이렇게 말했습니다.

"만약 열 명이 술좌석에 웃고 떠들고 있다면 그때 웃음소리는 열한 명이 웃는 소리일 것이다. 열 명이 술 먹고 흥청망청 노래를 부르고 웃고 고함치지만 그들의 뒤에서 그 분위기를 조장하는 마귀의 소리가 보태어졌기 때문이다.

만약 누군가 걱정하고 두려워하며 불안해 떨고 있다면 그 뒤에서 마귀가 팔짱을 끼고 흡족한 미소를 짓고 있을 것이다. 인간이 범하는 결정적인 어리석음은 악의 존재를 믿으면서 그 악의 배후자가 되는 마귀를 인정하지 않는 것이다."

그러므로 우리는 영의 눈을 열고 영을 분별함으로 거룩한 싸움꾼이 되어야 합니다(롬 8:5–10).

사도 요한은 오늘 본문을 통해 우리에게 육에 속한 사람과 영에 속한 사람을 분별하는 명확한 기준을 제시하고 있습니다. 그것은 바로 '누구와 소통하느냐'입니다. 요한 사도가 본문 4절에서 '자녀들아'라고 부른 대상은 하나님께 속한 사람들, 성령이 내주하는 사람들입니다.

"자녀들아 너희는 하나님께 속하였고 또 그들을 이기었나니 이는 너희 안에 계신 이가 세상에 있는 자보다 크심이라."(요일 4:4)

하나님께 속한 사람은 내주하시는 성령으로 말미암아 세상을 이깁니다. 성령님이 세상에 있는 자, 곧 마귀보다 크시기 때문입니다. 세상은 어둠의 영이 주장하고 있는 공간입니다.

"끝으로 너희가 주 안에서와 그 힘의 능력으로 강건하여지고 마귀의 간계를 능히 대적하기 위하여 하나님의 전신 갑주를 입으라 우리의 씨름은 혈과 육을 상대하는 것이 아니요 통치자들과 권세들과 이 어둠의 세상 주관자들과 하늘에 있는 악의 영들을 상대함이라."(엡 6:10-12)

'통치자들'은 헬라어로 '아르케(ἀρχη)'이고 '우두머리, 첫 자리'라는 뜻입니다. 다시 말해 통치자들은 한 지역을 다스리는 영적 존재를 말하는 것입니다. 또 '권세들'은 헬라어로 '엑수시아(ἐξουσία)'로 '힘, 권위, 영향력'을 뜻합니다. 위로부터 권력을 행사할 권한을 위임 받은 자들을 가리킵니다.

이들은 권력의 근원을 대표하여 행동합니다. '하늘에 있는 악의 영들'은 거짓 예언, 거짓 종교, 이단, 신비주의, 마술, 주술 등으로 사람들에게 악한 영향을 끼치는 영적 세력을 말합니다.

마지막으로 '이 어둠의 세상 주관자들'은 헬라어로 '코스모크라톨(κοσμοκράτωρ)'로 '세상의 주인'이란 뜻입니다. 이러한 세상에 속한 사람들은 어둠의 영의 지배를 받는 사람으로서 최고의 지혜이신 예수 그리스도를 알지 못합니다(고전 2:8).

그래서 세상에 속한 사람들, 육에 속한 사람들은 예수 그리스도를 알지 못하기에 세상에 속한 말을 합니다. 그리고 세상은 그들의 말을 듣습니다.

"그들은 세상에 속한 고로 세상에 속한 말을 하매 세상이 그들의 말을 듣느니라 우리는 하나님께 속하였으니 하나님을 아는 자는 우리의 말을 듣고 하나님께 속하지 아니한 자는 우리의 말을 듣지 아니하나니 진리의 영과 미혹의 영을 이로써 아느니라."(요일 4:5-6)

세상과 소통하는 사람은 세상에 속한 사람입니다.

세상에 속한 사람은 세상의 소리에 울고 웃으며, 세상의 소리에 휘둘립니다. 세상에 속한 사람은 세상의 소리가 자신을 인정해 주고 높여주기를 갈망하며 그것을 위해 인생을 투자합니다. 하지만 하나님께 속한 사람은 그렇지 않습니다. 하나님께 속한 사람은 하나님의 말씀을 듣습니다.

하나님을 아는 사람은 진리를 듣습니다.

예수님의 말씀을 듣고 예수님의 말씀을 따릅니다(요 10:3-5, 요 10:27). 그러나 세상에 속한 사람은 진리의 말씀을 듣는 귀가 닫혀있습니다. 그들의 귀에는 귀머거리 독사가 똬리를 틀고 앉아있기 때문에 아무리 오랜 시간 설교를 듣는다고 해도 진리가 들리지 않습니다. 요한 사도는 이를 통해 진리의 영과 미혹의 영을 알 수 있다고 했습니다.

"통치자들아 너희가 정의를 말해야 하거늘 어찌 잠잠하냐 인자들아 너희가 올바르게 판결해야 하거늘 어찌 잠잠하냐 아직도 너희가 중심에 악을 행하며 땅에서 너희 손으로 폭력을 달아 주는도다 악인은 모태에서부터 멀어졌음이여 나면서부터 곁길로 나아가 거짓을 말하는도다 그들의 독은 뱀의 독 같으며 그들은 귀를 막은 귀머거리 독사 같으니 술사의 홀리는 소리도 듣지 않고 능숙한 술객의 요술도 따르지 아니하는 독사로다."(시 58:1-5)

귀머거리 독사는 최악입니다.

독을 품고 있는 뱀이라는 사실만으로도 위협적인데 말귀를 알아듣지 못하니 고칠 가능성이 없는 것입니다. 하나님의 말씀을 듣지 못하는 그리스도인들은 이 귀머거리 독사와 같습니다. 마음속에 심히 부패한 것들을 잔뜩 가지고 있으면서 하나님의 음성을 듣지 못해 제 마음대로 행하는 사람들은 독사의 자식들입니다(마 23:27-33).

귀가 들리지 않으면 누구의 말도 듣지 못합니다.

그래서 자신의 느낌과 생각대로 움직입니다. 다른 사람에게 피해를 준다는 생각은 못하고 자기중심적으로 행동합니다.

지금 누구와 소통하고 있습니까?

예수님과 소통하며 진리의 소리를 듣고 있습니까?

세상과 소통하며 어둠의 소리를 듣고 있습니까?

예수님은 예수님의 청중들을 언제나 둘로 구분 지으셨습니다. 바로 '들을 귀 있는 자'와 '들을 귀 없는 자'입니다.

"들을 귀 있는 자는 들으라."(막 4:23)

"귀 있는 자는 성령이 교회들에게 하시는 말씀을 들을지어다 이기는 그에

게는 내가 하나님의 낙원에 있는 생명나무의 열매를 주어 먹게 하리라."(계 2:7)

"귀 있는 자는 성령이 교회들에게 하시는 말씀을 들을지어다."(계 2:29)

들을 귀 있는 자는 진리의 영을 받아 진리를 듣는 자이고, 들을 귀 없는 자는 미혹의 영에게 사로잡혀서 진리를 듣지 못하는 사람입니다.

진리의 영을 받았습니까?

미혹의 영의 지배를 받고 있습니까?

모든 미혹의 영을 몰아내고 진리를 소유함으로 천국을 누리시길 바랍니다.

미혹의 영에게 붙들리는 이유

마귀에게 미혹 받는 사람들은 미혹 받는 이유가 있습니다.

(1) 영적 무지: 영적으로 무지하면 미혹을 잘 받습니다.

영적으로 무지하다는 것은 성경 지식이 부족하다는 말보다는 예수 그리스도를 모른다는 의미입니다. 왜냐하면 성경 지식이 많아도 영적으로 무지한 사람들이 많기 때문입니다.

성경은 하나님의 감동으로 된 것으로 영으로 받아야 하

는 것입니다. 그러므로 영이 죽은 사람, 영이 잠든 사람은 아무리 성경을 읽어도 영적으로 무지할 수밖에 없습니다. 우리는 영으로 하나님의 말씀을 받아서 영적 지식을 쌓아야 합니다(요 8:32).

모든 악은 하나님을 모르는 것에서부터 출발합니다.

악은 하나님의 의도와 다르게 행해지는 일들입니다. 하나님의 말씀에 반하여 일어나는 행동이 죄인 것입니다(잠 10:21, 호 6:3, 엡 4:13-15).

(2) 교만: 교만한 사람들은 미혹을 잘 받습니다.

하나님은 교만한 사람에게 은혜를 베푸시지 않습니다. 그래서 하나님의 말씀이 들리지 않는 것입니다.

> "그러나 더욱 큰 은혜를 주시나니 그러므로 일렀으되 하나님이 교만한 자를 물리치시고 겸손한 자에게 은혜를 주신다 하였느니라."(약 4:6)

교만하면 마음이 굳어지고 생각이 굳어집니다.

굳어진 생각과 마음은 언제나 자기 이론을 주장하고 자기가 옳다는 생각에서 벗어나지 못합니다. 그래서 교만한 사람들은 진리를 듣지 못하고 자기 죄를 마시며, 자기 죄에 속는 인생을 살게 됩니다.

(3) 욕심: 미혹은 결국 자기 속의 욕심으로부터 오는 것입

니다.

돈 욕심이 없는 사람은 돈의 미혹을 받지 않고, 명예 욕심이 없는 사람은 명예의 미혹을 받지 않습니다. 그러므로 우리는 미혹의 출처가 자기 욕심임을 알아야 합니다(약 1:14–17).

욕심의 길은 진리의 길과 정반대의 길입니다.

그런데 많은 사람들이 자기 욕심에 이끌려 십자가와는 정반대의 길로 달려갑니다. 자기 욕심에 이끌려 자기 우상숭배에 빠지고, 성령의 일을 방해하며, 하나님을 불신하는 죄를 짓습니다. 왜냐하면 욕심은 속이는 사기꾼과 같기 때문입니다. 욕심은 교묘하고 능수능란한 사기꾼처럼 사람의 마음을 미혹하여 욕심의 길에 들어서게 합니다. 우리는 우리 안에 있는 욕심의 미혹에서 벗어나기 위해 정욕과 탐심을 십자가에 못 박아야 합니다.

> "그러므로 땅에 있는 지체를 죽이라 곧 음란과 부정과 사욕과 악한 정욕과 탐심이니 탐심은 우상 숭배니라."(골 3:5)
>
> "그리스도 예수의 사람들은 육체와 함께 그 정욕과 탐심을 십자가에 못 박았느니라."(갈 5:24)

영적 무지에서 벗어나 영적 지식을 사랑하고 소유함으로 미혹을 물리칩시다. 교만과 욕심을 몰아냄으로 미혹의 영을 쫓아냅시다. 진리의 영의 인도를 받는 복된 인생을 살아갑시다. 특별히 마지막 때는 마귀의 미혹이 더욱 간사해지는 때입니다.

'보이스 피싱(voice phishing)'이라는 전화금융사기 피해를 입은 사람이 참으로 많습니다.

2021년 7월 3일 KBS 뉴스에서는 보이스 피싱 피해 액수가 2017년부터 매년 '최대' 기록을 쓰더니, 지난해 사상 최대인 7천억 원을 기록했다고 보도했습니다. 사람들이 보이스 피싱의 미혹에 자꾸 빠지는 것은 보이스 피싱이 사람들의 허를 찌르는 속임수를 쓰기 때문입니다.

보이스 피싱 사기꾼들은 자녀를 납치했다거나 자녀가 사고를 당했다고 부모를 속여 돈을 요구합니다. 국세청을 사칭해서 세금을 환급한다고 속여 정보를 알아냅니다. 신용카드사나 은행을 사칭해서 신용카드가 도용되었다고 속여 신용카드 번호를 알아냅니다. 백화점이나 가전회사를 사칭해서 경품행사에 당첨됐다고 속여 은행 계좌번호를 알아냅니다. 대학입시에 추가 합격했다고 속여 등록금을 입금하도록 하는 경우도 있습니다.

이렇게 보이스 피싱의 수법이 나날이 고도화되듯이 마귀의 미혹도 더욱 고도화되고 있습니다. 그러므로 현대의 성도는 말씀에 통달하지 않으면, 교만을 완전히 무너뜨리지 않으면, 욕심을 완전히 버리지 못하면 미혹에서 자유로울 수 없습니다. 즉 자아를 완전히 죽이지 못하면 미혹에서 벗어날 수 없다는 것입니다.

현대판 마귀의 미혹 수법

현대판 마귀의 미혹 수법은 크게 세 가지로 말할 수 있습니다.

(1) 육체의 미혹: 육체의 미혹은 마귀가 성도로 하여금 육체를 좇아가도록 만드는 것입니다.

성도는 떡으로만 살 존재가 아니라 여호와의 입에서 나오는 모든 말씀으로 살아야 하는 존재입니다. 즉 육이 아니라 영으로 살 존재입니다. 그런데 마귀는 성도로 하여금 영적 평안보다 육적 편안함을 추구하도록 만듭니다. 그래서 입에 맛있는 것, 몸에 좋은 것, 기분이 좋은 것을 좇게 해서 영적 생활을 멀리하게 만듭니다.

편안과 평안은 흡사하면서도 크게 다릅니다.

편안은 노력하지 않고 편리하게 사는 것이지만 평안은 마음의 안정을 의미합니다. 즉, 육체가 안정적인 상황에 있는 것은 편안이요, 영혼이 안정적인 상황에 있는 것은 평안이라고 할 수 있습니다.

참된 행복은 육체의 편안함이 아니라 영혼의 평안함에서 나옵니다. 하지만 육적인 그리스도인들은 영적인 평안을 맛보지 못했기에 그저 육신의 편안함만을 좇아 살려합니다.

몸의 편안함을 위해서 더 넓은 집과 더 좋은 자동차를 선호하고, 더 많은 돈을 갖기를 원합니다. 편안하기 위해 편리한 것을 따지고, 효율성을 따지며 고급과 명품을 선호하게 됩니다. 그러면 행복할 것 같고, 평안해질 것 같은 환상을 갖습니다.

하지만 항상 몸의 편안함이 마음의 편안함으로 이어지는 것은 아닙니다. 일시적인 편안함은 줄 수 있을지 모르지만 영원한 편안함은 줄 수 없습니다. 아무리 편안한 자세를 취해도 시간이 지나면 그 자세가 힘들어지고 불편해집니다.

육체의 편안함은 바로 그런 것입니다.

육체의 편안함은 항상 더 큰 욕심을 가져와서 '좀 더 자자, 좀 더 쉬자, 좀 더 눕자'라고 생각하게 해서 게으름을 만들어 냅니다. 또 육체의 편안함은 지나친 욕심을 만들어서 채워지지 않는 공허와 질투를 갖게 합니다. 우리는 육체의 편안함을 위해 쌓아놓은 것들은 영원하지 않다는 것을 기억해야 합니다.

"또 내가 내 영혼에게 이르되 영혼아 여러 해 쓸 물건을 많이 쌓아 두었으니 평안히 쉬고 먹고 마시고 즐거워하자 하리라 하되 하나님은 이르시되 어리석은 자여 오늘 밤에 네 영혼을 도로 찾으리니 그러면 네 준비한 것이 누구의 것이 되겠느냐 하셨으니 자기를 위하여 재물을 쌓아 두고 하나님께 대하여 부요하지 못한 자가 이와 같으니라."(눅 12:19-21)

혹시 이런 어리석음이 우리의 삶에 은밀히 자리 잡고 있지는 않습니까? 우리 모두가 마귀가 주는 육신의 미혹에서 벗어나시기를 바랍니다.

(2) 부귀의 미혹: 마귀는 언제나 부귀로 사람을 미혹합니다.

그런데 현대의 마귀는 더더욱 기승을 부리며 부귀로 성도와 목회자를 미혹합니다. 돈 때문에 사람을 잃게 하고, 돈 때문에 영혼을 저버리게 하며, 돈 때문에 양심을 팔게 하는 것입니다.

부귀는 하나님의 일을 하기 위한 도구이자, 하나님이 우리에게 누리라고 주신 것입니다. 결코 돈이 하나님보다 앞설 수는 없습니다.

"돈을 사랑함이 일만 악의 뿌리가 되나니 이것을 탐내는 자들은 미혹을 받아 믿음에서 떠나 많은 근심으로써 자기를 찔렀도다."(딤전 6:10)

"한 사람이 두 주인을 섬기지 못할 것이니 혹 이를 미워하고 저를 사랑하거나 혹 이를 중히 여기고 저를 경히 여김이라 너희가 하나님과 재물을 겸하여 섬기지 못하느니라."(마 6:24)

(3) 지식의 미혹: 현대판 마귀는 성도가 예배를 드리고 설교를 듣게 하되, 영적인 말씀이 아니라 육적인 지식으로 받도록 만듭니다.

그래서 회개 없는 예배, 실천 없는 신앙생활로 전락시켜버립니다. 그러므로 우리는 성경을 많이 안다고 해서 자고하면 안 됩니다.

지식으로 미혹하는 현대판 마귀는 갖가지 탁월한 이론을 제시하면서 그것을 진리로 포장합니다. 지식의 미혹을 받은 성도들은 반드시 교만해집니다. 쉽게 정죄하고 선불리 판단하면서 하나님을 위하는 것처럼 행동하지만 사실은 교회를 무너뜨리고 하나님을 대적하는 행동을 합니다. 우리는 지식의 미혹을 받지 않도록 조심해야 합니다.

오늘 우리는 교묘한 마귀의 미혹에서 벗어나기 위해 더욱 예수님을 알아가야 합니다. 진짜를 알면 가짜에 속지 않습니다.

미국 고위 정보기관 즉, FBI나 CIA 등에서는 미국의 화폐인 달러와 그것을 모방한 위조지폐를 구별하는 법을 훈련한다고 합니다.

우리 생각으로는 진짜와 가짜를 함께 주면서 그 차이점을 알려 줄 것 같지만 그렇지 않다고 합니다. 훈련하는 동안에 오직 진짜가 어떤 특징이 있는지만 가르친다고 합니다. 색깔, 냄

새, 모양, 무늬, 숫자 등등 진짜가 어떤 것인지만을 가르치면 현장에 나가서 어느 것을 보아도 진짜가 아닌 것을 바로 찾아낸다고 합니다.

우리는 지금 미혹의 영이 판을 치고 있는 말세에 살고 있습니다. 그러므로 무엇보다 진리의 영과 미혹의 영을 분별하는 능력을 받아야 합니다. 분별함으로 바른 방향으로 가야하고 늘 자신을 돌아보며 교회를 세우고 하나님의 뜻을 이루어 가야 합니다.

말세의 마귀가 더욱 교묘하게 성도를 미혹하여 성도로 하여금 육체의 편안함을 좇게 하고, 부귀를 좇게 하며, 영이 아닌 지식만을 좇게 할 때 우리는 분별해야 합니다. 이를 위해 영적 무지에서 벗어나 교만과 욕심을 십자가에 못박음으로 날마다 진리이신 예수 그리스도를 경험하며 예수님을 더 깊이 알아야 합니다.

진리의 영과 미혹의 영을 분별하는 능력을 받아 열방을 부흥시키는 주인공으로 우뚝 서기를 주님의 이름으로 축원합니다.

〈주님과 동행하는 기쁨 나누기〉

1. 현대판 마귀의 미혹 수법 세 가지를 소개합니다.

( ) 안에 맞는 단어는 무엇입니까?

(1) ( )의 미혹

마귀는 성도로 하여금 영적 평안보다 육적 편안함을 추구하도록 만듭니다. 그래서 입에 맛있는 것, 몸에 좋은 것, 기분이 좋은 것을 좇게 해서 영적 생활을 멀리하게 만듭니다.

● 요즘 마음의 평안과 육체의 편안함 중 어느 것을 추구합니까?

(2) ( )의 미혹

현대의 마귀는 부귀로 성도와 목회자를 미혹합니다. 부귀는 하나님의 일을 하기 위한 도구이자, 하나님이 우리에게 누리라고 주신 것입니다.

● 요즘 돈의 지배를 받고 있습니까? 돈을 지배하고 있습니까?

(3) ( )의 미혹

지식으로 미혹하는 현대판 마귀는 갖가지 탁월한 이론을 제시하면서 그것을 진리로 포장합니다. 지식의 미혹을 받은 성도들은 반드시 교만해집니다.

● 요즘 설교를 들으면서 영적으로 받습니까? 육적인 지식으로 받습

니까?

2. 아래 성구를 보고 당신의 삶에 일어난 일을 나누십시오.

(1) 히브리서 13장 7절 – "하나님의 말씀을 너희에게 일러 주고 너희를 인도하던 자들을 생각하며 그들의 행실의 결말을 주의하여 보고 그들의 믿음을 본받으라."

(2) 고린도후서 13장 5절 – "너희는 믿음 안에 있는가 너희 자신을 시험하고 너희 자신을 확증하라 예수 그리스도께서 너희 안에 계신 줄을 너희가 스스로 알지 못하느냐 그렇지 않으면 너희는 버림 받은 자니라."

(3) 디모데후서 1장 7절 – "하나님이 우리에게 주신 것은 두려워하는 마음이 아니요 오직 능력과 사랑과 절제하는 마음이니."

3. 아래 성구의 (　) 안에 맞는 단어를 넣고 가능하면 암송합시다.

"너희는 (　　　)의 선하심을 맛보아 알지어다 그에게 피하는 자는 (　)이 있도다 너희 성도들아 여호와를 경외하라 그를 경외하는 자에게는 (　　　)이 없도다 젊은 사자는 궁핍하여 주릴지라도 여호와를 찾는 자는 모든 (　　　)에 부족함이 없으리로다."(시 34: 8–10)

6. 나를 괴롭혔던 것은

작사/작곡 이 순 희

♩ = 70

나 — 를 괴 롭 혔 던 것 은 그 누 구 도 아 닌

5 바 로 나 였 는 데 도 깨 닫 지 못 하 고

9 남 탓 하 며 살 았 네 내 인 생 행 복 — 하 지 못 하 도 록

13 파 멸 의 인 생 으 로 이 끌 었 던 것 은 바 로 나 였 네

17 끝 없 는 욕 심 으 로 속 절 없 이 흔 들 렸 네 갈 등 과 혼 란 으 로

21 죄 속 으 로 빠 져 들 었 네 어 둠 속 을 헤 매 던 내 영 혼 을

25 새 롭 게 하 신 주 예 리 한 말 씀 으 로 숨 겨 진 내 영 혼 을 드 러 내 시 고

29 숨 은 속 사 람 을 치 료 하 셨 네 진 정 한 안 식 주 셨 네

33 강 — 건 한 영 혼 으 로 성 결 한 영 혼 으 로

37 축 복 의 통 로 되 어 빛 을 발 하 리

제 7 장

오래 묵은 상처의 치유

요 5:1-15

"그 후에 유대인의 명절이 되어 예수께서 예루살렘에 올라가시니라 예루살렘에 있는 양문 곁에 히브리말로 베데스다라 하는 못이 있는데 거기 행각 다섯이 있고 그 안에 많은 병자, 맹인, 다리 저는 사람, 혈기 마른 사람들이 누워 물의 움직임을 기다리니 이는 천사가 가끔 못에 내려와 물을 움직이게 하는데 움직인 후에 먼저 들어가는 자는 어떤 병에 걸렸든지 낫게 됨이러라 거기 서른여덟 해 된 병자가 있더라 예수께서 그 누운 것을 보시고 병이 벌써 오래된 줄 아시고 이르시되 네가 낫고자 하느냐 병자가 대답하되 주여 물이 움직일 때에 나를 못에 넣어 주는 사람이 없어 내가 가는 동안에 다른 사람이 먼저 내려가나이다 예수께서 이르시되 일어나 네 자리를 들고 걸어가라 하시니 그 사람이 곧 나아서 자리를 들고 걸어가니라 이 날은 안식일이니 유대인들이 병 나은 사람에게 이르되 안식일인데 네가 자리를 들고 가는 것이 옳지 아니하니라 대답하되 나를 낫게 한 그가 자리를 들고 걸어가라 하더라 하니 그들이 묻되 너에게 자리를 들고 걸어가라 한 사람이 누구냐 하되 고침을 받은 사람은 그가 누구인지 알지 못하니 이는 거기 사람이 많으므로 예수께서 이미 피하셨음이라 그 후에 예수께서 성전에서 그 사람을 만나 이르시되 보라 네가 나았으니 더 심한 것이 생기지 않게 다시는 죄를 범하지 말라 하시니 그 사람이 유대인들에게 가서 자기를 고친 이는 예수라 하니라."

7
오래 묵은 상처의 치유

사람은 누구나 건강하고 아름다운 모습으로 살기를 원합니다.

그러나 자신이 원하는 뜻대로 잘 되지 않습니다. 누구나 인생을 살다보면 뜻하지 않은 상처를 입게 됩니다. 넘어져서 다칠 수도 있고, 일을 하다가 다칠 수도 있고, 교통사고가 나서 다칠 수도 있고, 병에 걸릴 수도 있습니다. 그렇게 우리는 세상을 살아가는 동안 크고 작은 상처를 경험하며 살아갑니다. 인생 속에 파고든 상처는 고통을 만들고 생명력을 위축시키며, 인생을 제한시킵니다. 아물지 않은 상처는 작은 충격에도 더 큰 상처가 되어 번져나가고 또 다른 상처를 만들어냅니다.

그런데 몸에 생기는 상처보다 더 무서운 것이 있습니다.

바로 마음의 상처입니다.

육신의 상처는 어디가 얼마나 아픈지 쉽게 파악할 수 있습니다. 그래서 적절하게 치료하면 나을 수 있고, 성형수술을 하면 상처의 흔적까지 지울 수 있습니다. 하지만 마음의 상처는 보이지 않습니다.

영혼의 상처는 도무지 겉잡을 수 없고 깊이를 측정할 수 없는 심연에 빠진 것처럼 아득해서 엑스레이, MRI(자기공명영상법magnetic resonance imaging)로도 파악할 수 없습니다. 성경은 마음의 상처에 대해 생명을 녹이는 공포, 사망의 위험에 이르게 하는 아픔, 죽음과 같은 절망 등으로 묘사하며 마음의 상처가 얼마나 치명적인 것인지를 드러냅니다(욥 30:16, 시 55:4-5, 시 143:3-4).

히브리어로 상처를 '라짜즈(רָצַץ)'라고 합니다.

그 뜻은 '산산 조각나다. 깨뜨리다. 타박상을 입히다. 눌러 부수다. 낙담시키다'라는 것입니다. 헬라어로 상처는 '블랍토(βλάπτω)'라고 합니다. 그 뜻은 '방해하다. 해롭게 하다'입니다. 두 단어의 뜻만으로도 상처를 주는 것은 남을 해롭게 하고 낙심시키고 산산 조각나게 하고 방해하는 행위라는 것을 알 수 있습니다.

해결되지 않은 마음의 상처는 우리의 정신력을 약화시킵

니다. 그래서 마음의 상처가 깊은 사람은 자주 정신을 잃기도 하고 멍한 상태로 의기소침한 채로 살아갑니다. 또 방치된 상처는 우리의 잠재력을 마비시켜서 자기 가치를 의심하게 합니다. 잠재된 상처는 우리 스스로를 비하하게 하고 멸시하게 하며 학대하게 만듭니다. 결국 자기 자신에 대한 통제력을 상실한 채 분노, 중독, 우울, 절망에 빠지게 하고 참된 자신을 잃어버린 채 가식과 위선의 삶을 살게 합니다.

우리는 예수 그리스도의 이름으로 모든 상처를 치료받고 상처에 지배받는 삶이 아니라 상처를 다스리는 삶을 살아야 합니다. 치료의 근원이신 하나님은 우리를 치료하시되 상처의 근원을 치료하시고 완전한 자유에 이르게 하십니다.

"내 이름을 경외하는 너희에게는 공의로운 해가 떠올라서 치료하는 광선을 비추리니 너희가 나가서 외양간에서 나온 송아지 같이 뛰리라 또 너희가 악인을 밟을 것이니 그들이 내가 정한 날에 너희 발바닥 밑에 재와 같으리라 만군의 여호와의 말이니라."(말 4:2-3)

예수님은 십자가에 죽으심으로 우리의 모든 상처를 해결하셨습니다(사 53:5-6). 십자가 공로를 힘입은 사람은 모든 상처를 씻음 받고 새로운 피조물이 되어 살아갈 수 있습니다.

"그런즉 누구든지 그리스도 안에 있으면 새로운 피조물이라 이전 것은 지

나갔으니 보라 새것이 되었도다."(고후 5:17)

우리 모두는 모든 상처를 치료하는 예수 그리스도의 보혈을 힘입어 새로운 심령으로 거듭나야 합니다. 오래 묵은 상처를 털어내시고 해결 받으시길 바랍니다.

너무도 많은 사람들이 사회생활에서, 인간관계에서, 교회와 가정에서 받은 상처를 해결하지 못하고 그저 눌러 놓고 살아갑니다. 직면하지 못해서 그대로 묵혀 버린 상처는 행복을 가로막고 은혜를 거스르고 성령의 사역을 방해합니다. 오래 묵은 상처는 영혼에 흉터를 남기고 속사람의 얼굴을 일그러뜨립니다.

사탄은 우리 안에 있는 오래 묵은 상처를 도구 삼아 우리의 내면세계를 무너뜨립니다. 악한 영들은 오래 묵은 상처가 비뚤어진 인격이 되게 하고, 과도한 자기 연민이 되게 하며, 해결할 길이 없는 절망이 되게 합니다. 그러므로 오늘 우리는 우리의 마음속 깊은 곳에 덮어두고 외면했던 상처에 관하여 세밀한 관심을 가지고 들여다보고, 모든 상처를 하나님께 내어드려야 합니다(시 51:17)

듀크대학교의 정신과 교수 레드포드 윌리암스는 "분노가 사람을 죽인다."라며 분노가 심신을 파괴한다고 말했습니다. 이러한 분노는 과거의 상처로 인해 생기는 경우가 많습니다. 특히 어린 시절 해결되지 않은 상처로 인해 생긴 분노는 내재적인 분노로 불립니다. 이는 시간이 지나면서 잊혀진 것 같지만 우리의 신경 세포 속에 남아 현재 일어난 사건을 수용할 능력을 갖지 못하게 합니다.

가버 메이트 박사는 북아메리카에서 마약 문제가 심각한 밴쿠버 시내에서 약물 남용 환자들의 정신 건강을 연구한 사람입니다. 그는 "무언가에 중독된 사람들을 보면 어린 시절에 역경을 많이 겪었을수록 중독 위험이 기하급수적으로 커졌다. 중독이 트라우마와 어린 시절의 고난에 뿌리를 두고 있다고 말할 수 있는 이유다. 이는 트라우마를 가진 사람들 모두가 중독자가 된다는 말이 아니라 모든 중독자가 트라우마를 갖고 있다는 뜻이다."라고 말했습니다.

『성 중독의 눈, 음란물 중독의 심리 이해』를 저술한 김형근 박사 역시 성 중독자들 대부분이 성욕이 많은 사람이라기보다는 사랑받지 못한 결과로 생긴 병이라고 했습니다.

오래 묵은 상처의 영향력은 어떤 결과일까요?

(1) 오래 묵은 상처는 무감각으로 이어집니다.

오랜 시간은 익숙함을 만들고 익숙함은 곧 무감각으로 이어지기 쉽습니다. 오랫동안 냄새를 맡으면 후각이 둔해져서 냄새를 느낄 수 없고, 이것저것 맛을 보다보면 미각이 둔해져서 맛을 느낄 수 없게 되듯이 오래 묵은 상처는 무감각을 만들어 슬픈 일을 보아도 슬퍼하지 못하고 기쁜 일을 만나도 기뻐하지 못합니다.

이길 수 없는 상처를 오랫동안 가지고 살아온 사람들은 마음이 굳어져서 상처에 무감각해집니다. 처음 상처 받았을 때는 극도로 불안과 두려움을 느끼며 엄청난 아픔과 슬픔을 경험했어도 그 상처가 오래 지속되면 감각이 둔해집니다. 그래서 어느 순간에는 더 이상 아프지 않고 슬프지 않은 때를 맞이합니다. 오래 묵은 상처에 무감각해져서 이제 아무렇지도 않다고 여겨지는 때가 오는 것입니다. 그래서 스스로 이제 상처가 다 아물었다고 생각하면서 살아가게 됩니다.

하지만 치료된 상처와 무감각해진 상처는 완전히 다릅니다. 치료된 상처는 상처가 아물어 건강한 상태로 회복된 것이지만, 무감각해진 상처는 감각이 미치는 한계를 넘어선 고통으로 인해 감각을 상실한 것입니다. 이는 마치 얼음 위에 장시간 손을 얹어 놓은 것과 같습니다. 차가운 얼음 위에 손을 올려놓으면 처음에는 차가움을 느낍니다. 더 오랜 시간 얼음에 손을 올려놓으면 손이 얼어가면서 통증이 느껴집니다. 하지만 더 오래 손을 올려놓으면 손이 느낄 수 있는 통증을 넘어서서 감각을 잃어버립니다. 그래서 동상의 증상 중 하나가 갑자기 고통이 사라진다는 것입니다.

무감각한 것은 상처를 치료되지 않은 채로 가지고 있을 뿐만 아니라 오히려 병을 더 얹는 것입니다. 자기 자신의 상처에 둔감한 것은 타인의 아픔에도 무감각하여 대인 관계 속에서도 감정의 소통이 어려워집니다. 무감각해진 상처는 최악의 상처입니다. 감각을 잃은 상처는 통제할 수 없는 맹수처럼 우리 인생을 파멸로 끌고 갑니다. 무감각해진 상처는 내면세계 속에서 '죽은 사람의 뼈와 모든 더러운 것'이 되어 회칠한 무덤과 같은 인생을 살게 합니다. 그러므로 오늘 우리는 무감각해진 상처를 드러내어 치료받아야 합니다(마 23:25-28, 33). 마음 안에 오래 묵어서 무감각해진 상처를 드러내어 치료받아야 합니다.

"하나님이여 나를 살피사 내 마음을 아시며 나를 시험하사 내 뜻을 아옵소서 내게 무슨 악한 행위가 있나 보시고 나를 영원한 길로 인도하소서."(시 139:23-24)

성경에는 혈루병, 중풍병, 열병, 손 마른 병, 유출병, 한센병 등 여러 가지 병의 종류가 나옵니다. 그중에서 가장 심각한 병을 꼽으라면 한센병일 것입니다. 실제로 성경에서 이야기하는 병 가운데 '한센병'은 아주 심각한 병입니다. 이 한센병의 증상 중에서 제일 특이한 것은 고통을 느끼지 못한다는 것입니다. 살이 썩어 들어가도, 심지어는 코가 썩어서 떨어져 나가도 아프지 않습니다. 다른 병에 걸린 사람들보다 증상이 훨씬 심각한데도 아픔을 느끼지 못합니다. 오늘을 사는 우리 시대의 사람들에게도 아주 심각한 병이 있습니다. 그것은 '무감각한 병'입니다.

"이르되 우리가 너희를 향하여 피리를 불어도 너희가 춤추지 않고 우리가 슬피 울어도 너희가 가슴을 치지 아니하였다 함과 같도다."(마 11:17)

우리는 고통을 통해 죄를 깨달을 수 있고 애통할 수 있습니다(시 50:15). 애통하며 회개할 때 온전한 치료와 회복에 이를 수 있습니다(마 5:4).

(2) 오래 묵은 상처는 절망이 됩니다.

상처가 오래되면 절망으로 바뀝니다. 처음에는 상처를 치료받기 위해 이런저런 방법을 총동원해 보고 애를 써보지만 여러 번 좌절을 경험하면 절망에 처하게 됩니다. 열두 해를 혈루증을 앓아 온 여자는 오랜 시간 동안 많은 의사에게 많은 괴로움을 받고 가진 것을 다 허비한 절망의 끝에서 예수님을 만났습니다(막 5:25–29).

하버드대학교 의과 대학의 종양학 전문의인 제롬 그루프먼 박사는 수많은 환자들을 진료한 결과 "진정한 희망을 품고 있는 한, 질병에서 나을 수 있다."라고 말했습니다. 어떠한 병에 걸려도 "나는 산다. 나을 수 있다."라는 희망을 가지고 있으면 안 죽는다는 것입니다. 하지만 희망을 잃고 절망하면 일어설 수 있는데 주저앉게 되고, 할 수 있는데 못하게 되며, 살 수 있는데 죽게 됩니다.

오래 묵은 상처로 인해 체념에 빠진 영혼들은 쉽게 우울증에 빠지고 무기력에 갇히며 삶을 포기하려는 극단적인 충동에 사로잡히게 됩니다. 그래서 오래 묵은 상처를 해결하지 못한 성도들은 예배하고 기도하면서도 절망합니다. 치료가 선포되는 말씀을 들으며 입술로는 "아멘."이라고 해도 마음으로는 믿지 않습니다. 뜨겁게 기도해도 정작 응답을 기대하지 않습니다. 오랜 시간의 절망이 성령의 역사를 거스르고 하나님의 은혜 앞에 마음을 닫도록 만들기 때문입니다. 그러므로 오늘 우리는 절망을 만드는 묵은 상처를 치료받아야 합니다. 믿고 소망하는 자에게 임하는 하나님의 능력은 무에서 유를 창조하고, 불가능을 가능케 합니다.

프란츠 카프카는 "절망하지 말라. 비록 그대의 모든 형편이 절망할 수밖에 없다 할지라도 절망하지 말라. 이미 일이 끝장난 듯싶어도 결국은 또다시 새로운 힘이 생기게 된다."라고 말했습니다.

또한 오스트레일리아의 저술가 앤드류 매튜스는 "정녕 마지막인 것만 같은 순간에 새로운 희망이 움튼다. 삶이란 그런 것이다. 태양이 어김없이 솟듯 참고 견디면 보상은 반드시 있다"라고 말했습니다(시 43:5)

3년을 우울증으로 고생하던 청년이 있었습니다.

그는 지독하게 가난했습니다. 그는 한때 기름때 찌든 작업복을 입고 기계를 고치는 공장 직공이었습니다. 한때는 리어카를 끌고 다니며 사과를 팔았고, 다시 산동네 판자 집을 돌아다니며 양말을 팔기도 했습니다. 그런 그에게 소박한 꿈이 있었습니다. 처음에는 화가가 되는 것이었습니다. 그러나 아무도 그의 그림을 사는 사람이 없었습니다. 돈암동 여자중학교와 마로니에 공원과 정독도서관 앞에서 그림을 펼쳐 놓았지만 아무도 그의 그림에 관심을 가져 주는 사람이 없었습니다. 그러나 그는 낙심하지 않았습니다.

그는 그림 다음으로 좋아하는 글을 쓰기 시작했습니다.

풀무야학원에서 학생들을 가르치며 7년에 걸쳐 글을 썼습니다. 그는 그의 책이 출간되면 절반은 가정을 위해 사용하고 절반은 가난한 이웃들에게 선한 도움을 주고 싶다고 기도했습니다. 그는 원고 뭉치를 들고 이 출판사 저 출판사를 다녔지만 그의 글을 사겠다는 출판사는 없었습니다.

다섯 번이나 거절을 당했지만 그는 낙심하지 않았습니다.

그가 낙심하지 않은 유일한 이유는 그가 하나님을 믿기 때문이었습니다. 그런데 여섯 번째로 찾아간 출판사에서 그의 글을 출간하기로 결정했습니다. 이렇게 해서 수많은 독자들을 울리고 우리 시대의 마음 따뜻한 사람들의 이야기인 최고의 베스트셀러 『연탄길』이 출간되었습니다.

그의 책 연탄 길에는 그가 친히 그린 그림 31컷이 실려 있습니다. 그는 졸지에 베스트셀러 작가가 되고 화가가 되었습니다. 그리고 이어서 출간한 『행복한 고물상』, 『곰보빵』 등이 모두 베스트셀러가 되었습니다. 이철환 씨의 이야기입니다.

그의 책 『곰보빵』의 마지막 문단은 그의 고백으로 끝이 납니다. "사람을 꿈꾸게 하는 건, 기쁨이 아니었다. 아픔이었다. 나는 지금 글을 쓰며 살아가고 있다. 평화롭고 행복하다. 아름다움의 원래 모습은 아픔이었다."

(3) 오래 묵은 상처는 합병증을 만들어냅니다.

오래 묵은 상처는 또 다른 상처들과 결합하여 합병증을 만들어냅니다. 자기 자신을 비하하여 열등감과 낮은 자존감에 빠져, 부정적인 사고방식에 매이게 됩니다. 특히 어린 시절에 받은 상처가 오랫동안 해결되지 않고 지속될 때 우울증, 조현병, 망상장애, 공황장애 등에 빠지기 쉽고 급기야는 자살에 이르게 됩니다. 죽이고 멸망시키는 악한 영들이 오래 묵은 상처를 틈타서 영혼을 사로잡기 때문입니다.

지금 우리나라는 오래 묵은 상처를 통해 역사하는 우울의 영, 자살의 영이 판을 치고 있습니다. 현재 우리나라는 십수년째 OECD 가입국 중 자살률이 1위이고, 지난 10년 동안 자동차 사고로 죽은 사람보다 자살로 죽은 사람이 더 많습니다.

OECD 38개국의 연령표준화 자살률은 10.9명입니다. 한국은 23.5명으로 OECD 38개국 평균의 2배가 넘습니다. 심지어 비교 대상 국가 중 자살률이 20명 대인 국가는 한국을 제외하면 리투아니아(21.6명)가 유일합니다.

이는 한국의 병든 상처를 여실히 보여줍니다(21.9.28 연합뉴스). 정신질환자가 나날이 급증하고 있으며 마음이 건강한 사람을 찾기가 힘든 시대가 도래했습니다. 그러므로 오늘 우리는 무엇보다 시급하게 오래 묵은 상처를 치유 받되 상처의 근원까지 깨끗하게 치료받아야 합니다(딤후 3:1-5)

이 시간 오래 묵어 무감각으로 이어진 상처, 절망을 만든 상처, 합병증을 만든 상처를 치료 받으시기를 소원합니다. 하나님은 천년이 하루 같다고 말씀하셨습니다(벧후 3:8-9)

세상 의사들은 오래된 병이라고 하면 치료의 가능성이 희박하다고 생각하지만, 하나님께는 오래된 병이 없습니다. 하나님의 치료는 시공간을 초월하며, 우리의 지식과 상식, 논리와 이론을 초월합니다.

"주께서 나의 슬픔을 변하여 춤이 되게 하시며 나의 베옷을 벗기고 기쁨으로 띠 띠우셨나이다."(시 30:11)

하나님은 아무리 오래된 상처라도 거뜬하게 치료하시고 상처에 새살이 돋게 하심으로 완전한 회복을 이루십니다. 하나님께 치료를 받아 새살이 돋아나면 이전보다 더 강한 생명력과 권능을 누리게 됩니다.

> "여호와의 말씀이니라 그들이 쫓겨난 자라 하매 시온을 찾는 자가 없은즉 내가 너의 상처로부터 새 살이 돋아나게 하여 너를 고쳐 주리라."(렘 30:17)

하나님은 우리의 오래 묵은 상처의 땅을 기경하시고 딱딱하게 굳은 마음 가죽을 베어내십니다(렘 4:3-4, 욜 2:13)

'묵은 닭 성도'라는 비유가 있습니다.

닭은 2년 정도 알을 낳으면 더 이상 낳지 못한다고 합니다. 알을 낳지 못하는 닭은 결국 묵은 닭, 폐계가 됩니다. 그런데 교회에도 묵은 닭 성도가 있습니다.

묵은 닭 성도는 다음과 같은 특징이 있습니다.

(1) 묵은 닭이 알을 낳지 못하듯이 묵은 닭 성도는 전도를 못합니다.

처음 신앙의 열정을 가질 때는 뜨겁게 전도하는데 시간이 어느 정도 지나서 묵은 닭 성도가 되면 전도를 못합니다. 주위에 불신자들이 하나 둘 없어졌기 때문입니다. 전도를 다 해버렸든지, 아니면 이제 삶의 영역이 완전히 달라져서 불신자들과는 교제를 안 하기 때문입니다. 또 주위에 불신자들이 있어도 '복음을 전해도 달라질 수 없는 사람들'이라고 생각해 전도를 안합니다.

(2) 묵은 닭이 질기듯이 묵은 닭 성도도 질깁니다.

처음에 풍성하게 은혜받고 감동을 하던 성도도 시간이 지나면 매너리즘에 빠져서 점점 질겨집니다. 웬만한 충격에는 끄떡도 않고, 웬만한 은혜에는 눈물도 흘리지 않습니다. 그저 상투적인 언어를 예사로 구사하면서 눈만 껌뻑껌뻑거리는 질긴 교인으로 점점 변해갑니다.

(3) 묵은 닭이 싸움을 잘하듯이 묵은 닭 성도는 싸움을 잘합니다.

시간이 지날수록 온순한 양이 되어야 하는데, 갈수록 싸움닭이 됩니다. 그래서 자기 의, 자기 열정을 앞세우며 오버하면서 눈에 보이는 사람들을 정죄하고 판단하며 시비를 거는데 정작 본인은 자신의 그런 모습을 보지 못합니다.

묵은 닭 성도가 되게 하는 것은 마음에 남아있는 묵은 죄와 상처입니다. 그리스도인은 묵은 닭이 아닌 푯대를 향해 앞으로 나아가는 자가 되어야 합니다. 과거의 상처나 뒤를 돌아보는 묵은 닭이 되어서는 안 됩니다.

그런데 예수 믿기 전에 저질렀던 잘못, 예수 믿기 전에 받았던 상처, 예수 믿기 전에 경험했던 실패 등 좋지 않은 기억과 상처를 정리하지 못한 채 계속해서 들추어내어 스스로 발목이 붙잡혀 앞으로 나아가지 못한다면 묵은 닭처럼 되는 것입니다.

죄와 상처에 묶여 자기 연민에 빠져 있는 성도는 푯대를 향해 전진할 수 없습니다. 다른 성도와 교제할 수도 없습니다. 하나님과의 관계도 회복할 수 없습니다. 여러분 모두가 묵은 죄와 상처를 깨뜨리고 새 노래를 부르며 새 기도를 드리는 새로운 예배자가 되기를 소원합니다(롬 7:6).

본문에는 오래 묵은 상처로 인해 심각한 고통을 받아온 사람이 등장합니다. 그는 무려 38년이나 병에 시달리며 자리에서 일어나지 못했습니다. 오랜 시간동안 질병에 매여 힘겨운 삶을 살았습니다. 사실 38년은 엄청난 시간입니다. 아이가 태어나서 38년이 지나면 모든 기능적 성장을 마치고 인격의 완성을 이루게 됩니다. 마흔이 다 되어가는 나이입니다.

우리는 마흔의 나이를 불혹(不惑)이라 부릅니다.

불혹은 '사물의 이치와 세상사에 어느 정도 깨달음이 있어 미혹되는 일이 없다'는 뜻입니다. 자신의 의지나 인생관을 확립하는 시기이고, 주변 여건에 흔들리지 않는 것을 뜻하기도 합니다. 그만큼 40년이라는 시간은 한 사람을 완성시킬 만한 긴 시간입니다. 또 40년이라는 시간은 한 세대가 지나고 새 세대가 시작하는 시간이요, 인간의 한계선을 의미하는 시간이기도 합니다. 그래서 성경은 종종 자기 자신을 무너뜨리는 시간으로 40년이라는 숫자를 사용합니다.

하나님은 모세를 미디안 광야에서 40년 동안 훈련시키셨고, 이스라엘 백성들을 출애굽시킨 후에 40년을 광야생활하면서 가치관의 훈련을 받도록 하셨습니다.

본문에 등장하는 38년 된 병자는 이처럼 한 사람이 태어나 장성할 만한 시간, 한 세대가 지나가고 새 세대가 시작하는 시간, 자기 자신을 완전히 무너뜨리는 시간인 40년에 2년이 모자라는 엄청난 시간동안 고난을 당했습니다.

그는 그 누구도 도와주지 않는 외로운 상황 가운데 질병의 고난이 끝날 것을 기대하다가 절망하기를 반복했습니다. 38년이라는 오랜 시간은 그에게 육체의 질병뿐만 아니라 깊은 마음의 상처를 떠안도록 만들었습니다.

처음에 병이 들었을 때는 나을 수 있을 것이라는 희망과 의지할 사람과 물질이 있었습니다. 하지만 1년이 지나고 2년이 지나고 10년이 지나고 38년이라는 엄청난 세월이 쌓이는 동안 그에게는 더 이상 의지할 것이 없어졌습니다. 영육이 병들어 만신창이가 된 그가 의지할 것은 이제 더 이상 아무것도 없었습니다.

그는 모든 소망을 잃은 채 지푸라기라도 잡는 심정으로 베데스다 연못 근처에 누워서 죽은 것과 같은 시간을 보내고 있었습니다. 그 누구도 이 병자를 생각하거나 걱정하지 않았습니다. 그는 그저 베데스다 연못가에 누워있는 많은 환자들 중에 섞여있는 한 사람에 지나지 않았습니다.

하지만 예수님은 그 누구도 돌아보지 않는 38년 된 환자를 생각하셨습니다. 예수님은 그 누구도 헤아리지 않은 그의 아픔을 아시고 그가 누워있는 베데스다로 가셨습니다. 의례히 예수님은 유월절, 오순절, 장막절 같은 유대인의 명절이 되면 예루살렘에 올라가셔서 성전으로 향하셨습니다. 그런데 오늘 본문에서는 성전으로 가시지 않고 38년 된 병자를 위하여 베데스다로 가셨습니다.

"그 후에 유대인의 명절이 되어 예수께서 예루살렘에 올라가시니라 예루살렘에 있는 양문 곁에 히브리 말로 베데스다라 하는 못이 있는데 거기 행각 다섯이 있고 그 안에 많은 병자, 맹인, 다리 저는 사람, 혈기 마른 사람들이 누워 물의 움직임을 기다리니 이는 천사가 가끔 못에 내려와 물을 움직이게 하는데 움직인 후에 먼저 들어가는 자는 어떤 병에 걸렸든지 낫게 됨이러라 거기 서른여덟 해 된 병자가 있더라."(요 5:1-5)

베데스다는 '자비의 집, 은혜의 집'이라는 뜻으로 B.C. 2세기경에 만들어진 연못입니다. 베데스다 연못은 예루살렘의 남

쪽과 북쪽에 하나씩 두 개가 만들어졌는데, 연못의 너비는 60-80m 정도이고, 깊이는 7-8m입니다. 초대교회 알렉산드리아 학파의 대표적인 신학자 오리게네스(Origenes, A.D. 185-254)에 의하면 두 개의 연못이 있었고, 주위에는 4개의 행각(주랑), 중앙에는 1개의 행각이 있었다고 합니다.

예수님 당시에 이 베데스다에는 오래된 '전설'이 있었습니다. 그 전설에 따르면, 베데스다에 가끔씩 '천사'가 내려오는데, 그 천사가 물을 움직일 때 가장 먼저 연못 안으로 들어간 사람은 그 몸에 어떤 병이 있든지 깨끗이 낫는다는 것이었습니다. 그래서 이곳은 항상 환자들로 인산인해를 이루며, 빈자리가 없을 만큼 빼곡했습니다.

사람들의 병은 맹인, 다리 저는 사람, 혈기 마른 사람 등등 그 증상이 헤아릴 수 없을 만큼 다양했습니다. 그 사람들은 오로지 물이 움직이기만을 기다렸습니다. 왜냐하면 전설을 굳게 믿었기 때문입니다.

그러나 전설은 진리가 아닙니다.

많은 사람들이 이야기한다고 해서 그 말이 진리는 아닙니다. 그래서 오늘 본문 3-4절에 이와 같은 전설을 서술하고 괄호 표시를 하고 있습니다. 이는 진리가 아니기 때문에 괄호로 표시한 것입니다.

그런데 38년 된 병자는 이 베데스다의 전설을 붙들고 행여

나 베데스다의 물이 움직일 때 누가 자신을 못에 넣어 줄까하여 그 자리에 머물고 있었습니다. 하지만 38년이 지나도록 그런 일은 없었습니다.

베데스다에 모인 환자들은 모두 경쟁하는 마음을 가지고 베데스다의 전설을 의지하고 있었습니다. 천사가 물을 움직일 때 제일 먼저 들어가는 한 사람만이 치료받을 수 있다고 믿었기 때문입니다. 그래서 환자들은 저마다 물속에 빨리 들어가려고 기회를 엿보고 있었습니다.

그중에는 38년 된 병자처럼 스스로의 힘으로 일어설 수 없는 사람도 있었겠지만 그보다 훨씬 형편이 나은 다리 저는 사람, 혈기 마른 사람 등 다양한 사람이 있었습니다. 그들은 모두 자기 코가 석자라 자기 병을 고침 받고자 생각만 할 뿐 누구도 다른 사람을 생각할 수 없었습니다.

유대인들은 안식일이라 하여 집과 성전에서 예배를 드리고 유월절 음식을 먹으며 조상의 은덕을 기리고 하나님의 은총에 감사했습니다. 그러나 베데스다에 있는 환자들은 명절에 집에도 가지 않고 혹시나 물이 움직이지 않을까 하여 베데스다 연못의 물만 쳐다보고 있었습니다. 이러한 베데스다에는 사랑과 자비를 찾아볼 수 없는 차가운 이기심과 경쟁심만이 가득했습니다.

지금 우리가 살고 있는 세상은 베데스다와 같습니다.

세상을 살아가는 사람들은 저마다 명예의 베데스다, 물질의 베데스다, 지식의 베데스다, 경험의 베데스다를 의지하며 그중에 최고가 되면 성공할 수 있다고 믿으며 살아갑니다. 그래서 자기가 일어서려면 남을 밟아도 괜찮다고 생각하고, 자기만 잘 살면 그만이라고 생각하는 사람들이 너무도 많습니다.

하지만 베데스다는 환상일 뿐 진리가 아닙니다. 세상의 베데스다는 모두 다 지나가는 것이고 헛된 것입니다. 생명을 살리는 진리는 오직 예수 그리스도뿐입니다. 베데스다의 오랜 전설이 자신을 구원해 주리라고 생각했던 이 병자는 결국 예수님의 손에 치료받았습니다.

그렇습니다. 우리가 세상의 그 어떤 위로와 치료책을 아무리 신봉하여도 결국 우리를 치료해주시는 주체는 예수 그리스도이십니다. 예수님이 우리를 주목하실 때 모든 절망의 끝이 보이고, 희망이 보입니다.

예수님은 오래 묵은 상처로 인해 절망의 끝에 서있는 사람을 주목하십니다. 예수님은 누구도 돌아보지 않는 사람을 긍휼히 여기시며 아무도 돕지 않는 사람을 사랑하여 친히 찾아가십니다.

바로 이 시간 예수 그리스도께서 오래 묵은 상처로 고통 당하는 우리의 심령의 문을 두드리십니다. 이 시간 우리 모두가 오래 묵은 상처를 치료하시려고 마음의 문을 두드리시는 예수님의 음성을 듣고 마음의 문을 활짝 여시기 바랍니다.

> "볼지어다 내가 문 밖에 서서 두드리노니 누구든지 내 음성을 듣고 문을 열면 내가 그에게로 들어가 그와 더불어 먹고 그는 나와 더불어 먹으리라."(계 3:20)

예수님은 38년 된 병자의 병이 오래된 줄을 이미 아셨습니다. 그의 아픔을 헤아리셨고 그의 고통에 동감하셨습니다. 그래서 예수님은 그에게 물으셨습니다.

> "예수께서 그 누운 것을 보시고 병이 벌써 오래된 줄 아시고 이르시되 네가 낫고자 하느냐."(요 5:6)

예수님의 질문은 치료를 위한 질문이었습니다.

예수님은 38년 된 병자의 병 고침 받고자 하는 의지와 나을 수 있다는 믿음을 보시기를 원하셨습니다. 오래 묵은 상처가 그의 마음속에 절망을 만들어 치료받을 수 있다는 의지를 파괴했을 것이라는 것을 아셨기 때문에 먼저 연약해진 의지를 치료하고자 하셨습니다.

오늘 우리는 오래 묵은 상처로 인해 연약해진 의지를 치료받고 회복을 위한 의지, 변화를 위한 의지를 잡아야 합니다.

아무리 대단한 명의라도 치료받고자 하는 의지가 없는 환자를 고칠 수는 없습니다. 의지가 없는 환자는 의사의 지시에 따라 제대로 약을 복용하지도 않고 시술 절차에 필요한 준비를 하지도 않습니다.

하나님의 치료도 마찬가지입니다.

하나님은 치료의 말씀을 선포하시지만 믿음으로 반응하지 않으면 치료받을 수 없습니다. 예수님은 전지전능하신 하나님의 아들이시지만 예수님을 믿지 않은 고향 사람들을 향해서는 아무 권능도 행하실 수 없었습니다(막 6:1–6).

똑같은 음식 재료도 누구 손에 들려지느냐에 따라 완전히 다른 요리가 되고, 똑같은 노래도 누가 부르냐에 따라 전혀 다른 노래가 되듯이 하나님의 손에 우리가 들려지면 새로운 피조물이 되어 이전과 다른 삶을 살 수 있습니다.

사람에게는 할 수 없는 일이 많지만 하나님께는 능치 못할 일이 없기 때문입니다. 우리에게는 전능하신 하나님의 손을 철저히 의지하는 믿음만이 필요합니다. 믿음이 필요할 때는 논리나 이론으로 하나님 앞에 앞서나가지 말아야 합니다. 하나님의 손이 우리를 완전히 덮으실 수 있도록 모든 생각을 내려놓고 하나님께 맡기시기를 소망합니다.

날 때부터 귀신들린 아들을 둔 아버지는 이 아들을 데리고 예수님의 제자들에게 고쳐 달라 했지만 고치지 못했습니다. 변화산상에서 내려온 예수님은 제자들에게 믿음이 없다고 책망하셨습니다. 귀신들린 아들을 둔 아버지는 예수님 앞에 와서 할 수 있거든 우리를 불쌍히 여겨 도와달라고 했습니다(막 9:19, 막 9:22-24).

또한 맹인 바디매오가 주님이 무엇을 하여 주기를 원하느냐 할 때 바로 "선생님이여, 보기를 원하나이다."라고 했습니다. 우리는 지금 주님이 내가 너에게 무엇을 하여 주기를 원하느냐 하실 때 머뭇거리지 말고 바로 소원을 아뢸 수 있어야 합니다(막 10:46-52).

귀신들린 아버지, 맹인 바디매오는 치료받을 의지가 있었습니다. 그러나 본문에 나오는 38년 된 병자는 치료받을 의지 대신 강한 피해의식만 가지고 있었습니다. 그래서 그는 "낫고자 하느냐!"라고 묻는 예수님의 질문에 "네, 치료받기 원합니다."라고 분명하게 말하지 못하고 피해의식만 드러냈습니다.

"병자가 대답하되 주여 물이 움직일 때에 나를 못에 넣어 주는 사람이 없어 내가 가는 동안에 다른 사람이 먼저 내려가나이다."(요 5:7)

38년이라는 오랜 시간은 참으로 무서운 피해의식을 키워냈습니다. 피해의식은 '나는 피해자다. 나는 부당하게 피해를 입었다'라고 느끼는 의식입니다.

피해의식 속에 사는 사람은 그저 자신은 피해자라 생각

하며 거짓말과 핑계를 일삼으며 살게 됩니다. 그리고 모든 책임을 남에게 돌립니다. 다시 말해 피해의식 속에 붙들려 있는 사람은 전혀 자기 자신을 볼 수 없다는 것입니다.

38년 된 병자는 오래 묵은 상처가 만든 피해의식으로 인해 자신의 문제는 발견하지 못하고 그저 자신보다 먼저 가는 사람, 자신을 도와주지 않는 사람에게 문제가 있다고 생각했습니다.

이렇게 피해의식은 상황 파악을 객관적으로 하지 못하게 만들고 자기 자신의 모습을 정직하게 보지 못하게 만듭니다. 그래서 피해의식에 빠진 사람들은 회개하지 못합니다. 이들은 진리를 보지 못하고 치료와 회복의 기회를 놓칩니다. 그러므로 오늘 우리는 모든 피해의식을 깨뜨리고 자기 죄를 깨닫고 회개해야 합니다. 예수님은 우리의 모든 묵은 상처를 치료하시고 회복과 변화를 명령하십니다.

"예수께서 이르시되 일어나 네 자리를 들고 걸어가라 하시니."(요 5:8)

예수님은 38년 된 병자에게 "일어나라, 자리를 들라, 걸어가라."라고 명령하셨습니다. 이 세 가지 명령은 모든 묵은 상처를 치유하시는 기적의 선포이자, 38년 된 병자의 의지와 태도를 새롭게 하는 명령입니다. 이렇게 하나님의 치료는 우리의 의지적 반응, 믿음의 태도를 요구합니다.

하나님이 고쳐주셨어도 스스로 일어나지 않고, 스스로 자리를 들지 않고, 스스로 걸어가지 않으면 아무런 소용이 없습니다. 그러므로 오늘 우리도 하나님의 치료를 받고 스스로 일어날 결단, 자리를 들 결단, 걸어갈 결단을 해야 합니다. 이것이 자유의지의 영역이고, 은총에 대한 반응이며, 우리에게 주어진 선택의 책임입니다(행 3:6–10)

이 시간 '일어나라' 말씀하시는 하나님의 말씀에 '아멘'하며 일어납시다. 모든 무기력과 우울, 절망을 떨쳐내고 일어섭시다(사 60:1–3)

예수님은 일어나는 자에게 힘을 더하시고, 자리를 드는 자에게 용기를 주시며, 걷는 자에게 권능을 부으십니다. 자신은 아무런 결단도, 행동도 하지 않고 치료받기를 바란다면 하나님의 역사를 오해한 것입니다.

우리는 오래 묵은 상처의 자리를 들고 일어서야 합니다.

38년 된 병자가 든 자리는 헬라어로 '크라바톤(κράβαττόν)'인데 이는 접고 펴고 할 수 있는 지푸라기 담요 같은 것을 의미합니다. 38년 된 병자는 그 오랜 시간을 자리에 매여서 살았습니다. 그 자리에서 잠을 자고 밥을 먹었으며 그 자리에서 눈물을 흘리고 한숨을 내쉬었습니다. 그러니 그 자리에는 38년 된 병자의 절망과 고통, 불신과 낙심이 얼룩져 있었습니다.

오늘 우리는 어떤 자리에 머물고 있습니까?

오래 묵은 상처로 인해 교만의 자리, 욕심의 자리, 이기심의 자리에 매여 있지는 않으십니까? 수치의 자리, 두려움의 자리, 불안의 자리에 매여 있지는 않습니까?

오늘 우리는 오래 묵은 상처를 치료받고 모든 인생의 자리를 걷어내야 합니다.

새 포도주는 새 부대에 담깁니다.

오늘 우리가 새 능력, 새 권능을 받으려면 지난 과거의 인생의 자리를 걷어내야 합니다. 그리고 푯대를 향해 주님이 가라고 하시는 땅 끝으로 달려 나가야 합니다(빌 3:13–14).

치료를 믿는다면 일어서야 하고, 회복을 믿는다면 자리를 걷어야 하며, 사명을 믿는다면 푯대를 향해 달려 나가야 합니다. 38년 된 병자는 예수님의 말씀을 듣고 일어섰고, 자리를 들었으며, 걸어갔습니다. 그런데 유대인들은 38년 된 병자가 나은 것을 보고 황당한 반응을 보였습니다.

> "유대인들이 병 나은 사람에게 이르되 안식일인데 네가 자리를 들고 가는 것이 옳지 아니하니라.(요 5:10)

38년이나 병으로 고생하던 사람이 고침을 받고 벌떡 일어나 자기가 누웠던 자리를 들고 걸어갔습니다. 그런데 이것을 본 유대인들의 반응은 감사와 놀라움이 아니라 어처구니없게

도 분노였습니다. 그 이유는 그날이 안식일이었는데, 그가 안식일 규정을 어겼다는 것입니다.

율법주의자들에게는 안식일에 병을 고치는 것이 문제가 될 수밖에 없었습니다. 유대교에서는 안식일에 아무것도 하면 안 되기 때문입니다. 심지어는 밥을 해도 안되고 1km 이상 걸어도 안 됩니다.

총 613개 항으로 만들어진 장로들의 유전에서 몇 가지 예를 든다면 안식일에 의료 행위를 하는 것과, 불을 피워 음식을 만드는 것과, 매매나 운반을 하는 것과, 1km 이상 거리를 여행하는 것은 안식일을 범하는 것이라고 규정하였습니다.

그러나 가장 중요한 율법의 핵심인 '사랑하라'는 계명은 버렸습니다. 그래서 바리새인에게는 38년 된 병자가 건강해져서 자기 자리를 들고 걸어간 것도 안식일 규정을 어긴 중대한 사건이었던 것입니다. 이런 태도가 바로 율법주의입니다.

이렇게 유대인들에게는 38년 된 병자가 고침 받아 건강하게 된 일이 기뻐할 일이 아니라 정죄할 일이었습니다. 그들에게 중요한 것은 영혼이 아니라 안식일이었고, 자기 자존심이었기 때문입니다. 예수님은 그들의 율법을 깨시기 위해서 일부러 안식일에 손 마른 사람을 고치시고 인자는 안식일의 주인이라고 말씀하셨습니다(막 3:1-5).

유대인들에게는 병이 치료되었다는 기쁨도 없었고, 자유하게 된 영혼에 대한 감사도 없었습니다. 그런데 고침 받은 병자는 그런 유대인들의 말을 듣고 예수님께 책임을 전가했습니다(요 5:11)

38년이라는 오랜 시간은 그에게 변명과 책임 전가의 깊은 쓴 뿌리가 내려지게 했습니다. 그래서 그의 몸은 치료받았어도 마음은 여전이 죄와 상처에 묶여서 자신을 고쳐준 예수님께 감사하지 못했습니다. 그에게는 절대로 자신은 작은 피해라도 입어서는 안 된다는 이기적인 생각만이 가득했습니다. 예수님은 그런 그의 중심을 꿰뚫어보시고 다시 그를 찾아오셨습니다.

> "그 후에 예수께서 성전에서 그 사람을 만나 이르시되 보라 네가 나았으니 더 심한 것이 생기지 않게 다시는 죄를 범하지 말라 하시니."(요 5:14)

예수님은 그의 오래 묵은 상처의 원인이 죄에 있음을 지적하시며 상처의 근원 치유를 위해 더 이상 죄를 범하지 말라고 하셨습니다. 하지만 그럼에도 불구하고 이 고침 받은 사람은 오래 묵은 상처의 습관을 버리지 못하고 유대인들에게 가서 자기를 고친 이는 예수라고 알려주었습니다. 그리고 이로 말미암아 유대인들은 본격적으로 예수님을 박해하게 되었습니다.

"그 사람이 유대인들에게 가서 자기를 고친 이는 예수라 하니라 그러므로 안식일에 이러한 일을 행하신다 하여 유대인들이 예수를 박해하게 된지라."

(요 5:15-16)

육신의 질병을 고침 받는 것보다 더 중요한 것은 영혼의 질병을 고침 받는 것입니다. 육체의 질병을 고침 받아도 마음의 질병을 고침 받지 못하면 건강한 삶을 살 수 없습니다. 오래 묵은 상처로 인해 마음에 만들어진 피해의식, 분노, 우울, 절망, 자기합리화 등의 악습관이 또 다른 병을 만들고 인생을 파멸로 끌고 가기 때문입니다.

본문의 38년 된 병자는 육체의 질병은 고침 받았지만 사랑 불감증, 감사 불감증, 은혜 불감증은 여전히 남아있어 어둠의 세력에 영합해서라도 살아남으려는 모습을 보이고 있습니다. 물에 빠진 사람을 건져주었더니 "내 가방 내놔."라는 식입니다.

이렇게 오래 묵은 상처가 만들어 낸 비뚤어진 인격, 상한 정서, 부정적인 사고방식이 해결되는 일은 쉬운 일이 아닙니다. 하지만 오늘 우리는 우리의 영혼육을 완전하게 고치시고 우리의 내면세계에 새로운 질서를 세우시는 하나님의 은혜에 의지하여 오래 묵은 상처의 근원까지 치료받고 상처의 흔적까지 없애야 합니다.

하나님의 능력은 새 창조의 능력입니다.

하나님은 아무리 오랜 시간 병들었던 영혼이라도 완전하게 소생시켜 새로운 피조물이 되게 하십니다.

성경은 곳곳에서 하나님의 능력으로 말미암은 완전한 변화를 증거합니다.

성경은 비겁한 아브라함이 믿음의 조상이 되고, 자기 힘을 믿고 기세가 등등했던 모세가 철저히 하나님만 의지하는 영적 지도자가 됨을 보여줍니다.

말귀도 못 알아듣고 높아지기를 좋아했던 예수님의 제자들이 성령을 받고 변화되어 위대한 영적 거장들이 된 것을 보여줍니다.

예수 믿는 사람들을 박해했던 사도 바울이 최고의 전도자, 영성가가 된 것을 보여줍니다.

그러므로 오늘 우리는 성령의 능력으로 치료받고 변화될 수 있습니다. 우리가 하나님의 능력을 믿고 마음의 문을 여는 만큼 성령의 치료의 빛은 우리의 영혼육을 강타하여 우리의 모든 것을 변화시킵니다.

이제 오래 묵은 상처를 치유받고 상처의 근원을 치료받읍시다. 치료되지 않은 상처는 우리의 정신력을 약화시키고 영혼육을 피폐하게 만듭니다. 특히 오래 묵은 상처는 무감각으로 이어져 의식하지도 못하는 사이에 통제할 수 없는 맹수처럼 우리 인생을 망치고, 헤어 나올 수 없는 절망에 빠지게 하며 여러 가지 합병증을 만들어 냅니다.

성도가 오래 묵은 상처를 가지고 있으면 신앙생활의 매너리즘에 빠져서 명목상의 그리스도인으로 전락하고 맙니다. 그러므로 오늘 우리는 치료의 근원이신 예수 그리스도의 이름을 의지하여 오래 묵은 상처를 치료받고 자리에서 일어나 자리를 들고 앞으로 걸어가야 합니다. 예수님은 그 어떤 절망 속에 빠진 상처라도 치료하시며 새로운 피조물이 되게 하십니다.

오래 묵은 상처를 치료받고 상처의 근원까지 치료받아 건강한 마음, 건강한 인격, 건강한 정서를 가지고 하나님의 뜻을 이루며 많은 영혼을 살리는 삶을 사시기를 주님의 이름으로 축원합니다.

〈주님과 동행하는 기쁨 나누기〉

1. 오래 묵은 상처의 영향력은 어떤 결과일까요?

(　　) 안에 맞는 단어는 무엇입니까?

(1) 오래 묵은 상처는 (　　　　)으로 이어집니다.
이길 수 없는 상처를 오랫동안 가지고 살아온 사람들은 마음이 굳어져서 상처에 무감각해집니다.
● 마음에 상처를 주님의 보혈로 치유한 경험이 있습니까?

(2) 오래 묵은 상처는 (　　　)이 됩니다.
상처가 오래되면 절망으로 바뀝니다. 처음에는 상처를 치료받기 위해 이런저런 방법을 총동원해 보고 애를 써보지만 여러 번 좌절을 경험하면 절망에 처하게 됩니다.
● 절망의 끝에서 주님의 은혜로 절망이 희망으로 바뀐 경험이 있습니까?

(3) 오래 묵은 상처는 (　　　　)을 만듭니다.
여러 번 좌절을 경험하면 절망이 되고 또 다른 상처들과 결합하여 합병증을 만들어냅니다. 자기 자신을 비하하여 열등감과 낮은 자존감에 빠져, 부정적인 사고방식에 매이게 됩니다.
● 열등감과 부정적인 사고와, 자존감과 긍정적인 사고 중 어느 것이

강합니까?

2. 아래 성구를 보고 당신의 삶에 일어난 일을 나누십시오.

(1) 고린도후서 5장 17절 – "그런즉 누구든지 그리스도 안에 있으면 새로운 피조물이라 이전 것은 지나갔으니 보라 새것이 되었도다."

(2) 시편 30편 11절 – "주께서 나의 슬픔을 변하여 춤이 되게 하시며 나의 베옷을 벗기고 기쁨으로 띠 띠우셨나이다."

(3) 시편 139편 23, 24절 – "하나님이여 나를 살피사 내 마음을 아시며 나를 시험하사 내 뜻을 아옵소서 내게 무슨 악한 행위가 있나 보시고 나를 영원한 길로 인도하소서."

3. 아래 성구의 (　) 안에 맞는 단어를 넣고 가능하면 암송합시다.

"볼지어다 내가 문 밖에 서서 두드리노니 (　　　) 내 음성을 듣고 문을 (　) 내가 그에게로 (　　) 그와 더불어 먹고 그는 나와 더불어 먹으리라."(계 3:20)

7. 너무나 오랜 세월

작사/작곡 이 순 희

♩ = 78

너 무나오랜 세 월 감 각을잃은 상처와
절 망 으 로 고통속 에 휩 싸였 네
감 추고싶 은 부끄러운ㅡ 과 거 드러내고 싶지않은ㅡ
고통스런ㅡ 상 처 말 하지못할 아픔위 에
맑은물을 뿌려 새 영과새 마음 주시는 주 님
굳 은마음버리 고 부드러운 마음으로변화 되 네
하 ㅡ나님의 능 력은ㅡ 새 창조 의능 력
주 님의치료를믿 네 십자가의 능력을믿네 나 의모든것
회복을믿네 나를써 주심을믿 네 이제 는 하나님의
뜻을이루며 많은영혼살리는 삶으로 변화되 네

제 8 장

세미한 하나님의 음성을 듣는 영적 민감성

행 16:6–10

“성령이 아시아에서 말씀을 전하지 못하게 하시거늘 그들이 브루기아와 갈라디아 땅으로 다녀가 무시아 앞에 이르러 비두니아로 가고자 애쓰되 예수의 영이 허락하지 아니하시는지라 무시아를 지나 드로아로 내려갔는데 밤에 환상이 바울에게 보이니 마게도냐 사람 하나가 서서 그에게 청하여 이르되 마게도냐로 건너와서 우리를 도우라 하거늘 바울이 그 환상을 보았을 때 우리가 곧 마게도냐로 떠나기를 힘쓰니 이는 하나님이 저 사람들에게 복음을 전하라고 우리를 부르신 줄로 인정함이러라.”

8
세미한 하나님의 음성을 듣는 영적 민감성

하나님의 나라는 권능의 나라입니다.

하나님의 권능은 이 세상에는 존재하지 않는 초월적인 능력입니다. 하나님은 권능으로 천지를 창조하셨고, 권능으로 우주 만물을 다스리시며 역사를 주관하십니다.

"하나님의 나라는 말에 있지 아니하고 오직 능력에 있음이라."(고전 4:20)

오늘도 살아서 역사하시는 삼위일체 하나님은 권능으로 하나님의 뜻을 이루시며 신유의 능력, 변화의 능력, 기적의 능력을 나타내십니다(욥 12:13-14). 그렇기에 예수 그리스도를 구주로 영접한 성도들은 하나님의 권능의 임재 속에 살 수 있는 특권을 받은 사람들입니다. 우리는 하나님의 권능 안에 거하며, 하나님의 권능을 소유하고, 하나님의 권능을 활용할 수 있는 권세를 부여 받았습니다.

"오직 성령이 너희에게 임하시면 너희가 권능을 받고 예루살렘과 온 유대와 사마리아와 땅 끝까지 이르러 내 증인이 되리라 하시니라."(행 1:8)

'권능'은 헬라어로 '두나미스(δύναμις)'입니다.

여기서 파생된 영어 단어가 '다이너마이트'입니다. 다이너마이트는 손에 쥘만한 정도의 크기이지만, 그것이 터지면 집채만 한 바위를 부서뜨리는 엄청난 능력을 가지고 있습니다.

성령을 받은 사람은 이렇게 엄청난 위력을 발휘하는 권능자가 됩니다. 성령의 권능자는 인권, 물권, 언권 등의 영권을 받아 한계를 뛰어넘는 인생을 살아갑니다. 그러므로 성령의 권능을 받은 사람은 육의 힘으로 살지 않습니다. 권능의 임재 속에 사는 사람은 영의 힘으로 문제와 상황을 초월하여 넉넉하게 이기는 삶을 살아갑니다. 권능의 사람이 사는 시간은 권능의 시간이 되고, 권능의 사람이 머무는 곳은 권능의 지역이 됩니다.

우리는 권능의 임재 속에 살아야 합니다.

우리 안에서 역사하는 성령의 권능은 선천적인 죄인인 우리가 본성에 따라서는 할 수 없는 일을 하게 합니다. 예수님을 믿게 하고, 죄를 이기게 하며, 진리를 따라 구원을 이루게 합니다. 또 우리 안에 임재하는 성령의 권능은 진리를 포함합니다. 성령의 권능은 우리에게 진리를 계시하시고, 가르치시며, 확증하시고 우리가 진리를 잊었을 때 기억나도록 하십니다.

"그러나 진리의 성령이 오시면 그가 너희를 모든 진리 가운데로 인도하시리니 그가 스스로 말하지 않고 오직 들은 것을 말하며 장래 일을 너희에게 알리시리라 그가 내 영광을 나타내리니 내 것을 가지고 너희에게 알리시겠음이라."(요 16:13-14)

성령의 권능을 의지할 때 우리에게는 불가능이 없습니다. 성령의 권능 안에 거할 때 우리는 자유합니다. 성령의 권능은 우리가 하나님의 무한한 능력, 무한한 지혜, 무한한 사랑을 누리면서 한계 없는 자유 속에 살게 합니다(요일 2:20, 요일 2:27).

권능의 임재 안에 거하는 삶은 하나님의 음성을 듣는 삶입니다. 하나님의 음성에는 무에서 유를 만들어 천지를 창조하는 능력과 인류 구속을 향하여 역사를 주장하시는 지혜가 담겨 있습니다. 말씀으로 천지를 창조하신 하나님은 말씀으로 권능을 드러내시고, 말씀으로 권능을 유통하십니다.

"태초에 말씀이 계시니라 이 말씀이 하나님과 함께 계셨으니 이 말씀은 곧 하나님이시니라 그가 태초에 하나님과 함께 계셨고 만물이 그로 말미암아 지은 바 되었으니 지은 것이 하나도 그가 없이는 된 것이 없느니라."(요 1:1-3)

우리는 말씀을 통해 하나님을 만날 수 있고, 말씀을 통해 하나님과 인격적인 사귐을 이어나갈 수 있으며, 말씀을 통해 성령님의 권능을 공급받을 수 있습니다. 그러므로 우리는 반드시 하나님의 말씀을 듣고 깨달아야 하며, 말씀에 순종해야 합니다.

"모든 성경은 하나님의 감동으로 된 것으로 교훈과 책망과 바르게 함과 의로 교육하기에 유익하니 이는 하나님의 사람으로 온전하게 하며 모든 선한 일을 행할 능력을 갖추게 하려 함이라."(딤후 3:16-17)

'말씀'은 소통의 도구입니다.

예수 그리스도는 성육신된 말씀이고 성경은 기록된 말씀이며 설교는 선포되는 말씀입니다. 우리는 이러한 말씀을 통해 성령님과 소통하며 성령의 권능을 공급받을 수 있습니다(살전 2:13)

불룸하르트는 "하나님의 말씀에는 딱딱한 마음의 토양을 부드럽게 하는 능력이 있다. 하나님은 말씀 속에 하나님의 뜻을 담아놓으시고, 그 말씀 속에 자신을 계시하시며 현재적으로 역사하신다."라고 했습니다.

하나님의 말씀을 담은 성경은 오랫동안 전 세계적인 베스트셀러이자, 스테디셀러입니다.

기독교에 지대한 영향을 끼친 성 어거스틴은 한때 육체의 정욕을 따라 살던 방탕한 사람이었습니다. 세상의 출세와 즐거움을 추구하면서 살았던 그는 이단 마니교에 빠지기도 했고, 결혼도 하지 않고 여자와 동거하여 사생아를 낳기도 했습니다. 그러던 그에게 어느 날 하나님의 음성이 들려왔습니다. 그에게 들려왔던 하나님의 음성은 이웃 아이들의 노랫소리처럼 들렸습니다.

"집어 들고 읽어라. 집어 들고 읽어라."

어거스틴은 본능적으로 그것이 하나님의 음성임을 깨닫고, 성경책을 폈는데 로마서 13장 13절의 말씀이 눈에 확 들어왔습니다.

> "낮에와 같이 단정히 행하고 방탕하거나 술 취하지 말며 음란하거나 호색하지 말며 다투거나 시기하지 말고 오직 주 예수 그리스도로 옷 입고 정욕을 위하여 육신의 일을 도모하지 말라."(롬 13:13-14)

어거스틴은 이 말씀을 통해 자신을 적나라하게 책망하는 하나님의 음성을 들었습니다. 그는 이날의 체험을 그의 저서 『고백록』에 이렇게 기록했습니다.

"나는 더 이상 읽지 않았다. 더 읽을 필요가 없었다. 이 말씀은 광명한 확신의 빛으로 내 마음을 비추어 내 속에 있던 모든 의심의 어두움을 물리쳐 주었다."

이후 어거스틴은 기독교 역사상 가장 강력한 영향을 미친 위대한 하나님의 사람이 되었습니다.

살아계신 하나님은 성경 말씀을 통해, 환경을 통해, 사람을 통해 말씀하시며 우리의 마음과 생각에 영음(靈音)으로 다가오기도 하십니다. 그러므로 우리는 언제나 말씀하시는 하나님의 음성을 들을 수 있고, 하나님의 음성을 통해 권능을 부여받을 수 있습니다. 성경을 읽을 때, 설교를 들을 때, 기도하고 찬양할 때 하나님의 음성을 들을 수 있습니다. 하나님의 음성은 때때로 침묵으로 다가오기도 하는데 그 침묵 속에도 메시지가 있습니다. 또한 하나님의 음성은 때때로 사람의 목소리로 들려오기도 하고 당나귀와 같은 짐승의 입을 통해 들려올 수도 있습니다. 우리가 살아가면서 만나는 고난과 역경 속에도 하나님의 음성이 숨어있습니다.

C. S. 루이스는 "우리 인생의 고통의 순간은 하나님이 말씀하시는 확성기다."라고 말했습니다. 또한 오스왈드 챔버스는 "이 땅에 큰 재난이 발생하였을 때, 또한 당신에게 재난이 임하였을 때, 하나님의 사랑과 하나님의 손길의 흔적을 찾기 시작하라."라고 말했습니다.

하나님의 뜻은 좀 더 멀리 보고, 넓게 보아야 깨달아집니다. 깨달아지지 않을 때에도 우리는 하나님 앞에서 항상 자신을 돌아보고, 어떤 결과를 주신다 할지라도 수용하고자 하는 열린 마음을 가져야 합니다.

믿음이 연약한 사람들은 고난만 보고 하나님을 원망하고, 하나님이 자신을 사랑하시지 않는다고 불평합니다. 그럴수록 하나님의 뜻은 깨달아지지 않습니다. 결국 육의 사람들이 하나님의 소리에 너무 반응하지 않으니까 고통을 통해 하나님께 귀 기울이라고 한다는 것입니다. 그러므로 우리는 항상 겸손하게 열린 마음으로 하나님의 음성을 구해야 합니다. 하나님의 음성을 듣고 순종하는 것이 성도가 권능의 임재를 누릴 수 있는 유일한 방법입니다.

> "내 양은 내 음성을 들으며 나는 그들을 알며 그들은 나를 따르느니라 내가 그들에게 영생을 주노니 영원히 멸망하지 아니할 것이요 또 그들을 내 손에서 빼앗을 자가 없느니라 그들을 주신 내 아버지는 만물보다 크시매 아무도 아버지 손에서 빼앗을 수 없느니라."(요 10:27-29)

영국 청교도인 가운데 유명한 존 번연이 복음을 전파하다가 핍박을 받아서 투옥되었습니다. 활동적인 사람이 감옥에 갇혔으니 너무 답답했습니다. 그런데 그는 감옥에서 음성을 들었습니다.

"내 은혜가 네게 족하도다.

내 은혜가 네게 족하도다.

내 은혜가 네게 족하도다."

세 차례의 똑같은 음성이 들려왔습니다.

그때에 그는 '내가 감옥에 있을지라도 주님께서 내게 족한 은혜를 주시는도다'라고 깨닫고 원망하거나 괴로워하지 않고 오히려 기쁨의 생활을 하는 가운데 역작 『천로역정』을 저술했습니다.

목자의 음성을 듣는 것이 양의 특권이자 생존 방법이듯이, 하나님의 음성을 듣는 것은 성도의 특권이자 성도의 능력입니다. 하나님의 음성이 있는 곳에는 권능이 임재(臨在) 합니다.

하나님의 음성은 두려움을 쫓아내고 담대함을 가져옵니다.

하나님의 음성은 미련함을 몰아내고 하늘의 지혜를 보여줍니다. 하나님의 음성은 연약함을 이기고 강건함을 누리게 합니다.

하나님의 음성 안에는 세상이 줄 수 없고 알 수 없는 기쁨, 안식, 위로, 만족, 행복, 능력이 밀집된 축복이 있습니다.

그래서 하나님의 음성을 듣는 사람들은 하나님이 부어주시는 충만한 복을 누립니다(시 1:1-2).

하나님의 음성은 인생의 내비게이션입니다.

내비게이션을 잘 따라가면 목적지를 향해 최단 시간에 가장 효율적인 방법으로 도착할 수 있듯이, 하나님의 음성을 따라가면 효율적인 방법으로 하나님의 뜻을 이루고 평탄하게 천국에 도착할 수 있습니다.

권능의 임재를 누렸던 하나님의 사람들은 모두 하나님의 음성을 내비게이션 삼아 살았습니다. 아브라함, 모세를 비롯한 구약의 여러 선지자들은 직접적으로 들려지는 하나님의 음성을 들었고, 야곱, 요셉, 아비멜렉, 솔로몬은 꿈으로 하나님의 음성을 들었으며, 이사야, 예레미야, 에스겔, 다니엘, 요한은 환상으로 하나님의 음성을 들었습니다. 또 요나, 맛디아는 제비뽑기를 통해 하나님의 뜻을 알았으며 모세, 다니엘, 벨사살은 글자를 통해 나타나는 하나님의 음성을 들었습니다. 요셉, 엘리야, 마리아, 동방박사의 경우처럼 천사를 통해 하나님의 음성을 들은 경우도 있습니다.

나아가 하나님은 여러 상징물을 통해 음성을 들려주셨는데, 모세는 불을 통해, 욥은 폭풍을 통해, 이스라엘 백성들은 불기둥, 구름기둥을 통해 하나님의 음성을 들었습니다. 엘리야는 세미한 음성으로도 하나님의 음성을 들었습니다(왕상 19:11-13).

루시 쇼는 "하나님의 음성을 듣는 이 중요한 일이 분주함의 제단에 희생되고 있지 않은가 살펴보라."라고 말했습니다. 그러므로 우리는 영의 눈을 열고, 영의 귀를 열어 하나님의 음성을 듣고 권능을 누리는 삶을 살아야 합니다.

사실 하나님은 지금도 우리를 향해 끊임없이 말씀하고 계십니다. 그러나 우리는 우리 생활의 분주함 때문에 하나님의 음성을 듣지 못합니다. 여러 가지 근심과 걱정이 하나님의 음성을 듣지 못하게 합니다. 복잡한 생활 속에서 우리들에게 더 시급한 일은 하나님의 말씀에 귀를 기울이는 것인데도 불구하고 우리가 스스로 길을 만들어 가려고 합니다. 그러나 우리가 스스로 만들어놓은 길은 죄와 슬픔의 구렁텅이에 빠지게 할 때가 많습니다. 아담과 하와의 범죄 후에 내 생각은 모두 다 틀리기 때문입니다(사 55:8-9).

우리는 하나님의 음성을 듣고 나아가야 합니다.

나보다 나를 더 잘 아시는 주님은 우리를 가장 좋은 길로 인도하십니다(렘 10:23, 잠 16:9, 사 48:17).

한경직 목사님은 숭실대학 3학년 여름 방학 때 황해도 구미포에 휴양을 갔다가 혼자 해변을 거닐던 중 세미하고도 강권적인 음성을 들었습니다.

"하나님 뜻대로 사는 백성이 되어야 한다!

그래야 복을 받는다."

이후 그는 종교계의 노벨상으로 불리는 템플턴상 수상 연설문(1992년)에서 이렇게 말했습니다.

"그날이 언제였는지 정확히 기억할 수는 없습니다만, 제가 평소와 같이 해변가를 걸어가고 있을 때였습니다. 저는 너무도 갑자기 하나님으로부터 부름을 받았습니다. 그때의 상황을 잘 설명할 수 없지만 저는 하나님을 섬기라는 분명한 부르심을 들었습니다."

그는 또한 신의주 제2교회에서 일제에 의해 강제 추방당한 후 해방이 될 때까지 3년간 보린원(고아원) 원장으로 생활했습니다. 그는 시간을 정하고 언덕에 올라 기도하고 묵상하는 것이 그의 중요한 일과 중 하나였습니다.

그러던 어느 날, 그는 갑자기 이상한 환상을 보았습니다.

언덕 밑으로 삼천리 강산이 한눈에 보이는데 흰 돌로 지은 교회당이 그 강산을 꽉 메우고 있었습니다. 소스라치게 놀라서 눈을 뜬 그는 순간적으로 '일본은 틀림없이 망하고 조국은 분명히 독립한다. 독립된 조국은 그리스도의 터 위에 세워져야 한다.'라는 생각이 마음을 스쳤다고 합니다. 이후 해방이 된 1949년 3월 24일 기공 예배를 드려 지은 건물이 바로 지금 서울에 있는 석조건물의 영락교회입니다.

우리는 하나님의 음성을 통해 하나님의 선하시고 기뻐하시고 온전하신 뜻을 분별하고 권능의 주인공이 되어야 합니다. 성도에게 권능은 있으면 좋고, 없어도 괜찮은 선택항목이 아닙니다. 신앙생활은 그 자체가 영적 전쟁이기 때문에 성도는 반드시 권능으로 무장해야 합니다. 예수님을 믿는 순간부터 악한 영들은 우리를 실족시키려고 수단과 방법을 가리지 않고 공격해옵니다(벧전 5:8-9).

성도를 공격하는 악한 영들은 죄를 통해, 상처를 통해, 환경을 통해 성도의 영혼육을 점령하고 성도의 삶을 파멸시키려고 사력을 다합니다. 마귀의 수하인 악한 영들은 인간의 지혜, 인간의 능력과는 견줄 수 없는 초월적 힘을 가지고 있습니다. 악한 영들은 정치, 경제, 문화, 교육, 역사의 배후에서 자기 나름대로의 초자연적 권세를 가지고 활동하면서 성도의 영혼을 탈취하려 합니다. 특별히 성령의 권능으로 무장되지 않은 성도는 악한 영이 큰 힘을 쓰지 않아도 금방 무너뜨릴 수 있습니다. 성령의 권능으로 무장되지 않은 성도는 아무리 싸우려고 해도 최강의 무기인 진리, 의, 복음, 믿음, 하나님의 말씀이 없기 때문에 패배할 수밖에 없습니다(엡 6:10-12).

영적 전쟁은 인간의 힘으로 이길 수 있는 싸움이 아닙니다. 악한 영을 이기고 어둠의 영을 몰아내는 것은 오직 하늘의 권능으로만 가능합니다. 우리의 약함을 아시는 하나님은 우리의 영적 성숙을 위해 영적 전쟁을 허락하시고 우리에게 넉넉한 권능을 공급하심으로 이기게 하십니다.

> "우리가 육신으로 행하나 육신에 따라 싸우지 아니하노니 우리의 싸우는 무기는 육신에 속한 것이 아니요 오직 어떤 견고한 진도 무너뜨리는 하나님의 능력이라 모든 이론을 무너뜨리며 하나님 아는 것을 대적하여 높아진 것을 다 무너뜨리고 모든 생각을 사로잡아 그리스도에게 복종하게 하니."
>
> (고후 10:3-5)

사탄은 우리가 하나님의 권능을 부여받을 때 모든 영적 전쟁에서 넉넉하게 승리할 수 있다는 사실을 잘 알고 있습니다. 그래서 사탄은 하나님의 권능이 부어지는 보급로를 막아서 성도가 하나님의 권능을 받지 못하게 만듭니다.

권능의 보급로를 막는 사탄의 궤계는 무엇일까요?

(1) 권능의 보급로를 막는 사탄의 궤계는 교만입니다.

교만은 히브리어로 '가바흐(גָּבַהּ)'입니다. 이는 '우쭐대다', '자기를 높이다'는 의미입니다. 또 헬라어로는 '플레토(πλήθω)'로 '부풀다', '자고하다', '연막치다', '우쭐대다', '자랑스럽게 여기다' 등의 의미로 사용됩니다.

영어 성경에서는 교만을 '건방짐, 거만, 자고, 자랑' 등으로 사용하며 우리말 번역에서는 대부분 교만으로 옮겨지고 있습니다. 국어사전에서 교만은 '잘난 체하며 뽐내고 건방짐' 또는 '젠체하고 뽐내며 방자함'이라고 했는데 '방자하다'는 말의 뜻은 우리말 사전에서 보면 '주제넘다', '건방지다' 등으로 설명하고 있습니다.

교만은 영적 불치병입니다.

교만은 자기 생각을 주장하는 고집이자, 자신을 내세우는 자기중심성입니다. 교만한 사람은 자신의 부족함을 숨기려고

만 합니다. 하나님의 능력은 우리의 약함이라는 통로를 통해서 오는데, 깨어지지 않으려는 사람에게는 하나님의 권능이 올 수 없습니다. 교만한 사람은 자기 자아에 지배당하기 때문에 다른 사람의 말을 듣지 못하고 하나님의 음성도 듣지 못합니다. 그래서 교만한 사람에게는 하늘의 문이 닫힙니다(약 4:6).

교만한 사람은 하나님의 음성을 들어야 한다는 생각 자체를 하지 못하기 때문에 하나님의 음성을 구하지 않습니다. 혹시 하나님의 음성이 들려도 자기 편견과 고집에 갇혀서 하나님의 음성을 거부합니다. 포프는 "교만, 이것은 어리석은 자가 결코 잃어버리지 않는 악덕이다."라고 말했습니다.

(2) 권능의 보급로를 막는 사탄의 궤계는 욕심입니다.

욕심이 만든 죄는 성령의 권능으로부터 우리를 차단시킵니다. 죄는 하나님과의 관계를 파괴하고, 하나님과 우리의 사이를 이간질합니다.

"여호와의 손이 짧아 구원하지 못하심도 아니요 귀가 둔하여 듣지 못하심도 아니라 오직 너희 죄악이 너희와 너희 하나님 사이를 갈라 놓았고 너희 죄가 그의 얼굴을 가리어서 너희에게서 듣지 않으시게 함이니라."(사 59:1,2)

욕심이 있는 사람은 영을 분별할 수 없고 음성의 출처를 분별할 수 없습니다. 욕심이 가득한 마음은 언제나 복잡하고 혼탁하여 하나님의 얼굴을 보지 못하고, 하나님의 음성을 듣지 못합니다. 욕심이 잉태한 죄가 하나님과 우리의 사이를 가로막고 있을 때, 사탄은 거리낌 없이 우리의 마음을 활보하며 거짓 음성을 들려줍니다. 위기의 순간에 평안하라고 속삭이고, 죄가 있어도 아무 일이 없을 것이니 안심하라고 말합니다. 또한 자기 욕심을 하나님의 뜻으로 꾸며서 스스로의 욕심에 미혹되도록 만듭니다(약 1:14-16).

(3) 권능의 보급로를 막는 사탄의 궤계는 우매함입니다.

우매함은 사람을 더럽게 하는 악한 생각이자, 하나님의 음성에 대한 무지입니다. 영적으로 우매한 사람은 영적으로 더러운 상태에 살면서 하나님의 진리를 깨닫지 못합니다. 우매함은 특정 사람의 특성이 아니라, 죄의 특성입니다. 죄에서 헤어 나오지 못하는 인간은 항상 하나님 앞에서 우매합니다. 하나님의 뜻을 오해합니다. 독일 격언에는 "우매함은 항상 천성이요, 총명은 후천이다."라는 말이 있습니다. 그렇기에 우리는 우매함도 회개해야 합니다.

"속에서 곧 사람의 마음에서 나오는 것은 악한 생각 곧 음란과 도둑질과 살인과 간음과 탐욕과 악독과 속임과 음탕과 질투와 비방과 교만과 우매함이니 이 모든 악한 것이 다 속에서 나와서 사람을 더럽게 하느니라."(막 7:21-23)

우매한 사람들은 자주 말씀을 들어도 깨닫지 못합니다.

우매한 사람들은 영의 지식을 육의 지식으로 전락시키고, 생명의 말씀을 죽은 말씀으로 변질시킵니다.

우매한 사람들은 진리의 음성을 싫어하고 미혹의 음성을 따르며, 자기 죄를 보게 하는 말씀은 거절하고 자기 귀를 즐겁게 할 칭찬만 원합니다.

"자주 책망을 받으면서도 목이 곧은 사람은 갑자기 패망을 당하고 피하지 못하리라."(잠 29:1)

"내 백성이 지식이 없으므로 망하는도다 네가 지식을 버렸으니 나도 너를 버려 내 제사장이 되지 못하게 할 것이요 네가 네 하나님의 율법을 잊었으니 나도 네 자녀들을 잊어버리리라."(호 4:6)

"의인의 입술은 여러 사람을 교육하나 미련한 자는 지식이 없어 죽느니라." (잠 10:21)

이렇게 교만과 욕심, 우매함은 하늘 문을 막고 권능의 임재를 방해합니다.

교만할수록, 욕심을 부릴수록, 우매할수록 우리 영혼은 딱딱하게 굳어져서 생명력을 잃어버리고 죽어갑니다. 굳은살은 감각이 둔해져서 뜨거움과 차가움에 무디어지듯이, 굳은 영혼은 영적 감각이 둔해져서 하나님의 음성을 듣지 못합니다. 영적으로 무감각한 사람들은 사랑 불감증, 감사 불감증, 은혜 불감증에 빠져서 사랑을 받아도 사랑을 느끼지 못하고, 감사할 일이 있어도 감사하지 못하며, 은혜가 부어져도 은혜를 누리지 못합니다. 영적인 불감증에 빠진 사람들은 자신을 방탕에 방임하여 육신적인 것에 매여 살게 됩니다(엡 4:17-19).

굳은 영혼, 죽은 영혼은 영적인 무감각에 빠져 육에 속한 삶을 살면서 성령의 일들을 받지 못합니다. 이런 사람들은 '영맹(靈盲)'이라고 할 수 있습니다. 글자를 모르면 문맹, 컴퓨터를 모르면 컴맹이듯이 영의 일을 모르면 영맹입니다. 영맹은 영적인 세계에 무지하고 영적인 감각이 둔해서 하나님의 음성을 듣지 못하고, 악한 영이 언제 어떤 경로로 틈타는지 알아차리지 못합니다.

영에 대해 무지한 것은 어쩔 수 없는 연약함이나 부족함이 아닙니다. 영에 대해 무지한 것은 의지적으로 하나님에 대해 알려고 하지 않는 죄 중에 가장 큰 죄입니다. 왜냐하면 하나님은 우리가 하나님을 모르기를 원하지 않으시기 때문에 끝도 없이 우리의 삶에 개입하시며 하나님을 나타내십니다. 그런데 그 음성을 듣지 못하고, 보지 못하고, 느끼지 못하고, 깨닫지 못하는 것은 '나'라는 틀이 하나님을 대적하고 있기 때문입니다.

그렇게 되면 **악한 영은 성도의 무지를 더욱 이용합니다.**

악한 영이 자신의 생각과 마음을 어지럽히고 육체를 공격해서 고통스럽게 해도 악한 영의 실체를 깨닫지 못하고 육적인 해결 방법만 구합니다(고전 2:13-14).

우리는 하나님의 음성을 듣고 권능을 누리기 위해 영적 무감각을 치료받고 영적 민감성을 회복해야 합니다. 민감한 것은 예민하고 까다로운 것과는 다릅니다. 예민하고 까다로운 것은 자신의 좁은 기준과 잣대에 비추어 맞지 않는 것은 거부하는 고집스러운 성향입니다.

예민한 사람들은 매사에 까다로워서 무슨 일에든지 쉽게 스트레스를 받고 상처를 받습니다. 또 별일 아닌 일에 집착하며 신경질적인 반응을 보이기도 합니다. 예민함과 까다로움이 죽지 못한 자아가 만들어내는 것이라면, 영적 민감성은 성령으로 자아를 죽이고 거듭나게 하는 영혼의 감각입니다.

고든 맥도날드는 저서 『마음과 마음이 이어질 때』에서 영적 민감성을 '사람들의 삶의 이면에 숨어있는 실체들을 보고 듣고 느끼며, 그에 따라 적절한 행동이나 반응을 결정할 수 있는 독특한 능력'이라고 정의했습니다.

우리는 성격적, 기질적 예민함은 깨뜨리고 성령으로 말미암은 영적 민감성을 개발해야 합니다. 무딘 칼을 갈지 않으면 힘만 들고 일이 안되듯이, 영적으로 둔하면 악한 영을 이길 수 없고 하나님의 뜻을 이룰 수 없으며 성령의 인도를 받을 수 없습니다(전 10:10).

한 시계공이 자기 집 마당에 있는 잔디를 열심히 깎고 있었습니다. 그런데 그의 회사 사장이 우연히 그 집 앞을 지나다가 그 광경을 보았습니다.

"자네는 늘 이렇게 직접 잔디를 깎는가?"

"그럼요. 저는 일주일에 한 번씩 잔디를 깎습니다."

"이제부터는 그러지 말게. 내가 잔디 깎는 사람을 소개해 주겠네. 이제 이 일은 그만두게."

얼핏 보면 사장의 호의가 조금은 지나치다는 생각이 들기도 할 것입니다. 그러나 시계공의 솜씨는 예민한 손끝에 달려 있습니다. 만약 시계공의 손끝에 굳은살이 베기기 시작한다면 시계공으로서 그의 수명은 끝났다고 봐야 할 것입니다.

섬세한 작업을 하는 시계공의 손끝이 늘 예민해야 하듯이, 영에 속한 삶을 살며 성령의 인도를 구하는 사람들은 늘 영적으로 예민해야 합니다. 하나님의 권능은 '영'으로 감각하는 것으로, 영이 민감한 만큼 풍성하고 깊게 누릴 수 있습니다.

다시 말해 영적으로 민감하지 못하면 하나님의 권능이 음성으로 다가와도 알아차리지 못하는 것입니다. 그래서 영이 둔하면 하나님이 사인을 보내도 읽지 못하고, 성령님이 인도해도 그 인도를 따를 수 없습니다.

우리는 영적인 감각을 깨워서 민감하게 하나님이 하시는 일을 알아보고, 악한 영의 움직임을 간파하며, 성령의 세밀한 인도를 받아야 합니다.

그런데 자신의 영이 예민하다고 착각하는 사람들이 있습니다. 우리는 사탄의 음성을 듣고 하나님의 음성이라며 자신을 민감하다고 느껴서는 안됩니다. 하나님께 초점을 맞추고 예민한 사람은 열매가 좋습니다. 내가 비워지지 않고 영적으로 예민한 사람은 사탄의 영에 휩쓸릴 수 있습니다. 민감하게 반응하는 것과, 예민성을 분별력으로 착각하지 말아야 합니다. 우리는 영적인 감각을 깨워서 민감하게 하나님이 하시는 일을 알아보고, 악한 영의 움직임을 간파하며, 성령의 세밀한 인도를 받아야 합니다(마 25:13, 살전 5:5-6).

영적인 민감성을 회복하기 위해서는 세 가지가 필요합니다. 바로 건강한 영혼, 고요한 내면, 영적인 전문성입니다.

● 먼저 영혼이 건강해야 영적으로 민감할 수 있습니다.

병든 영혼은 영적 감각을 잃어버리고 영적 시력이 약해지며 영적 청력이 둔해집니다. 그러므로 우리는 영적 민감성을 회복하기 위해 먼저 영혼의 질병을 치료받고 건강한 영혼을 소유해야 합니다.

"사랑하는 자여 네 영혼이 잘됨 같이 네가 범사에 잘되고 강건하기를 내가 간구하노라."(요삼 1:2)

● 또 내면이 고요해야 영적인 민감성을 소유할 수 있습니다.

내면이 복잡하고 시끄러우면 하나님의 음성을 듣지 못합니다. 환경으로부터 오는 여러 가지 소리로 인해 내면의 평강이 깨지면 하나님의 음성을 들을 수 있는 영적 공간이 없어집니다. 그래서 내면이 시끄러운 사람은 육의 소리를 듣게 되고, 악한 영이 들려주는 소리에 쉽게 미혹됩니다. 그러므로 우리는 모든 내면의 시끄러운 소리를 몰아내고 하나님의 평강으로 내면을 채워야 합니다. 잔잔한 호수 위에 하늘이 비치듯이 마음이 잔잔해야 하나님의 음성을 듣게 됩니다(마 5:8).

물론 우리 주변에는 우리의 마음을 요동치게 하는 것들이 너무나 많습니다. 근심, 걱정거리가 도처에 깔려 있습니다. 그러나 그 가운데에서도 하나님을 의지하는 사람은 거친 파도와 같은 상황이 와도 잠잠하게 주님을 바라볼 수 있습니다. 마음이 평안한 사람은 급박한 상황 가운데에서도 침착하게 대처하며 통찰력을 발휘할 수 있습니다.

그런데 내면의 고요 또한 훈련이 필요합니다.

하루아침에 마음의 평안을 얻을 수 없습니다. 우리는 날마다 자신을 내려놓고, 말씀과 기도를 통해 고요한 내면을 만들어야 합니다. 마음이 고요하면 외면세계가 아무리 시끄럽고 복잡해도 굳건한 심지를 가지고 성령의 음성을 따라 살 수 있습니다.

"나의 영혼아 잠잠히 하나님만 바라라 무릇 나의 소망이 그로부터 나오는도다 오직 그만이 나의 반석이시요 나의 구원이시요 나의 요새이시니 내가 흔들리지 아니하리로다 나의 구원과 영광이 하나님께 있음이여 내 힘의 반석과 피난처도 하나님께 있도다."(시 62:5-7)

● 나아가 영적인 민감성은 영적인 전문성을 소유한 사람에게 주어집니다.

소리 전문가는 소리에 민감하고, 음식 전문가는 맛에 민감하듯이, 영적 전문가는 영적으로 민감합니다. 그러므로 우리는 영적 민감성을 소유하기 위해 영적 전문성을 지녀야 합니다.

영적 전문성은 하나님이 주신 사명을 사랑하고 사명을 위해 자신을 계발하고 준비한 사람만이 얻을 수 있습니다. 그리스도인은 죄악 된 세상을 거슬러 하나님의 나라를 이루는 군사입니다. 우리 자체가 예수 그리스도의 빛과 소금이 되어 세상을 비추고 세상에서 맛을 내야 하는데, 그러기 위해서는 우리의 영적 감각이 무뎌지지 않도록 영적 민감성을 겸비해야 합니다. 우리의 영적 민감성이 떨어지면 세상 사람들과 다를 바 없이 세상과 타협하며 살아갈 수밖에 없습니다.

하나님의 사람들의 공통점은 강한 영적 민감성을 가지고 있다는 것입니다. 그러므로 우리는 먼저 성경에 능통한 자가 되도록 성경을 배워야 합니다. 동시에 자신의 사명을 보다 더 효과적으로 이룰 수 있도록 전문성을 겸비하도록 노력해야 합니다. 컴퓨터, 외국어, 역사, 문화, 상식 등 견문을 넓혀가며 배워야 합니다. 세상 속에서 빛을 발하려면 세상 학문에도 지각이 있어야 합니다.

쏘아 놓은 화살처럼 빠르게 급변하는 시대를 살아가는 신앙인은 시대 흐름에 발맞춘 배움을 병행해야 합니다. 무엇보다 기도와 찬양을 통한 영적인 일에 익숙해지는 훈련을 받아야 합니다.

우리 모두가 건강한 영혼, 고요한 내면, 영적인 전문성을 소유하여 영적인 민감성을 계발하는 은혜를 누리시기를 소원합니다. 하나님은 영적으로 민감한 귀를 가진 자를 찾으시고, 영적으로 민감하게 눈 뜬 자를 찾으십니다.

"이 백성들의 마음이 완악하여져서 그 귀는 듣기에 둔하고 눈은 감았으니 이는 눈으로 보고 귀로 듣고 마음으로 깨달아 돌이켜 내게 고침을 받을까 두려워함이라 하였느니라."(마 13:15)

"또 이르시되 들을 귀 있는 자는 들으라 하시니라."(막 4:9)

본문에 등장하는 사도 바울은 영적인 민감성을 가지고 오직 성령의 인도에 따라 선교 사명을 감당했습니다. 선교는 하나님이 계획하시고 하나님이 주관하시며 하나님이 완성하시는 일이기에 바울은 오직 하나님의 음성을 따랐습니다.

"내 말과 내 전도함이 설득력 있는 지혜의 말로 하지 아니하고 다만 성령의 나타나심과 능력으로 하여 너희 믿음이 사람의 지혜에 있지 아니하고 다만 하나님의 능력에 있게 하려 하였노라."(고전 2:4-5)

사도 바울은 세 번의 선교여행을 했는데, 오늘 본문은 2차 선교 여행 때의 일입니다.

1차 선교여행을 성공적으로 마친 바울은 육로를 통해 아시아 지역에서 2차 선교여행을 하고자 했습니다. 자신의 고향 길리기아 다소를 거쳐서 1차 선교 지역이었던 갈라디아와 브루기아 지역의 성도들을 잠시 돌아보고 소아시아 북쪽 지역인 무시아 지역으로 가서 비두니아와 본도를 방문하고 갑바도기아로 거쳐 수리아 안디옥으로 올 계획을 세운 것입니다. 그런데 바울은 예수의 영이 자신의 계획을 허락하지 않는 것을 느꼈습니다.

"성령이 아시아에서 말씀을 전하지 못하게 하시거늘 그들이 브루기아와 갈라디아 땅으로 다녀가 무시아 앞에 이르러 비두니아로 가고자 애쓰되 예수의 영이 허락하지 아니하시는지라."(행 16:6-7)

바울은 원래 아시아에서 말씀 전하기를 원했습니다.

여기서 아시아는 우리가 흔히 생각하는 아시아 대륙이 아닙니다. 본문 6절의 아시아는 지중해 위편과 에게해(그리스와 소아시아, 크레타섬에 둘러싸인 바다) 오른편에 있는 로마제국의 주요 식민도시 중 하나입니다.

바울은 세계 선교의 목적을 이루기 위해 이제 아시아에서 복음을 전해야겠다는 굳은 결단을 했습니다. 논리적으로, 시기적으로, 상식적으로 바울의 계획은 나쁘지 않았습니다. 하지만 그럼에도 불구하고 성령님께서는 바울의 계획을 가로막고 아시아로 가지 못하게 하셨습니다. 그래서 바울은 할 수 없이 아시아 대신, 오른쪽으로 방향을 틀어 브루기아와 갈라디아 땅을 지나갔습니다.

그들은 거기서 다시 비두니아로 가려고 애썼습니다.

본문 7절의 '애쓰되' 이 한마디는 짧지만 바울이 얼마나 필사적으로 비두니아로 가려 했는지를 보여줍니다. 그런데 거기서도 예수의 영은 바울의 계획을 가로막았습니다.

바울이 구체적으로 어떤 방법을 통해 하나님의 음성을 들었는지는 알 수 없습니다. 많은 주석가들은 심각한 질병, 강도떼를 비롯한 외부의 위협, 내부적인 심각한 갈등 등의 이유로 바울의 계획이 방해받았을 것이라고 해석합니다.

바울에게 중요한 것은 문제 그 자체가 아니었습니다.

바울은 영적인 민감성을 가지고 있었기 때문에 환경과 문제의 이면에서 들려지는 하나님의 음성을 들었습니다.

우리는 영적인 민감성을 가지고 환경 속에서 말씀하시는 하나님의 음성을 들어야 합니다. 하나님이 기뻐하시는 일이라면 환경이 순적하게 열리는 경우가 많습니다. 그러나 하나님의 뜻이 아닐 때 하나님은 환경의 어려움을 통해 말씀하기도 하십니다.

> "사람이 마음으로 자기의 길을 계획할지라도 그의 걸음을 인도하시는 이는 여호와시니라."(잠 16:9)

그러나 환경이 잘 풀린다고 해서 무조건 하나님의 뜻이라고 생각하는 것은 위험합니다. 환경 배후에서 역사하는 영이 성령일수도 있지만 악령일 수도 있기 때문입니다.

요나의 경우를 보십시오.

요나가 하나님의 명령에 불순종하여 다시스로 도망가려 할 때, '마침' 다시스로 가는 배를 만나게 되었습니다.

> "그러나 요나가 여호와의 얼굴을 피하려고 일어나 다시스로 도망하려 하여 욥바로 내려갔더니 마침 다시스로 가는 배를 만난지라 여호와의 얼굴을 피하여 그들과 함께 다시스로 가려고 배삯을 주고 배에 올랐더라."(욘 1:3)

우리는 환경 배후에 역사하는 영의 정체를 분별해야 합니다. 그리고 환경의 어려움이 올 때 근신하여 기도하며 하나님의 뜻을 구해야 합니다. 칠흑같이 어두운 상황이라도 기도하며 하나님의 음성을 구하면 환경이 풀립니다.

요나는 하나님의 뜻을 거슬러 도망가다가 물고기 뱃속에

갇히는 신세가 되었지만 물고기 뱃속에서 회개하며 하나님의 뜻을 구하자 물고기가 요나를 육지에 토해내는 기이한 일이 벌어졌습니다.

> "나는 감사하는 목소리로 주께 제사를 드리며 나의 서원을 주께 갚겠나이다 구원은 여호와께 속하였나이다 하니라 여호와께서 그 물고기에게 말씀하시매 요나를 육지에 토하니라."(욘 2:9-10)

이 시간 우리 모두가 환경 배후에서 들려지는 영음(靈音)을 분별할 수 있는 능력을 받으시기를 소원합니다. 더불어 하나님의 음성을 따름으로 모든 환경의 문제가 순적하게 해결되는 축복을 받으시기를 원합니다.

하나님이 우리에게 들려주시는 음성은 모두 우리 영혼의 유익을 위한 것입니다. 그러므로 때때로 하나님의 음성이 우리가 원하는 것과 상반되는 것이라 할지라도 우리는 하나님의 뜻이 우리의 생각보다 옳음을 인정하며 순종해야 합니다.

본문에서 바울은 아시아에서 말씀을 전하려다가 성령님의 제재를 받고, 또 무시아에서 비두니아로 가려할 때 예수의 영의 통제를 받았습니다. 하지만 바울은 이 모든 순간에서 하나님의 선택이 옳았음을 믿었습니다. 자신의 확신과 노력을 내려놓고 하나님의 뜻을 따랐습니다.

때로는 하나님이 우리의 삶을 통제하실 때가 있습니다.

그런데 많은 사람들은 자유를 외치며 하나님께 통제받지 않을 것을 요구합니다. 그러나 하나님의 통제를 벗어나고자 하는 것은 '자유'가 아닌 '자율'입니다.

자율은 헬라어로 '오토노미(αὐτονομι)'라고 하는데 이는 자기를 뜻하는 '오토'와 법이라는 뜻의 '노모'의 합성어로 '자기가 스스로에게 법'이라는 의미입니다. 즉 자율은 하나님의 법보다 자신이 세운 법을 중요시 여기는 것입니다. 자율적인 존재가 된다는 것은 곧 하나님으로부터 독립한다는 뜻입니다.

우리는 하나님으로부터 독립하기를 원하는 자율이 아닌 진리 안에 거하는 자유를 누려야 합니다. 하나님은 하나님의 뜻을 따르는 사람들의 모든 것을 합력하여 선이 되게 하십니다.

"우리가 알거니와 하나님을 사랑하는 자 곧 그의 뜻대로 부르심을 입은 자들에게는 모든 것이 합력하여 선을 이루느니라."(롬 8:28)

사실 예루살렘에서 시작해서 무시아까지 바울의 이동거리는 대략 1,700km라는 엄청난 거리였습니다. 1,700km면 부산에서 출발해 서울, 평양, 신의주를 거쳐 북경을 지나는 거리입니다. 적어도 두 달 이상 쉬지 않고 걸어야 도달할 수 있는 거리입니다.

바울은 비행기도 없고 자동차도 없는 시대에 예루살렘부터 무시아까지 1,700km를 걸어서 왔을 것입니다. 하지만 바울은 그렇게 힘들게 도착한 무시아에서 비두니아로 가는 것을 예수의 영이 허락하지 않는다고 느꼈을 때 즉각 순종했습니다. 그래서 비두니아로 가지 않고 드로아로 갔습니다. 그곳에서 바울은 환상을 보았습니다.

> "무시아를 지나 드로아로 내려갔는데 밤에 환상이 바울에게 보이니 마게도냐 사람 하나가 서서 그에게 청하여 이르되 마게도냐로 건너와서 우리를 도우라 하거늘 바울이 그 환상을 보았을 때 우리가 곧 마게도냐로 떠나기를 힘쓰니 이는 하나님이 저 사람들에게 복음을 전하라고 우리를 부르신 줄로 인정함이러라."(행 16:8-10)

환상은 하나님이 하나님의 뜻을 밝히실 때 사용하시는 여러 채널 중 하나로써, 성경 속에서 이사야, 에스겔, 다니엘, 베드로, 요한 등 수많은 인물들이 체험한 것입니다.

바울도 많은 경우에서 환상을 보았고, 오늘 본문에서도 환상을 통해 하나님의 음성을 들었습니다. 그는 환상 속에서 한 마게도냐 사람이 자신들의 땅으로 건너와 복음을 전해달라고 요청하는 것을 보았습니다.

당시 마게도냐는 로마제국이 통치하고 있었는데 도덕적으로나 영적으로 타락한 지역이었습니다. 바울은 이 환상을 통해 하나님의 뜻이 아시아도 아니고, 비두니아도 아닌 바로 마게도냐에 있었음을 정확하게 알게 되었습니다.

영국 태생 존 헤론은 미국 테네시 종합대학교 의과대학을 최우수 성적으로 졸업한 뛰어난 인재였습니다. 어느날 그는 부흥회에 참석해 예배를 드리다가 '이제 준비는 끝났으니 땅 끝으로 가라'라고 말씀하시는 성령의 음성을 들었습니다. 그리고 선교보고 잡지를 읽다가 일본에 있던 한국인 이수정 씨가 쓴 글을 읽게 되었습니다.

"미국인들이여! 조선에 선교사를 보내주시오!

조선 백성들은 아직도 문명의 밝은 세계를 모르는 암흑 세상에서 깊은 잠에 빠진 불쌍한 사람들입니다."

이수정 씨는 우리나라에 복음이 들어오기 전에 일본에서 유학을 하다가 예수님을 믿고 마가복음을 번역하고 우리나라에 처음으로 들어온 언더우드와 아펜젤러 선교사에게 한국어를 가르친 사람입니다.

존 헤론은 이수정 씨의 글을 읽으며 하나님의 음성을 느꼈습니다. 그래서 곧장 일본으로 가서 이수정 씨를 만나 한국어와 풍습을 배웠습니다. 그리고 우리나라에 도착한 후 고종이 허락해서 세운 최초의 서양식 병원인 광혜원의 제1대 원장 알렌의 뒤를 이어 제2대 원장이 되었습니다.

그는 광혜원의 원장으로 있으면서 가난하고 헐벗은 조선인들을 치료하는 일에 온몸을 바쳐 헌신했습니다. 자기 몸은 돌보지 않고 의료 가방을 들고 한국의 온 지역을 다니면서 복음을 전하고 병을 고쳤습니다. 그러다 과로로 병을 얻어 한국에

온지 5년 만에 이질에 걸려 34세의 젊은 나이로 주님의 품에 안겼습니다.

헤론은 죽기 전, 조선인들에게 "예수님은 여러분을 사랑합니다. 주님은 여러분을 위해 그의 생명을 바치셨습니다. 주님을 믿으십시오!"라는 말을 남겼습니다. 그리고 선교사로는 최초로 양화진에 묻혔습니다. 양화진에 있는 그의 묘비에는 "하나님의 아들이 나를 사랑하시고, 나를 위하여 자신을 주셨다."라고 적혀있습니다.

우리가 정말 하나님을 위해 살기 원한다면 우리는 철저히 하나님의 음성을 듣고 순종하는 삶을 살아야 합니다. 우리 인생이 누릴 수 있는 최대의 성공은 하나님의 음성을 듣고 하나님의 뜻을 따르는 것입니다. 하나님의 지혜를 따라갈 지혜자, 하나님의 모사를 능가할 전략가는 세상 어디에도 없습니다. 하나님의 지혜는 작은 차이로 큰 차이를 만들고, 최소한의 노력으로 최대치의 결과물을 만들며 영원에 미칠 가치를 창조합니다.

> "하나님의 어리석음이 사람보다 지혜롭고 하나님의 약하심이 사람보다 강하니라."(고전 1:25)

바울과 실라가 마게도냐로 간 자체는 별일 아닌 것처럼 보일 수 있습니다. 아시아든 비두니아든 마게도냐든 결국 모두 로마제국에 속해 있기 때문입니다. 하지만 이때 바울과 실라가 마게도냐로 들어가게 됨으로, 유럽을 향한 첫 복음 전파의 문이 열리게 되었습니다. 마게도냐 지방의 첫 성 빌립보에는 후에 바울이 기쁨이요, 면류관이라 칭하는 빌립보교회가 세워졌습니다.

> "그러므로 나의 사랑하고 사모하는 형제들, 나의 기쁨이요 면류관인 사랑하는 자들아 이와 같이 주 안에 서라."(빌 4:1)

우리는 우리의 생각을 내려놓고 하나님의 음성을 들어야 합니다. 사도 바울은 사역의 매 순간을 세미한 하나님의 음성을 들으며 성령의 인도를 받았기 때문에 가는 곳마다 권능의 역사를 나타냈습니다. 성령의 인도를 받아 가는 곳마다 교회가 세워지고 수많은 주의 종이 세워졌으며 복음이 전파되었습니다.

오늘 우리는 영적인 민감성을 깨워서 세미한 하나님의 음성을 들어야 합니다.

그렇다면 영적인 민감성을 개발하려면 어떻게 해야 할까요?

1. 영적인 민감성을 개발하기 위해서는 하나님을 사랑해야 합니다.

사랑은 모든 감각을 극대화합니다.

친밀함이 깊은 관계일수록 서로에 대해 관심이 많습니다. 서로에게 아주 민감하게 관심을 가집니다. 마음이 조금이라도 불편하거나 아픈 것, 싫은 것이 있으면 금방 느낍니다. 마찬가지로 하나님을 사랑할 때 우리 안에 내주하시는 성령님께 집중하게 되고, 성령님의 역사에 민감하게 반응하게 됩니다.

하나님을 사랑하지 않는 신앙생활은 영적인 민감성을 상실한 형식주의로 전락합니다. 형식주의에 빠진 사람들은 성령님이 내주하실지라도 성령을 의식하지 않거나, 잊어버린 듯이 여기며, 무시하고 살아가면서 성령님을 근심하게 합니다. 그리고 무슨 일을 하든지 스스로 판단하고 결정하고 자의대로 행동합니다. 성령님께 의지하고 의논하고 그 분의 지혜를 얻으려고 하지 않습니다. 그러므로 우리는 먼저 하나님을 사랑하고 하나님의 역사에 집중해야 합니다

"너는 마음을 다하고 뜻을 다하고 힘을 다하여 네 하나님 여호와를 사랑하라."(신 6:5)

성령님이 우리 안에 내주하시는 것은 우리를 사랑하시기 때문입니다. 그러므로 성령님은 우리가 성령님께 주목하고 관

심을 가질 때 기뻐하십니다. 성령님께서는 우리가 성령님의 음성에 귀 기울이고 성령님의 마음을 살필 때 좋아하십니다. 그러나 우리가 성령님을 무시할 때는 성령님과 멀어지고 우리 안에서 성령님의 역량은 줄어듭니다. 이 시간 우리 모두에게 하나님을 사랑하는 순전한 마음이 꽃 피어나기를 소원합니다.

2. 영적인 민감성을 개발하기 위해 죄를 회개하고 온전히 하나님의 뜻을 추구해야 합니다.

영적으로 민감한 사람들은 하나님의 뜻을 구하지 않고, 자기 자신의 유익을 구할 때 영적인 기쁨이 금방 사라진다는 사실을 알고 있습니다. 영적으로 민감한 사람들은 그때 성령께서 근심한다는 것을 깨닫습니다. 우리는 영적으로 민감해서 성령이 근심하시는 것을 빨리 알아차려야 합니다(엡 4:30-32).

영적으로 민감한 사람들은 성령의 근심을 빨리 눈치채기 때문에 죄에 대해서도 민감합니다. 그래서 영적으로 민감한 사람들은 기쁨이 사라지고 평강이 깨어진 상태를 방치하지 않고 적극적으로 자기를 살피고 깊은 예배 속으로 나아갑니다. 그러므로 오늘 우리는 영적인 민감함을 회복하기 위해 모든 죄를 자복하며 회개하여 하나님의 뜻을 구하는 삶으로 돌이켜야 합니다.

3. 영적인 민감성을 개발하기 위해 성령의 음성에 민감하게 순종해야 합니다.

성령의 음성에 민감하게 순종해야 영적인 감각이 깨어납니다. 그러나 성령께서 주시는 세밀한 감동을 반복적으로 무시하면 영적인 감각이 둔해집니다. 성령의 인도에 따라 민감하게 순종하지 못하는 사람들은 언제나 자신의 고집대로, 자신의 경험대로 해버립니다. 그러므로 우리는 순간순간 다가오는 성령의 감동에 적극적으로 순종해야 합니다(롬 8:13-14).

성령의 음성에 민감하게 반응하는 사람들은 하나님의 감동에 따라 영혼 구원의 사명에 민감해집니다.

베드로와 요한만 보아도 그렇습니다.

그들이 성령을 받기 전에는 늘 다니는 길에 있던 앉은뱅이를 보고 지나쳤지만, 그들이 성령을 받은 후에는 앉은뱅이의 영혼에 주목하고 예수의 이름으로 일으켰습니다.

권능의 임재를 누리는 삶을 살기 위해 세미한 하나님의 음성을 듣는 영적 민감성을 개발합시다. 성령님께서는 우리에게 감동을 주심으로 우리를 통해 하나님의 뜻을 이루어 가십니다. 성령의 감동은 우리를 뜨겁고 거룩하게 만들어 가시는 감동입니다. 우리는 하나님의 음성을 민감하게 들음으로 성령의 감동을 깨닫고 하나님의 뜻을 이루어야 합니다. 그리고 악한 영들의 움직임을 민감하게 느끼고 간파하여 적극적으로 싸워야 합니다.

사탄은 우리가 하나님의 권능을 공급받지 못하도록 교만, 욕심, 우매함으로 하늘 보급로를 차단합니다.

다시 한번 강조합니다.

우리가 영적인 민감성을 회복하기 위해서는 세 가지가 필요합니다. 바로 건강한 영혼, 고요한 내면, 영적인 전문성입니다.

우리는 모든 죄를 떨쳐내고 예수 그리스도의 이름으로 하늘의 문을 열어야 합니다. 하나님을 뜨겁게 사랑함으로, 죄를 회개하고 온전히 하나님의 뜻에 따름으로, 민감하게 성령님의 음성에 순종함으로 영적인 민감성을 개발해야 합니다.

영적인 민감성을 회복하여 하나님의 음성을 들음으로 권능의 임재 속에 살아가는 능력의 주인공이 되시기를 주님의 이름으로 축원합니다.

〈주님과 동행하는 기쁨 나누기〉

1. 권능의 보급로를 막는 사탄의 궤계는 무엇일까요?

( ) 안에 맞는 단어는 무엇입니까?

(1) 권능의 보급로를 막는 사탄의 궤계는 ( )입니다.
하나님의 능력은 우리의 약함이라는 통로를 통해서 오는데, 깨어지지 않으려는 사람에게는 하나님의 권능이 올 수 없습니다.
●혹시 하나님의 음성이 들려도 자기 편견과 고집에 갇혀서 하나님의 음성을 거부한 경험이 있습니까?

(2) 권능의 보급로를 막는 사탄의 궤계는 ( )입니다.
욕심이 있는 사람은 영을 분별할 수 없고 음성의 출처를 분별할 수 없습니다. 또한 자기 욕심을 하나님의 뜻으로 꾸며서 스스로의 욕심에 미혹되도록 만듭니다.
●혹시 욕심 때문에 주님의 음성을 듣지 못한 경험이 있습니까?

(3) 권능의 보급로를 막는 사탄의 궤계는 ( )입니다.
영적으로 우매한 사람은 영적으로 더러운 상태에 살면서 하나님의 진리를 깨닫지 못합니다. 우매함은 특정 사람의 특성이 아니라, 죄의 특성입니다.

● 혹시 어떤 때에 '영맹(靈盲)'이라고 느껴본 적이 있습니까?

2. 아래 성구를 보고 당신의 삶에 일어난 일을 나누십시오.

(1) 고린도전서 4장 20절 – "하나님의 나라는 말에 있지 아니하고 오직 능력에 있음이라."

(2) 시편 1, 2절 – "복 있는 사람은 악인들의 꾀를 따르지 아니하며 죄인들의 길에 서지 아니하며 오만한 자들의 자리에 앉지 아니하고 오직 여호와의 율법을 즐거워하여 그의 율법을 주야로 묵상하는도다."

(3) 베드로전서 5장 8, 9절 – "근신하라 깨어라 너희 대적 마귀가 우는 사자 같이 두루 다니며 삼킬 자를 찾나니 너희는 믿음을 굳건하게 하여 그를 대적하라 이는 세상에 있는 너희 형제들도 동일한 고난을 당하는 줄을 앎이라."

3. 아래 성구의 (　　) 안에 맞는 단어를 넣고 가능하면 암송합시다.

"모든 성경은 하나님의 (　　)으로 된 것으로 교훈과 책망과 바르게 함과 의로 교육하기에 (　　)하니 이는 하나님의 사람으로 (　　)하게 하며 모든 선한 일을 행할 (능력)을 갖추게 하려 함이라."(딤후 3:16–17)

8. 내 양은 내 음성을 들으며

요 10:27

작사/작곡 이 순 희

♩ = 78

F Gm B♭ C7 Dm F/C

내 양 은 내 음 성 을 들 으 며 나 는 그 들 을 알 고 그

5 B♭ C /E Dm Gm7 C/E F B♭/C

들 은 나 를 따 르 느 니 라 말 씀 하 신 주 님

9 F C/E Dm C/E

권 – 능 의 임 재 를 누 리 는 삶 으 로

13 Gm F/A C F/A

성 – 령 의 감 동 을 깨 닫 는 삶 으 로

17 B♭ /D F /C F C/E

인 도 하 여 주 소 서 건 강 한 영 혼 과

21 B♭/D C Dm C/E F Gm F/A

고 요 한 내 면 으 로 모 든 죄 악 떨 쳐 내 고

25 Gm C/E Dm C /E F /C

예 수 의 이 름 으 로 하 늘 의 문 을 열 게 하 소 서 주

29 F/A B♭ C /E Dm

님 을 뜨 겁 게 사 랑 함 으 로 죄 를 회 개 하 고 성 령

33 B♭ C /E Dm Gm7 C F

의 인 도 받 아 권 능 의 임 재 속 에 살 게 하 소 서

제 9 장

우울의 늪에서 건지시는 성령

시 38:1–9

“여호와여 주의 노하심으로 나를 책망하지 마시고 주의 분노하심으로 나를 징계하지 마소서 주의 화살이 나를 찌르고 주의 손이 나를 심히 누르시나이다 주의 진노로 말미암아 내 살에 성한 곳이 없사오며 나의 죄로 말미암아 내 뼈에 평안함이 없나이다 내 죄악이 내 머리에 넘쳐서 무거운 짐 같으니 내가 감당할 수 없나이다 내 상처가 썩어 악취가 나오니 내가 우매한 까닭이로소이다 내가 아프고 심히 구부러졌으며 종일토록 슬픔 중에 다니나이다 내 허리에 열기가 가득하고 내 살에 성한 곳이 없나이다 내가 피곤하고 심히 상하였으매 마음이 불안하여 신음하나이다 주여 나의 모든 소원이 주 앞에 있사오며 나의 탄식이 주 앞에 감추이지 아니하나이다.”

9

우울의 늪에서 건지시는 성령

치유는 곧 자유입니다.

성령님의 완전한 치유는 완전한 자유를 만들기 때문입니다.

자유는 결핍이나 제약이 없이 원하는 만큼 움직이며 누릴 수 있는 상태입니다. 다시 말해 자유는 어떤 존재가 내부나 외부로부터 구속이나 지배를 받지 않고 하고자 하는 것을 하거나 있는 그대로 존재할 수 있는 상태를 말합니다.

자유는 치료의 목적이자 결과이며 건강의 다른 표현입니다.

건강하지 못하면 자유로울 수 없습니다. 육체에 질병이 있거나 상해를 입은 사람은 걸음걸이 및 모든 행동에서 제약을 받게 되어 육체적 자유를 누릴 수 없고, 마음이 건강하지 못한 사람은 정서적 장애로 인해 정신적 자유를 누릴 수 없으며, 영혼이 병든 사람은 진리 안에 자유 할 수 없습니다. 그러므로 우리는 성령으로 말미암아 영혼육 전인의 치유를 받음으로 완전한 자유를 누려야 합니다.

성령님은 우리를 치유하심으로 자유하게 하십니다.

성령으로 말미암아 육의 치료를 받은 사람은 육의 자유를 누리고, 정신의 치료를 받은 사람은 정신의 자유를 누리며, 영혼의 치료를 받은 사람은 영혼의 자유를 누립니다.

"주는 영이시니 주의 영이 계신 곳에는 자유가 있느니라."(고후 3:17)

예수 그리스도는 우리를 위해 십자가를 지심으로 우리가 완전한 치유를 누리게 하셨습니다. 예수님이 십자가에서 이루신 치유는 모든 죄에서 자유하게 함으로 전인적 구원을 얻게 하는 치유입니다(벧전 2:24). 우리는 예수 그리스도의 십자가 공로를 의지하여 성령으로 말미암은 치료를 받고 온전한 자유를 누려야 합니다.

"그리스도께서 우리를 자유롭게 하려고 자유를 주셨으니 그러므로 굳건하게 서서 다시는 종의 멍에를 메지 말라."(갈 5:1)

우리는 무엇보다 영을 치료받고 영의 자유를 누려야 합니다. 영이 자유한 사람은 어느 것에도 메이지 않으며 모든 메인 것들을 풀어나갑니다. 육의 자유를 누려도 영의 자유가 없는 사람은 진정한 의미에서의 자유를 누릴 수 없습니다.

하지만 영이 건강하여 영의 자유를 누리는 사람은 육의 자유가 없어도 완전한 자유를 누릴 수 있습니다. 영혼이 자유한 사람은 돈이 없어도 부유하게 살고, 병들어도 건강하게 살며, 멸시와 천대를 받아도 존귀하게 살 수 있습니다(고후 4:8-10).

특별히 우리는 '우울의 늪에서 건지시는 성령'을 경험해야 합니다. 우울은 영혼의 생명력을 빼앗는 영혼의 살인자입니다. 아무리 명랑하고 쾌활한 사람이라도 우울의 영의 공격을 받으면 자기도 모르는 사이에 영혼의 힘을 잃고 절망과 죽음의 늪에 빠지게 됩니다.

베르톨트 울자머는 "우울증을 분석하기 위해서는 '왜?'라는 질문보다 '지금?'이란 질문을 던지는 게 적절하다."라고 말했습니다. 그만큼 우울증은 지금 우리를 억누르고 있는 시급한 영적 문제라는 것입니다.

우울증이란 슬픈 감정이 기분의 문제를 넘어서 개인생활이나 사회생활에 영향을 주는 상태를 말합니다. 우울의 감정이 삶의 전반을 억눌러 지속적으로 슬프고 울적하며 침울하게 살아가는 상태가 우울증입니다.

우울증은 현대의 흑사병이라 불립니다.

흑사병은 1347년부터 1351년까지, 최악의 인명 피해를 끼치며 인류의 역사를 바꾼 전염병입니다. 흑사병으로 인해 유라시아(유럽과 아시아를 하나의 대륙으로 묶어 부르는 명칭) 대륙의 최소 7천 500만, 최고 2억 명에 달하는 사람들이 죽었습니다. 그런데 우울증은 흑사병과 비교할 수도 없을 만큼 무서운 인류의 재앙이라 여겨지고 있습니다. 흑사병이 특정 지역의 사람들을 덮쳤다면, 우울증은 전 세계 인류를 무서운 속도로 침범하는 영혼의 병이기 때문입니다.

현대는 우울증 대란의 시대입니다.

국가와 민족, 사회와 가정에 우울증이 만연합니다. 너무도 많은 사람들이 우울증을 감기처럼 앓으며 정신과 약을 복용하고 정신과 치료에 의존하며 살고 있습니다. 또 병원에서 우울증 진단을 받지 않았다 할지라도 시시때때로 몰아치는 우울의 공격에 시달리며 살아가는 사람들이 상당히 많습니다.

인간이 가지고 태어난 죄성이 나타내는 우울은 수치와 절망, 비관과 낙심으로 인생을 끌고 갑니다(시 51:5, 롬 3:23). 그래서 죄의 문제를 해결하지 못한 사람들은 우울의 문제에서 완전히 자유로울 수 없습니다. 사람마다 우울의 증상이 드러나는 정도는 다를지라도, 죄를 가진 인간이라면 누구나 우울감을 가지고 일평생을 살아갑니다.

의학적으로 규정짓는 우울증은 우울한 기분에 빠져 의욕을 상실한 채 무력감, 고립감, 허무감, 죄책감, 자살 충동 등에 사로잡히는 일종의 정신질환입니다.

우리는 드러난 우울증뿐만 아니라 아직 드러나지 않은 우울증까지도 모두 드러내어 신속하게 치료받아야 합니다. 우울증은 마음의 악성 종양과도 같습니다. 암세포를 그대로 두면 건강한 세포를 갉아먹어 마침내 몸을 무너뜨리듯이, 우울증을 방치하면 마음이 무너지고 필경은 환자를 자살로 몰고 가기도 합니다.

우울증의 특성은 무엇이 있을까요?

(1) 신체적 문제를 일으킵니다.

우울증은 불면증, 불감증, 만성피로, 거식증, 폭식증, 발기부전, 만성피로 등 신체 문제를 일으킵니다.

(2) 정신적 문제를 일으킵니다.

급격한 불안, 의욕상실, 대인기피, 절망감 등 정신적 장애를 일으킵니다.

(3) 영적인 문제가 옵니다.

신앙에 대한 회의, 의심 등 영적 문제를 일으킵니다.

우울증이 생기면 가정 탈피, 학업 포기, 직업 포기, 신앙 포기 등으로 일상생활에 문제가 발생하기도 합니다. 알코올 등 약물을 남용하기도 하고 심한 경우 자살 충동과 함께 자살 시도까지 합니다.

실제로 우울증이 있는 사람의 15%가 자살로 사망하고, 55세 이상인 우울증 환자의 사망률은 일반인에 비해 4배 이상 높다고 합니다. 특히 만성적인 신체 질환이 있는 경우 자살의 위험은 더 높아집니다.

우울증은 더 이상 나만의 문제가 아닙니다.

내가 영적으로 병들면 온 가족이 고통당하고 나와 연결된 수많은 사람들이 고통당합니다. 그러나 나 한 사람이 살면 가족이 살고 교회가 살고 사회가 살고 나라가 살며 세계가 변화됩니다.

우리는 영적 건강을 회복해야 합니다.

영적 강건함이 나와 내 가정과 나라를 살리는 일입니다. 21세기가 시작되기 전에 일어난 변화 중에서 확실한 변화 몇 가지를 꼽으라면 '건강에 대한 정의의 변화'입니다.

이미 21세기가 시작되기 전인 1998년 세계보건기구(WHO)는 '육체적, 정신적, 사회적 안녕'이라는 건강의 정의에 '영적 안녕'이라는 개념을 새롭게 부각시켰습니다. 그전까지는 영혼의 문제가 종교의 전유물처럼 여겨져 왔지만 이제 세계보건기구에서 건강한 삶의 조건으로 영성을 거론했다는 것은 매우 의미 있는 일입니다.

또한 우리는 우울증이 더 이상 남의 문제가 아님을 직시해야 합니다. 우리는 우리가 체감하고 있는 우울증뿐만 아니라 우리가 느끼지 못하고 잠재되어 있는 우울증까지 치료받고 다른 영혼들의 우울증을 고칠 수 있는 능력을 받아야 합니다. 지금도 너무나 많은 사람들이 우울증에 시달려 죽음의 길로 달려가고 있습니다. 우리는 주위 사람들의 영혼을 살펴야 합니다. 자녀의 영혼, 배우자의 영혼, 친구의 영혼, 이웃의 영혼을 살펴서 그들을 우울의 늪에서 건져내야 합니다.

우울증은 건강한 개인과 가정 그리고 사회를 단번에 죽음으로 내몰 수 있는 무서운 질병입니다. 그래서 지금 세계적으로 수많은 사람들이 엄청난 비용과 열정을 쏟아가며 우울증을 연구하고 있으며 새로운 치료법과 약품으로 해결하려고 노력하고 있습니다. 그럼에도 불구하고 수많은 우울증 환자들은 외롭게 질병을 앓고 있으며, 치료를 받는다 해도 근원적인 해결은 받지 못하고 있습니다.

정신과 의사들은 정신과 질환을 크게 조현병, 우울증, 조울증으로 나눕니다.

조현병은 정신분열이라고도 불리는데 감정, 지각, 행동 등 인격의 여러 측면에 걸쳐 광범위한 임상적 이상 증상을 일으키는 정신질환입니다. 조현병을 앓고 있는 환자들은 대부분 환청, 환시에 시달리고 망상에 빠지는 경향이 있습니다. 그래서 우발적인 범죄를 저지르기도 하는데 최근 일어난 강력 범죄의 상당수는 조현병 환자에 의해 일어났습니다.

조울증은 전문적인 용어로 '양극성 장애(bipolar disorder)'라 하며 극도로 들뜨고 신나는 기분인 '조증(manic and hypomanic episodes)'과 급격히 가라앉아 우울해지는 '우울증(depressive episodes)'이 함께 있는 정신질환입니다. 조울증 역시 우울증과 마찬가지로 대인관계 문제를 비롯해 약물남용, 가정문제 및 재정문제, 사회적 기능 손상 등 여러 문제를 동반할 수 있습니다.

우울증과 조울증은 언뜻 보면 증상이 비슷한 것 같지만 엄밀히는 다른 정신질환으로 분류됩니다. 두 질병 모두 기분장애로 우울증이 나타나지만 차이가 있습니다. 우울증은 서서히 우울해지고 서서히 좋아지는 증세가 나타나는 반면에 조울증은 갑자기 우울해지고 갑자기 좋아지는 증세가 나타납니다. 우울증은 식욕저하, 불면증이 많이 나타나지만 조울증은 뭐든지 지나치게 몰두하는 경향이 있습니다. 그래서 갑자기 사업을 확장하거나, 지나치게 섹스에 몰입하기도 하며 지나치게 많이 먹고, 많이 자기도 합니다.

또한 조울증은 자주 재발하지만 우울증은 자주 재발하지 않습니다. 조울증을 앓고 있는 사람은 일반 사람들의 눈에는 활달하고 명랑하게만 보일 수도 있습니다. 오히려 다재다능한 사람으로 보이기도 합니다.

조만철 정신과 전문의는 "보통 유명 연예인, 유명 인사, 유명 작가 등 화려한 경력을 가진 사람들 중에 이런 경우가 많다. 조증일 때는 아주 밝다가도 우울증에 빠져 자살에 이르기도 한다."라고 설명했습니다. 며칠 전까지는 아무 일 없다가 충동적으로 자살하는 경우는 조울증인 경우가 많은 것입니다.

고려대 구로병원 정신과 한창수 교수가 주장한 우울증 자가진단표

다음과 같은 증상 중 다섯 가지 이상이 2주간 지속되면 우울증으로 진단합니다.

1) 일을 하는 것에 대한 흥미나 재미가 거의 없음
2) 가라앉은 느낌, 우울감 혹은 절망감
3) 잠들기 어렵거나 자꾸 깨어남. 혹은 너무 많이 잠
4) 피곤함, 기력이 저하됨
5) 식욕 저하 혹은 과식
6) 나 자신이 나쁜 사람이라는 느낌. 혹은 나 자신을 실패자라고 느끼거나 나 때문에 자신 또는 가족이 불행하게 되었다는 느낌

7) 신문을 읽거나 TV를 볼 때 집중하기 어려움

8) 남들이 알아챌 정도로 거동이나 말이 느려짐. 또는 반대로 너무 초조하고 안절부절못해서 평소보다 많이 돌아다니고 서성거림

9) 나는 차라리 죽는 것이 낫겠다는 등의 생각. 혹은 어떤 면에서든 스스로에게 상처를 주는 생각들

우울증은 누구에게나 찾아올 수 있습니다.

심지어 믿음이 아주 훌륭한 사람에게도 찾아옵니다.

신앙의 사람 엘리야, 사울 왕, 모세, 욥, 다윗, 칼빈, 웨슬리, 찰스 스펄전, 철학자 키에르케고르 등도 우울증에 시달렸습니다. 세계적으로 위대한 일을 이루며 권력과 명예를 가지고 있었던 아브라함 링컨, 윈스턴 처칠도 우울증에 시달렸습니다. 그뿐만 아니라 오늘날까지 이름을 날리는 작가 애드가 앨런 포우, 도스토예프스키, 밀턴 등도 우울증을 앓았습니다.

특히 종교개혁가 마틴 루터는 일생 동안 우울증과 씨름했습니다. 그는 1527년 일기에서 "일주일 이상 죽음과 지옥의 문턱에 서 있었다."라고 기록했습니다.

루터 연구가 롤랜드 베인튼에 따르면 루터는 주기적으로 찾아오는 심한 양극성 장애(우울증과 조증이 반복되는 기분장애)로 고통을 호소했다고 합니다.

또 19세기 부흥운동에 불을 지폈던 영국의 명설교가 찰스 스펄전 목사도 종종 우울증을 앓았습니다. 그는 일 년에 2~3 개월은 아예 강단에 서지 못한 것으로 알려져 있습니다.

기독교 영성가 헨리 나우웬은 성장과정에서는 기분 장애로, 성인이 되어서는 우울증으로 평생 고통을 받았습니다.

신앙인의 우울증은 영적 전쟁일 가능성이 높습니다.

우리의 내면 안에는 타고난 죄성과 억압된 상처가 뒤엉켜있습니다. 감당하지 못하는 화, 분노, 응어리는 그대로 두면 우리의 무의식에 저장되고, 시간이 지남에 따라 더 큰 폭발력을 지니게 됩니다. 하지만 우리가 평탄하고 일상적인 삶을 살아갈 때는 무의식 속에 밀어 넣은 죄와 상처의 영향력을 감지하지 못합니다.

그런데 성령의 빛이 숨은 어둠을 드러낼 때, 혹은 충격적인 사건을 경험하는 등의 숨은 내면을 드러낼 결정적 계기가 있을 때, 무의식 세계 속에 있던 죄와 상처가 드러납니다. 그래서 우울증의 증상이 극심해지는 것을 경험하게 됩니다.

이러한 과정은 엄밀히 말하면 죄와 상처를 통해 역사하는 악한 영의 세력이 노골적으로 드러나 활동하는 것으로 이해할 수 있습니다.

“전에 율법을 깨닫지 못했을 때에는 내가 살았더니 계명이 이르매 죄는 살

아나고 나는 죽었도다."(롬 7:9)

사도 바울도 이러한 영적 전쟁을 통한 우울증을 경험했습니다. 바울이 하나님의 말씀을 머리로만, 지식으로만 알 때에는 죄에 대해 자신감이 있었습니다. 그때는 자신의 힘으로 죄를 컨트롤하며 완벽한 삶을 살 수 있다고 생각했습니다. 그러나 하나님의 진리를 영으로 깨닫고 보니 그제야 비로소 자신 안에서 엄청난 세력을 발휘하고 있는 죄의 존재를 보게 되었습니다. 그리고 자신의 힘으로는 도저히 그 죄를 감당할 수 없다는 것을 깨달았습니다.

자기 힘으로 감당할 수 없는 죄의 세력을 직면하게 된 바울은 자기 몸을 사망의 몸이라고 불렀고, 자기 형편이 곤고하다고 표현했습니다. 하지만 바울은 이내 모든 영적 우울을 완전하게 치료하시는 예수 그리스도를 발견함으로써 영혼의 자유를 얻었습니다.

"만일 내가 원하지 아니하는 그것을 하면 이를 행하는 자는 내가 아니요 내 속에 거하는 죄니라 그러므로 내가 한 법을 깨달았노니 곧 선을 행하기 원하는 나에게 악이 함께 있는 것이로다 내 속사람으로는 하나님의 법을 즐거워하되 내 지체 속에서 한 다른 법이 내 마음의 법과 싸워 내 지체 속에 있는 죄의 법으로 나를 사로잡는 것을 보는도다 오호라 나는 곤고한 사람이로다 이 사망의 몸에서 누가 나를 건져내랴 우리 주 예수 그리스도로 말미암아 하나님께 감사하리로다 그런즉 내 자신이 마음으로는 하나님의 법을 육신으로는 죄의 법을 섬기노라."(롬 7:20-25)

"그러므로 이제 그리스도 예수 안에 있는 자에게는 결코 정죄함이 없나니 이는 그리스도 예수 안에 있는 생명의 성령의 법이 죄와 사망의 법에서 너를 해방하였음이라."(롬 8:1-2)

우울증은 영혼의 늪과 같아서 우리의 힘으로는 결코 우울에서 완전히 벗어날 수 없습니다. 늪은 모래 수렁처럼 위험한 지역입니다. 한 번 늪에 빠지면 중력에 의해 점토나 모래가 몸과 압착돼서 쉽게 나오지 못합니다. 늪 밖으로 나가려면 자신의 몸무게에 몸이 밀어내는 늪의 질량만큼의 힘을 더해야만 탈출할 수 있습니다. 그것도 하반신의 일부분만 빠졌을 때의 이야기입니다. 하반신이 다 빠졌다면 혼자 힘으로는 절대 나오지 못합니다. 그래서 이런 늪에는 짐승도 함부로 다가가지 않습니다.

늪에 빠진 사람이 구조되는 길은 강력한 힘을 가진 다른 사람의 도움을 받는 길밖에 없습니다. 우리가 우울의 늪에서 건져지는 것도 마찬가지입니다. 우리의 영혼이 우울의 늪에서 빠져나오기 위해서는 우리의 창조주이자 구원자이신 예수 그리스도의 도움을 받아야 합니다. 성령님의 강력한 팔만이 우리를 깊은 우울의 수렁에서 건지실 수 있습니다.

"내가 여호와를 기다리고 기다렸더니 귀를 기울이사 나의 부르짖음을 들으셨도다 나를 기가 막힐 웅덩이와 수렁에서 끌어올리시고 내 발을 반석 위에 두사 내 걸음을 견고하게 하셨도다 새 노래 곧 우리 하나님께 올릴 찬송을 내 입에 두셨으니 많은 사람이 보고 두려워하여 여호와를 의지하리로다."(시 40:1-3)

우울은 언제든지 죄를 통해, 상처를 통해 우리 영혼의 숨을 막는 살인자의 모습으로 다가올 수 있습니다. 하지만 성령님을 의지하는 사람은 모든 우울을 극복하고 일어설 수 있습니다(잠 24:16).

본문 시편 38편은 다윗이 밧세바를 범하고 밧세바의 남편 우리아를 죽게 만든 후에 죄로 인한 깊은 우울증에 빠져 있을 때에 쓴 시입니다(다윗은 회개의 시를 일곱 개 썼는데 오늘 본문은 그 중 네 번째로 지은 시편입니다).

우리는 이 시를 통해 다윗이 '자기 죄를 통해 스며들어온 우울과 치열하게 싸우는 모습'을 볼 수 있습니다.

다윗은 범죄 한 후 나단 선지자의 책망을 듣고 자신의 죄에 대해 철저하게 회개했습니다. 그리고 하나님은 그의 기도를 들으시고 죄를 용서해 주셨습니다. 하지만 그는 죄의 벌을 받아야만 했습니다(삼하 12:10-14).

이 일로 인해 다윗은 많은 친구들이 자신을 배신하고 멀리하는 아픔을 감당해야 했고 심지어 자신의 아들 압살롬이 자신을 대적하고 왕위를 찬탈하려 하는 고통을 당했습니다. 특히 압살롬은 많은 사람이 보는 가운데 다윗의 후궁들과 동침함으로 다윗의 자존심을 땅에 떨어뜨렸습니다. 그뿐만 아니라 다윗은 중병에 걸려 온몸의 통증으로 심한 고통을 받아야 했습니다.

"여호와여 주의 노하심으로 나를 책망하지 마시고 주의 분노하심으로 나를 징계하지 마소서 주의 화살이 나를 찌르고 주의 손이 나를 심히 누르시나이다 주의 진노로 말미암아 내 살에 성한 곳이 없사오며 나의 죄로 말미암아 내 뼈에 평안함이 없나이다."(시 38:1-3)

여기서 '주의 화살'은 질병을 가리킵니다.

그는 지금 온몸에 아프지 않은 곳이 없습니다.

얼마나 심하게 아픈지 뼛속까지 평안함이 없을 만큼 뼈마디 마디가 다 아팠습니다. 그야말로 온몸과 영혼이 극도의 아픔에 눌리고 있는 상황이었습니다.

다윗은 자기 죄가 만든 우울로 인하여 심한 고통을 당했습니다. 다윗은 자기 죄로 인하여 하나님의 진노와 분노가 자기 영혼을 향해 쏟아지는 것처럼 느꼈습니다. 결국 자기 죄 때문에 자기 뼈에 평안함이 없다고 고백했습니다. 그뿐만 아니라 본문에서는 영혼의 우울로 말미암아 다윗의 온몸이 감당할 수 없이 아팠다는 것을 구체적으로 말해주고 있습니다.

"내 죄악이 내 머리에 넘쳐서 무거운 짐 같으니 내가 감당할 수 없나이다 내 상처가 썩어 악취가 나오니 내가 우매한 까닭이로소이다 내가 아프고 심히 구부러졌으며 종일토록 슬픔 중에 다니나이다 내 허리에 열기가 가득하고 내 살에 성한 곳이 없나이다 내가 피곤하고 심히 상하였으매 마음이 불안하여 신음하나이다."(시 38:4-8)

영혼에 우울이 생기면 우리 육체에도 우울의 영향이 여실히 드러나게 됩니다. 우울이 깊은 사람들은 눈의 초점이 흐려지고, 귀가 어두워지며, 머리의 총명함이 사라지게 됩니다. 또한 온몸에 신경성 질환이 생기게 되고 사지의 움직임이 둔해지게 됩니다. 그리고 영혼의 우울이 생기면 특별한 일을 하지 않아도 항상 피곤하고, 좇아오는 사람이 없어도 늘 마음이 불안합니다.

지금 다윗이 그러한 상황에 놓여있습니다.

죄가 만든 우울은 다윗의 영혼육을 결박하여 고통과 불안, 피곤과 우매함이 가득한 신세를 만들었습니다. 오늘 우리는 성령의 치유를 받음으로 우울의 늪에서 벗어나서 영적인 자유를 누려야 합니다.

우울의 늪에서 벗어나기 위해서 우리는 어떻게 해야 할까요?

1. 우울의 늪에서 벗어나기 위해서는 먼저 지나친 죄책감의 늪에서 빠져나와야 합니다.

그리스도의 길을 따르다 우울의 늪에 빠진 사람은 영적 전쟁의 고통을 피하기 위해 종종 모순된 태도를 보입니다. 영이 온전히 깨어나 주님이 주시는 행복을 느끼는 성령 충만의 상태를 지향하면서도, 덜 깨어나 전쟁을 덜 치르도록 느끼는 상태를 지속하며 반쯤 눈을 감은 자기 자신의 상태에 대하여 탄식합니다. 자기 자신을 부정하고 상황을 한탄하면서 '지금처럼 나쁜 적은 없었다', '세상에서 내가 제일 절망적이다'라고 믿게 만듭니다.

그러다 어느 선을 넘으면 걷잡을 수 없는 우울의 영에 깊이 사로잡혀 버립니다. 늪은 딛고 걸을 단단한 바닥이 없습니다. 움직이면 움직일수록, 더 깊이, 천천히 빠져들게 됩니다. 우울의 늪에서는 현실을 있는 그대로 보는 분별을 잃어버리게 됩니다.

우울증의 일반적 특징 중에 '자기비난'이 있습니다.

자기비난이란 심리학에서 자신의 존재가치를 스스로 저하시키는 현상으로 자신에게 일어나는 내적 갈등이나 부적합을 일으키는 주체를 자신으로 알고 책임을 자신에게 돌리는 것입니다. 우울증 환자의 증상이 심해지는 것은 모든 책임을 자신에게 돌리는 데서 비롯됩니다. 이는 편집증 환자가 모든 잘못을 외부나 타인에게 돌리는 것과 대조됩니다.

우울증 환자는 자신의 불행에 대해 자신을 비난하는 반면, 편집증 환자는 타인들을 비난합니다. 그래서 우울증 환자는 고통스럽고 위협적인 자기 비난을 자초하며, 동시에 자기 존중감을 파괴시킵니다.

우리는 분명히 죄를 가볍게 여겨서는 안 됩니다. 죄와 싸우되 피 흘리기까지 싸워야 합니다(히 12:14, 렘 48:10).

죄에 대해 합당한 책임감을 가지고 회개하며 죄에서 돌아서야 합니다. 하지만 죄책감에 눌려서 죄책감에 끌려 다니는 것은 하나님의 뜻이 아닙니다.

가브리엘 코코 샤넬은 "죄책감은 아마도 죽음의 가장 고통스러운 동반자일 것이다."라고 했습니다.

많은 사람들이 죄책감의 문제에 시달리는데 그 중에서도 특히 기독교인들이 더 큰 죄책감의 문제를 호소합니다. 진리는 우리를 자유롭게 한다고 했지만, 아이러니하게도 신자들이 더 큰 죄책감의 무게에 짓눌려 살아가고 있습니다.

이러한 죄책감은 내면의 모든 에너지를 소진시키고 미래

를 향한 소망도 빼앗아 버립니다. 죄책감은 어두운 감정을 가져오고 어두운 감정이 지속되면 우울증이 생깁니다. 이러한 우울증이 지속되면 죽고 싶은 생각까지 이어질 수 있습니다. 죄책감의 늪은 표면적으로 굉장히 합리적인 생각들을 제공하면서 더욱 교묘하게 우리를 깊은 우울의 늪에 빠지게 합니다. 오늘 우리는 죄책감과 회개를 구분하여 죄책감의 늪에서 벗어나야 합니다.

"만일 우리가 우리 죄를 자백하면 그는 미쁘시고 의로우사 우리 죄를 사하시며 우리를 모든 불의에서 깨끗하게 하실 것이요."(요일 1:9)

죄책감의 증상은 다음과 같습니다.

① 죄책감의 증상은 자신을 손가락질하며 불안해합니다.

죄를 지을 때 사탄은 우리에게 불안한 마음을 던져줍니다. 그래서 죄를 짓게 되면 언젠가 나쁜 일이 닥칠 것 같은 불안감 속에 살게 되며 작은 실수에도 쉽게 불안해 하고, 어떤 일이 생겼을 때 자신의 죄 때문이라면서 자책합니다. 이런 마음을 내 힘으로 이기려고 '더 기도하고 더 잘해야 돼!'라는 마음을 품게 됩니다. 그리고 정죄를 받지 않기 위해 자기를 계속 비판하며 학대합니다. 그러면서 자기를 감추려고 노력하지만 잘 감추어지지 않을 때마다 심한 고통을 느낍니다.

② 죄책감의 증상은 사랑 안에서 회개하지 못합니다.

많은 사람이 회개를 하지만 하나님을 두려운 존재로만 생각하여 두려움으로 회개합니다. 그러나 사랑 안에서 회개하는 사람은 그만큼 확신도 있고 담대함도 있습니다(요일 4:18)

회개할 때 용서하시는 하나님을 믿으십시오.

흔히 책임감이 강하고 자존심이 강하며 자신의 의를 드러내길 좋아하는 사람들이 죄책감에 잘 묶입니다. 이런 사람들은 성령의 능력으로 사는 것이 아니라 자신의 힘으로 자신의 의를 지키려고 몸부림칩니다. 그리고 죄를 범하면 죄인 된 자신의 실체를 인정하기를 괴로워하며 현실을 부정하고 싶어합니다. 그래서 심한 죄책감에 싸여 자신을 자책하고 죄책감에 오래 끌려다니며 자신을 쓸모없는 존재라고 여기기까지 합니다. 또 이런 사람들은 누가 뭐라고 해서가 아니라 스스로 싸이고 스스로 거짓 죄책감에 빠져듭니다.

죄책감은 더러운 자기 자신에게 상처를 주어야 한다는 강박관념에 속아 스스로 상처받기를 자처하게 합니다. 그로 인해 다른 사람들까지도 아프게 합니다. 사실 거짓 죄책감의 전제는 교만입니다. 나는 그런 죄를 지을 죄인이 아니라는 거부감과 내가 내 죄에 대한 책임을 질 수 있다는 교만이 죄책감을 만들어냅니다.

참소자 사탄은 우리의 교만을 틈타서 우리의 가슴과 양심에 죄책감을 주면서 하나님의 징벌을 받게 합니다. 하나님께 불순종하면 사탄은 즉각 우리의 가슴과 양심을 공격합니다. 죄를 지었을 때 사탄의 소리에 귀를 기울이면 우리는 반드시 절망하게 됩니다. 죄책감으로 인해 하나님과 우리의 사이를 멀어지게 하는 것이 사탄의 전략이기 때문입니다.

사탄은 하나님께 우리의 죄목을 낱낱이 고하는데 이것이 설사 맞는 이야기라고 해도 그 소리를 들어서는 안 됩니다. '사탄의 참소'는 무기력과 절망에 빠지게 하여 멸망에 이르게 하지만 '성령님의 가르침'은 우리를 깨닫게 하여 회복시킨다는 것을 기억하여 둘을 잘 구분해야 합니다.

하나님도 사탄도 죄를 깨닫게 하지만 하나님은 우리가 죄를 회개하고 하나님이 주시는 상급을 받으며 자유한 삶을 살기 원하시고 사탄은 우리가 죄책감에 매여 고통 가운데 멸망의 길로 가게 합니다. 그러기에 우리는 긍휼이 풍성하신 하나님의 사랑을 믿고 회개함으로 죄에서 돌아서야 합니다.

"예수께서 들으시고 그들에게 이르시되 건강한 자에게는 의사가 쓸 데 없고 병든 자에게라야 쓸 데 있느니라 나는 의인을 부르러 온 것이 아니요 죄인을 부르러 왔노라 하시니라."(막 2:17)

"나 곧 나는 나를 위하여 네 허물을 도말하는 자니 네 죄를 기억하지 아니하리라."(사 43:25)

"다시 우리를 불쌍히 여기셔서 우리의 죄악을 발로 밟으시고 우리의 모든 죄를 깊은 바다에 던지시리이다."(미 7:19)

"여호와께서 말씀하시되 오라 우리가 서로 변론하자 너희의 죄가 주홍 같을지라도 눈과 같이 희어질 것이요 진홍같이 붉을지라도 양털같이 희게 되리라."(사 1:18)

우리는 모두 죄인이지만 예수 그리스도의 보혈을 믿음으로 의롭다 함을 받은 의인이라는 것을 잊지 말아야 합니다. 우리가 다시 실패한다 해도, 또다시 초라하게 넘어진다 해도 하나님의 풍성한 사랑은 다시 이길 힘을 주십니다.

뉴욕 대학 교수이며 대중매체 이론가인 더글라스 러쉬코프 박사는 인류가 발명한 가장 놀라운 발명품으로 지우개를 꼽았습니다. 잘못된 것을 지우고 다시 수정하는 지우개가 발명되지 않았다면 과학도 역사도 도덕도 제자리걸음을 하였을 것이므로, 지우개야말로 인류 역사상 가장 위대한 발명품이라는 것입니다.

참으로 뜻깊은 지적입니다.

우리는 용서하시는 하나님의 은혜를 믿고 뒤를 돌아보지 말고 주님이 주신 푯대를 향해 전진하는 삶을 살아야 합니다.

지나친 죄책감이 우울증에 빠지게 한다는 것을 깨닫고 십자가의 능력을 의지하여 죄책감의 늪에서 벗어나야 합니다. 주 안에 있는 우리는 보통 사람이 아닙니다(벧전 2:9)

또한 우리는 우울증에 걸린 사람을 정죄해서도 안 됩니다. 그들의 죄 때문이라며 은근히 정죄하고 판단하면 오히려 우울증이 더욱 심해질 수 있습니다. 그래서 스펄전 목사는 이렇게 말했습니다. "우울증의 증상은 개인의 잘못이나 상상 속에 있는 것이 아니라 극심한 실제적 고통이므로 신자들은 결코 우울증에 빠진 사람들을 조롱하거나 정죄해서는 안 된다. 고통은 마치 벌어진 상처와 같이 실제적이며 오히려 참기가 더 힘든 것인데, 이것은 영혼 깊숙이 전해오는 고통이기 때문에 경험하지 못한 사람들에게는 상상의 산물인 것처럼 보인다. 그러나 우리는 그들을 무시하지 말아야 한다. 우울증이란 신앙의 부족함 또는 개인적인 문제로 비난받을 것이 아니라 오히려 따뜻한 위로와 관심이 필요한 고통이다."

2. 우울의 늪에서 벗어나기 위해 지나친 망상의 늪에서 빠져 나와야 합니다.

보통 우울증에 빠진 사람들은 객관적인 생각을 하지 못합니다. 우울한 마음이 우울한 생각을 만들고, 우울한 생각은 대개 지나친 비관주의를 비롯하여 각종 허황된 망상을 만들기 때문입니다.

'망상'이란 다른 사람들이 자신을 부당하게 괴롭히고 속이며 고통을 주고 피해를 입히려 하고 인생을 비참하게 만들려고 하며, 심지어 자신을 죽이려 한다고 믿는 지나친 상상입니다. 망상은 공상의 도를 넘어선 것이라고 할 수 있는데 이것은 정신분열증이나 편집장애에서 흔히 볼 수 있는 증상으로, 다른 사람이 자신을 해칠 것이라는 비현실적인 생각을 하기 때문에 극도로 불안, 공포, 피해의식, 적개심을 나타낼 뿐만 아니라 이러한 확신을 갖게 됩니다. 망상을 가진 사람은 주관성이 강해 논리적으로 잘 설득되지 않는 특징이 있습니다.

대표적인 망상의 형태는 누군가 자신을 미행한다는 추적망상, 자신을 죽이려고 음식에 독을 탔다고 믿는 피독망상, 자신이 감시당하고 있다고 여기는 관찰 망상, 그리고 색정적 피해망상이라고 하여 자신이 성적 폭행을 당한다고 생각하는 망상 등이 있습니다. 그래서 우울증에 빠진 사람들은 자기 위치나 상황을 객관적으로 파악하지 못하는 경우가 많습니다.

그중에서도 자신만이 피해를 받고 있다는 피해형 편집증이 있는데, 이는 늘 자신이 누군가로부터 부당하게 피해를 받고 있다고 생각합니다. 그래서 늘 타인에 대한 증오감, 혐오감을 가지고 두려움에 갇혀 살아갑니다.

실제로 정신과 의사들에 의하면 우울증이나 불안장애로 병원을 찾는 많은 내담자들은 스스로 믿는 왜곡된 생각들 때문에 우울함에 빠져 스스로를 자책하는 경우가 많다고 합니다.

우울증 환자가 쉽게 빠지는 과대망상에는 크게 세 가지 종류가 있습니다.

첫째는, '흑백 사고' 혹은 '이분법 사고'입니다.

모든 상황을 선과 악, 성공과 실패와 같이 두 가지 양극단으로 해석하는 것입니다. 이러한 사고는 완벽주의자들이나 아직 뇌 발달이 미성숙한 청소년들에게 자주 나타나는 오류로 이들은 자신이 하고 있는 일에서 100점을 못 받으면, 80점을 받아도 모두 0점을 받은 것과 같다고 생각해 자괴감에 빠지는 오류를 범합니다. 또, 자신의 의견에 찬성하는 사람과 반대하는 사람으로 나누어 세상을 보기 때문에 자신에게 동의하지 않는 상대의 말을 적대적으로 받아들여 감정이 상하거나 화를 내기도 합니다.

둘째는, 다른 사람의 행동이나 상황을 자기 멋대로 해석하고 왜곡된 결론에 이르는 '임의적 추론'입니다.

다른 사람이 어떤 생각에 집중하느라 자신을 못 보고 지나친 것을 "나를 싫어하는구나."라고 해석하거나, 같이 있는 친구가 시계를 보면 "나랑 있는 것이 지루한가 보네."라고 일방적인 결론을 내리는 사고방식입니다. 이 오류는 자존감이 낮고 열등감에 시달리는 사람들에게 종종 발생하는데, 사소한 상황에서도 이런 극단적 결론을 쉽게 내리고 스스로 관계를 닫곤 합니다.

셋째는, '독심술'로 자신이 상대의 마음을 다 안다고 생각하는 오류입니다.

주로 부부나 애인, 직장 동료나 상사 사이에 자주 일어나는데, 상대가 평소와 다른 모습을 보일 때 부정적인 방향으로 단정 짓고 혼자 상처받곤 합니다. 직장 일로 피곤한 배우자가 시큰둥하게 말할 때, "이제 사랑이 식었구나."라고 해석하거나, 직장 상사가 "오늘 몇 시에 퇴근해?"라고 물으면 "내가 오버타임으로 일하길 원하는구나."라고 단정 짓는 경우입니다.

이 외에도 몇 개의 작은 사례를 모든 경우에 일반화 시킨다거나, 한번 나쁜 일이 생기면 그 일이 계속 생길 것이라고 믿는 망상도 있습니다. 오늘 우리는 헛된 망상이 우울증을 만든다는 사실을 깨닫고 자신의 생각 속에 있는 망상, 인지왜곡(현실을 항상 비현실적인 방법으로 해석하게 하는 나쁜 사고 습관)을 점검해 보고 버려야 합니다.

본문 속 다윗도 지나친 망상에 빠져있는 것을 볼 수 있습니다. 자신의 고통이 전부 자신이 우매해서 지은 죄의 대가라고 여기며 주님이 자신에게 분노하셔서 자신의 상처가 썩어 악취가 나고 너무 아파서 온몸이 심히 구부러졌다고 말하고 있습니다. 게다가 지금 다윗은 자신을 아무런 소망이 없는 무익한 존재로, 버림받은 존재로 여기고 있습니다. 하나님과의 사랑의 끈이 완전히 끊어져서 다시는 하나님의 사람으로 쓰임 받지 못할 것이라는 절망에 휩싸였습니다.

우울증 환자들은 대부분 현실을 더욱 부정적인 방향으로

확대 해석하는 경향이 있습니다. 누가 자신에게 듣기 싫은 소리를 조금이라도 하면 세상 모든 사람들이 자신을 싫어하고 미워한다고 생각합니다. 그리고 몸에 조금이라도 이상 신호가 있으면 자신에게 죽을 병이 생겼다고 생각하고 두려워합니다.

이렇게 자신의 상태를 오랫동안 부정적인 방향으로 확대 해석하게 되면 그 사람은 심각한 정서장애에 빠집니다. 우울증에 빠져 모든 일에 자신감을 잃어버리게 됩니다. 하는 일마다 실패할 것 같은 두려움 때문에 모든 것을 빨리 포기하려고만 합니다. 그래서 순간순간마다 죽고 싶다는 생각에 사로잡히고 슬프고 비관적인 음악이나 영화를 좋아하게 됩니다. 또 괜히 취하고 싶어 하고 훌쩍 떠나서 아무도 없는 곳에 가고 싶은 충동을 느낍니다.

우리는 지나친 망상이 만드는 우울 증세를 극복하기 위해 문제나 상태를 확대 해석하는 것을 거부해야 합니다. 실제 상황을 있는 그대로 바르게 인식하고자 의도적으로 노력해야 합니다. 그렇게 하지 않으면 자신을 쉽게 비하하게 되고 최악의 상황을 상상하다가 실제로 자신의 인생을 최악의 상황으로 몰아가게 됩니다.

오늘날 많은 사람들이 이런 증상을 보이고 있습니다.

우리의 상태는 어떻습니까?

우리는 항상 하나님의 말씀을 통해 자기 인생을 비추어 보아서 진리를 따르며, 진리의 검증을 받아야 합니다. 부정적인 망상도 피해야 하지만, 과대망상도 피해야 합니다.

어떤 사람들은 지나치게 낙관하여서 현실감각이 없는 사람들도 있습니다. '근거 없는 믿음'이라는 말이 있습니다. 믿음은 말씀에 입각하여 소망하고 바라보는 것인데, 과대망상은 하나님께 집중하는 몰입은 없고 자신이 원하는 상상의 나래를 펼쳐서 초점이 잘못된 소망을 품고 그것이 믿음이라고 생각하게 합니다.

본문 말씀 이후에 다윗은 이렇게 고백합니다.

"내가 사랑하는 자와 내 친구들이 내 상처를 멀리하고 내 친척들도 멀리 섰나이다."(시 38:11)

지금 자신의 주변을 모두 지나치게 부정적으로 보고 있는 것입니다.

"내 생명을 찾는 자가 올무를 놓고 나를 해하려는 자가 괴악한 일을 말하여 종일토록 음모를 꾸미오나."(시 38:12)

물론 다윗의 인생에 그런 일이 실제로 있기도 했습니다.

그럼에도 불구하고 역사하시는 하나님의 사랑과 은혜를 바라보는 것이 믿음의 사람입니다. 대표적으로 요셉은 자신의 형들이 자신을 타국의 노예로 팔았던 사건을 하나님의 은혜의 역사로 해석하여 미움을 뛰어넘어 사랑으로 형들을 품는 삶을 살았습니다.

> "당신들은 나를 해하려 하였으나 하나님은 그것을 선으로 바꾸사 오늘과 같이 많은 백성의 생명을 구원하게 하시려 하셨나니 당신들은 두려워하지 마소서 내가 당신들과 당신들의 자녀를 기르리이다 하고 그들을 간곡한 말로 위로하였더라."(창 50:20-21)

믿음의 사람은 이와 같이 악하고 팍팍한 현실 가운데에서도 하나님의 선하심을 발견해 냅니다. 모든 것을 부정적으로 해석하는 것은 우울증에 걸린 사람들의 특징입니다.

우리 자신을 돌아봅시다.

모든 것을 부정적으로 해석한다면 우리는 우울증에 걸린 사람입니다. 대개 사람들은 오랫동안 영적으로, 정신적으로 피곤하고 지치면 모든 것을 부정적으로 생각하게 됩니다. 이런 생각을 계속 품고 있으면 점점 더 깊은 어둠속으로 빠져들게 됩니다.

부정적인 생각은 사탄의 무기입니다.

부정적인 생각이 들면 예수의 이름으로 단호하게 물리치시기를 소원합니다. 인생에서 중요한 것은 해석의 능력입니다.

어떤 일을 겪었느냐, 어떤 상황 속에 있느냐가 중요한 것이 아니라 왜 그 일을 겪게 되었는지, 왜 그 상황을 통과해야 하는지 하나님의 관점으로 볼 수 있어야 합니다. 구속사적 관점으로 보면 모든 것이 은혜입니다

우리는 무엇보다 '생각'을 잘 지켜야 망상의 늪에 빠지지 않을 수 있습니다. 예수님을 팔아넘긴 가룟 유다도 '생각'을 지키지 못함으로 돌이킬 수 없는 사망의 늪에 빠지고 말았습니다. 우리는 시시때때로 사탄이 주는 부정적인 생각을 물리쳐야 합니다. 물리치지 않으면 사탄은 그 생각으로 우리 안에서 견고한 집을 지어 결국에는 진리와 반대된 망상을 갖게 만듭니다.

"악인은 그의 길을, 불의한 자는 그의 생각을 버리고 여호와께로 돌아오라 그리하면 그가 긍휼히 여기시리라 우리 하나님께로 돌아오라 그가 너그럽게 용서하시리라 이는 내 생각이 너희의 생각과 다르며 내 길은 너희의 길과 다름이니라 여호와의 말씀이니라 이는 하늘이 땅보다 높음 같이 내 길은 너희의 길보다 높으며 내 생각은 너희의 생각보다 높음이니라."(사 55:7–9)

우리 모두는 사탄이 주는 생각의 망상에서 벗어나 하나님이 주시는 복된 생각을 가져야 합니다.

3. 우울의 늪에서 벗어나기 위해 지나친 불신의 늪에서 빠져 나와야 합니다.

한 남자가 사막에서 길을 잃고 헤매고 있었습니다. 목이 말랐지만 도움을 얻을 수 있는 것은 아무 것도 없었습니다. 비몽사몽의 상태에서 걷던 그의 눈앞에 갑자기 시원한 잎을 드리운 야자나무 숲이 나타났습니다. 물이 솟아 나오는 소리도 들렸습니다. 그러나 그는 이렇게 생각했습니다.

"내가 지금 보고 듣고 있는 것은 모두 신기루에 불과해. 환상이 현실처럼 나타나서 내 눈을 속이고 있는 거야."

그는 반쯤 의식을 잃은 채로 쓰러졌습니다. 얼마 후 사막을 유랑하던 두 사람이 야자나무 숲 앞에서 쓰러져 죽은 사람을 발견했습니다. 한 사람이 의아한 표정으로 물었습니다.

"자네 이해할 수 있나? 가까운 곳에 물이 있고 야자열매가 즐비한데 어떻게 굶주려 죽을 수 있지?"

불신은 우리의 모든 능력을 파괴시킬 수 있습니다.

그러나 믿음은 어떤 불가능도 가능케 합니다. 사탄은 끊임없이 우리 마음에 불신을 주어 우리의 영혼과 삶을 파멸시킵니다. 윌리엄 젠킨은 "불신앙이 모든 죄의 기초이다."라고 말했습니다.

결국 우울증은 하나님을 불신하기 때문에 생기는 것입니다. 토마스 페인은 "불신은 천한 영혼들의 친구요, 좋은 교제의 독이다."라고 말했으며 토마스 카라일은 "가장 소름 끼치는 불신은 자기 안에 있는 불신이다."라고 말했습니다.

아무리 힘든 상황에 있다 할지라도 하나님의 도우심을 믿는다면 우울에 빠지지 않습니다. 아무리 절망적인 순간에 놓인다 해도 하나님의 섭리를 바라본다면 우울에 빠지지 않습니다. 그러므로 오늘 우리는 불신의 늪에서 빠져나와서 하나님을 바라보아야 합니다.

다윗은 시편 38편을 마무리하면서 그의 모든 우울한 마음을 내려놓고 하나님을 믿는 눈을 다시 열었습니다.

> "나는 못 듣는 자 같이 듣지 아니하고 말 못하는 자 같이 입을 열지 아니하오니 나는 듣지 못하는 자 같아서 내 입에는 반박할 말이 없나이다 여호와여 내가 주를 바랐사오니 내 주 하나님이 내게 응답하시리이다."(시 38:13-15)

13절에서 다윗은 사람들이 자신을 향해 비난하고 위협해온다 할지라도 벙어리처럼 일체 변명하거나 반박하지 않겠다고 말하고 있습니다. 그리고 오직 하나님만을 바라본다고 고백하면서 하나님의 응답을 기다리는 모습을 보여주고 있습니다.

다윗은 지금 자신의 모습이 하나님께 버림받은 것 같아 아무 할 말이 없는 죄인이지만 그래도 응답해 주시고 사랑해 주실 주님을 고대하고 있습니다. 염치없고 면목 없지만 주님의 사랑에 기대어 주님께 매달리는 것, 그것이 간절한 기도입니다.

이렇게 믿음은 눈을 들어 주님을 바라볼 수 없는 큰 죄를 지었더라도, 뻔뻔하게 보일지라도 자신을 용서해 주실 주님을 바라보는 것입니다. 이러한 믿음으로 나갈 때 우울증은 치료받을 수 있습니다(시 38:21-22, 시 42:5, 시 51:17).

우울증은 영혼의 질병입니다.

현대인은 우울증을 마음의 감기 정도로 치부하지만, 감기보다 훨씬 더 무섭고 극심한 질병입니다. 그렇기 때문에 우울증은 오로지 우리 영혼의 주인이신 하나님께 맡겨야 합니다.

죄성이 있는 인간은 살다 보면 누구나 우울증 증세를 겪을 수 있습니다. 그럴 때마다 인간적으로 해결하거나 나름대로의 해소 방법으로 스트레스를 이겨내려고 하는 것은 우울증을 해결하는 것이 아니라 우울증을 더욱 누르고 키우는 것입니다. 이런 방법은 성령님이 주시는 영성이 아니기 때문에 종국에는 오히려 더욱 우울하고, 거칠고, 무겁게 만듭니다. 그러기에 완전히 해결하기 위해서는 영적으로 접근해야 합니다.

성령님만이 우리의 모나고 거친 내면을 고치실 수 있습니다. 성령의 충만을 입으면 죽고 싶었던 사람도 살고 싶고, 무거웠던 영혼도 새털처럼 가벼워집니다.

성령 충만은 선택이 아니라 필수입니다. 이미 우울의 늪에 빠진 것은 그 영혼이 호흡할 수조차 없을 만큼 우울의 영에 장악된 것입니다. 급히 성령의 은혜가 필요합니다.

우울의 늪에서 성령님의 초월적인 힘으로 이겨내기 위해서는 어떻게 해야 할까요?

● 첫째, 우리는 그동안 하나님의 뜻대로 살아오지 못한 것에 대해서 회개해야 합니다.

아무리 아픈 상처를 받고, 예기치 못한 일이 있었다 할지라도 그것조차 하나님과 우리 사이의 막힌 담으로 인해 허락하신 상황일 수 있습니다. 하나님을 근심하게 하는 것은 큰 죄악입니다. 지나온 세월 동안 하나님께 자복하지 못했다면 잘못된 영적 질서부터 회복시키는 것이 우선입니다.

● 둘째, 말씀의 은혜를 망각한 것에 대해서 회개해야 합니다.

우울증이 깊어지면 영혼이 분별력을 잃고 내가 설 자리와 서지 않을 자리를 모르게 되고 말씀을 들어도 말씀이 들리지 않습니다. 이미 하나님은 우리가 우울의 늪에 너무 깊이 빠지기 전에 예배를 통해서, 인간관계를 통해서, 주의 종을 통해서 무수하게 영혼의 비상등을 켜고 말씀해 주셨을지도 모릅니다. 그런데 우울한 감정에 빠져있어서 하나님이 말씀하셔도 무슨 말씀인지 깨닫지 못할 때가 있지는 않은지 돌아봐야 합니다.

● 셋째, 다른 모든 문제를 내려놓고 성령의 충만을 간구해야 합니다.

인간은 한계성이 많기 때문에 혼자 살아갈 수가 없습니다. 하나님의 도우심이 필요합니다. 성령으로 충만하면 산재한 문제를 내 손으로 억지로 해결하려고 하지 않아도 하나님이 다 이루어 가시는 것을 보게 됩니다. 그리스도인들은 성령 충만이 사명입니다. 성령으로 충만하여 우리를 통해서 하나님의 빛이 나타나 다른 모든 우울한 자들에게 소망이 되어주어야 합니다.

우리가 인생을 살다보면 수많은 어려움에 봉착하게 됩니다. 실수를 하고, 배신을 하고, 배신을 당하기도 하며, 질병에 걸리기도 합니다. 인생에 어려움이 있을 때마다 지나치게 죄책감을 가지고 지나친 망상에 빠지며, 하나님을 불신한다면 우리는 우울의 늪에서 벗어날 수 없습니다.

우리는 성령의 도우심을 믿고 진리의 길로 전진하며 우울의 늪에서 완전히 벗어나야 합니다. 무슨 일을 만나든, 어떤 상황에 처하든 회복시키실 하나님을 신뢰하고 항상 기뻐하는 삶을 살아야 합니다.

우리의 내면 깊은 곳에 자리 잡고 있는 모든 우울의 영이 떠나가기를 소원합니다. 그리고 의와 평강과 희락으로 충만한 하나님의 성령이 여러분에게 임하기를 소원합니다. 모든 우울의 영을 몰아내고, 다른 많은 영혼들의 우울증을 고칠 수 있는 권세를 받아 항상 기뻐함으로 많은 영혼을 살리는 위대한 인생을 사시기를 주님의 이름으로 축원합니다.

〈주님과 동행하는 기쁨 나누기〉

1. 우울의 늪에서 벗어나기 위해서 우리는 어떻게 해야 할까요?

(　) 안에 맞는 단어는 무엇입니까?

(1) 지나친 (　　　)의 늪에서 빠져나와야 합니다.

죄에 대해 합당한 책임감을 가지고 회개하며 죄에서 돌아서야 합니다. 하지만 죄책감에 눌려서 죄책감에 끌려다니는 것은 하나님의 뜻이 아닙니다.

● 지금도 간혹 죄책감 때문에 불안해합니까?

(2) 지나친 (　　)의 늪에서 빠져나와야 합니다.

우울한 마음이 우울한 생각을 만들고, 우울한 생각은 대개 지나친 비관주의를 비롯하여 각종 허황된 망상을 만듭니다.

● 현실에 대한 부정적인 방향 해석이나 긍정적인 방향 해석 중 어느 경향이 있습니까?

(3) 지나친 (　　)의 늪에서 빠져나와야 합니다.

사탄은 끊임없이 우리 마음에 불신을 주어 우리의 영혼과 삶을 파멸시키고 우리의 모든 능력을 파괴시킬 수 있습니다.

● 당신은 우울의 늪에 빠졌을 때 나오기 위해 어떻게 합니까?

2. 아래 성구를 보고 당신의 삶에 일어난 일을 나누십시오.

(1) 고린도후서 3장 17절 – "주는 영이시니 주의 영이 계신 곳에는 자유가 있느니라."

(2) 시편 1, 2절 – "복 있는 사람은 악인들의 꾀를 따르지 아니하며 죄인들의 길에 서지 아니하며 오만한 자들의 자리에 앉지 아니하고 오직 여호와의 율법을 즐거워하여 그의 율법을 주야로 묵상하는도다."

(3) 로마서 8장 1, 2절 – "그러므로 이제 그리스도 예수 안에 있는 자에게는 결코 정죄함이 없나니 이는 그리스도 예수 안에 있는 생명의 성령의 법이 죄와 사망의 법에서 너를 해방하였음이라."

3. 아래 성구의 (   ) 안에 맞는 단어를 넣고 가능하면 암송합시다.

"나 곧 나는 나를 위하여 네 (   )을 도말하는 자니 네 (   )를 기억하지 아니하리라."(사 43:25)

9. 우울의 늪에서 건지시는

작사/작곡 이 순 희

♩ = 78

G D/F♯ Em C Am D/F♯
우 울 의 늪 에 서 건 지 시 는 – 성 령 하 나 님 이 여 주 님

5 C D/F♯ C/G G Am7 C
을 내 안 에 모 심 으 로 무 슨 독 을 마 실 지 라 도 해 를

9 Am D/F♯ G Em Am D
받 지 않 을 것 이 라 어 떤 일 을 만 나 든 어 떤

13 C A/C♯ D Am D G
상 황 에 처 하 든 회 복 시 키 실 주 님 을 신 뢰 하 네

17 Em7 /D /C Em /B Am D B/D♯ Em
주 로 인 해 나 는 항 상 기 뻐 하 네 – 성 령 님 의 도 우 심 믿 고 전 진 하 네 –

21 C G/B Am G/B C D /F♯ G
우 울 의 늪 에 서 건 지 시 는 나 의 주 보 혈 을 의 지 하 네

25 Am D/F♯ G /B D G/B Am Bm7
불 신 앙 의 늪 망 상 의 늪 열 등 감 의 늪 죄 책 감 의 늪 에 서

29 C A/C♯ D C D /F♯ Em
나 를 건 지 시 네 우 울 의 늪 에 서 나 를 건 지 시 는 성 령 –

33 D C G/B Am D7 G
우 울 의 늪 에 서 건 지 시 는 주 보 혈 을 의 지 하 네

제 10 장

내면세계의 돌파로 이루는 외면세계의 돌파

수 3:1-6

"또 여호수아가 아침에 일찍이 일어나서 그와 모든 이스라엘 자손들과 더불어 싯딤에서 떠나 요단에 이르러 건너가기 전에 거기서 유숙하니라 사흘 후에 관리들이 진중으로 두루 다니며 백성에게 명령하여 이르되 너희는 레위 사람 제사장들이 너희 하나님 여호와의 언약궤 메는 것을 보거든 너희가 있는 곳을 떠나 그 뒤를 따르라 그러나 너희와 그 사이 거리가 이천 규빗쯤 되게 하고 그것에 가까이 하지는 말라 그리하면 너희가 행할 길을 알리니 너희가 이전에 이 길을 지나보지 못하였음이니라 하니라 여호수아가 또 백성에게 이르되 너희는 자신을 성결하게 하라 여호와께서 내일 너희 가운데에 기이한 일들을 행하시리라 여호수아가 또 제사장들에게 말하여 이르되 언약궤를 메고 백성에 앞서 건너라 하매 곧 언약궤를 메고 백성에 앞서 나아가니라."

10
내면세계의 돌파로 이루는 외면세계의 돌파

인생을 살다 보면 누구나 위기를 만나게 됩니다.

예수님을 믿는 사람이든, 믿지 않는 사람이든 사람의 인생에는 경제적인 위기, 가정의 위기, 사업의 위기, 건강의 위기, 관계의 위기 등 수많은 위기가 있습니다. 인생의 모든 위기는 우리를 위축시키고 두렵게 만듭니다. 위기를 만난 사람들은 마음이 낙심되고, 사고가 마비되어 좌절하기 쉽습니다. 하지만 예수님을 믿는 우리는 위기 앞에서 다른 삶을 살아야 합니다.

『홍해의 법칙』의 저자 로버트 모건은 인생의 위기를 한 번에 역전시킬 하나님의 법칙 10가지를 말합니다.

1. 하나님은 당신과 늘 함께 하신다.

2. 나의 안전보다는 하나님의 영광을 생각하라.
3. 적을 인식하되 두 눈은 주님을 주시하라.
4. 기도하라.
5. 잠잠히 확신을 가지고 하나님의 역사를 기다리라.
6. 확신이 서지 않으면 믿음으로 한 걸음을 내딛으라.
7. 하나님의 충만한 임재를 마음속에 그려보라.
8. 하나님 자신의 독특한 방법으로 구원하실 것을 믿어라.
9. 현재 위기를 장래 믿음 성장을 위한 디딤돌로 받아들이라.
10. 하나님 찬양하는 것을 잊지 말라.

우리의 고난은 믿음의 성적표를 만들고, 환난은 신앙의 내공을 점검하게 합니다.

인생의 모든 위기를 신앙의 기회로 만들어야 합니다.

삶의 장애물을 만나 전진이 어려울 때 하나님께 더 가까이 나아감으로 정면 돌파하고 장애물을 신앙의 디딤돌로 삼아야 합니다.

영국의 철학자 토마스 칼라일은 "길을 걷다가 돌을 만나면 어떤 사람은 이를 걸림돌이라고 생각하고 어떤 사람은 이를 디딤돌이라고 생각한다."라고 했습니다.

『주님은 나의 최고봉』의 저자 오스왈드 챔버스는 "실패를 불가피한 것으로 여기고 굴복하지 말라. 그것을 성공으로 이르는 디딤돌로 삼으라."라고 했습니다.

청교도 중의 한 사람인 '존 하버드 목사'는 1637년 부푼 꿈을 안고 영국을 떠나 미국 보스턴에 도착했습니다. 그 후 찰스타운 제1교회에서 부목사로 섬기며 매사추세츠 항만 식민지 정부 법무부 위원으로 활동하던 그는 겨우 1년 만에 31세의 나이에 폐결핵으로 아까운 생을 마치게 되었습니다.

그는 죽으면서 그가 못다 이룬 꿈을 담은 애절한 편지와 함께 소장하고 있던 300여 권의 책과 780 파운드의 돈을 2년 전에 새로 설립된 학교에 기증을 하고 세상을 떠났습니다. 이를 기증 받은 학교의 이사들은 깊은 감동을 받고 그의 유지를 받들어 학교명을 '하버드'로 바꾸었습니다. 그가 죽음이라는 절망의 위기 상황에서 감사를 심은 결과 수많은 세계적 인재를 길러내고 있는 '하버드 대학교'라는 아름다운 열매들을 거두게 되었습니다.

위기에 직면하는 것은 쉬운 일이 아니지만 위기가 꼭 나쁜 것만은 아닙니다. 우리는 위기와 어려움을 통해 성장하고 성숙하게 되고, 위기와 어려움을 통해 하나님을 더욱 의지하게 되고, 위기와 어려움을 통해 하나님의 놀라운 능력을 체험하게 되고, 위기와 어려움을 통해 더욱 내적으로 깊이 있는 사람이 됩니다. 그래서 위기를 '위험한 기회, 위험한 고비'라고 합니다. 웹스터 사전에서는 '터닝 포인트(전환점)'라고도 설명하고 있습니다. 그래서 위기라는 단어를 긍정적으로 해석해 보면 '위기란 위험한 고비임과 동시에 새로운 꿈을 향한 기회'라고 정리를 할 수 있습니다. 바로 새로운 기회로의 전환점이 되는 것이 '위기'입니다.

"고난 당한 것이 내게 유익이라 이로 말미암아 내가 주의 율례들을 배우게 되었나이다."(시 119:71)

그런데 오늘날 많은 사람들이 위기를 만나면 전진하여 돌파하지 못합니다. 현대의 많은 사람들은 위기를 돌파할 수 있는 돌파력이 너무 약합니다. 작은 어려움을 만나도 쉽게 무너지고 좌절합니다. 그뿐만 아니라 닥쳐오는 위기를 극복하지 못함으로 제2, 제3의 위기를 맞이하게 됩니다. 이전에 받은 상처도 아물지 않았는데 또 다른 상처를 받고, 처리하지 못한 스트레스 위에 또 다른 스트레스를 받습니다. 이러한 현상이 지속될 때 우울증이나 정신 발작이 일어날 가능성이 매우 높아집니다. 인간은 자기 의지로 어느 정도의 스트레스는 견딜 수 있지만 점점 수위가 높아지면 적응 능력을 잃어버리기 때문입니다.

이렇게 내면세계가 무너져 참혹한 단계에 이른 사람은 깃털 같은 문제를 만나도 천근만근의 무게를 느끼며 괴로워하고, 대수롭지 않은 일을 당해도 살 소망이 끊어진 것처럼 절망합니다. 이렇게 외면세계는 내면세계에 의해 결정됩니다. 그러므로 우리는 인생의 위기가 찾아올 때 먼저 내면세계의 돌파를 이루어야 합니다. 어떤 상황 속에서라도 마음을 새롭게 하면 능히 승리할 수 있습니다. 회복된 마음이 만드는 생명력은 물질의 위기, 가정의 위기, 건강의 위기, 관계의 위기를 넉넉하게 극복하게 하고 하나님의 뜻을 이루는 위대한 삶을 향해 전진하도록 만듭니다.

> "모든 지킬 만한 것 중에 더욱 네 마음을 지키라 생명의 근원이 이에서 남이니라."(잠 4:23)

사실 인생의 문제는 외부의 문제가 아니라 내부의 문제들입니다. 큰 문제가 있어도 우리의 마음에 평안과 침착함이 있으면 문제 해결의 실마리를 찾을 수 있습니다. 그러나 우리의 마음이 요동치면 쉽게 해결될 문제도 해결하지 못합니다. 그래서 우리는 위기의 상황에 있을 때, 마음의 평안과 침착함을 유지해야 합니다(시 42:5, 잠 25:28).

외면세계의 모든 위기는 내면세계의 실체를 드러내는 기회입니다. 외면세계의 위기가 크면 클수록 내면세계 깊은 곳에 있는 실체가 더욱 적나라하게 드러납니다. 절망의 사건을 만나면 내면에 있던 절망이 드러나고, 혈기의 사건을 만나면 내면에 있던 혈기가 드러나고, 시기의 대상을 만나면 내면에 있던 시기가 나타나며, 교만의 분위기가 형성되면 내면에 있던 교만이 나타나게 됩니다.

그러므로 떨어지는 낙엽은 바람을 탓하면 안됩니다.

떨어질 때가 되었는데 마침 바람이 분 것입니다. 아무리 세차게 바람이 불어도 푸르른 잎사귀는 떨어지지 않습니다.

내면세계가 깨끗한 사람은 그 어떤 독을 마셔도 해를 받지 않고, 어떤 위기를 만나도 흔들리지 않습니다. 오히려 모든 '역경'을 뒤집어 인생의 '경력'을 만듭니다. 믿음이 고난을 삼키고, 사랑이 미움을 이기며, 소망이 절망을 뚫어내기 때문입니다.

토마스 아 켐피스의 『그리스도를 본받아』에 나온 대목입니다.

"양심이 깨끗한 사람은 쉽게 만족하고 쉽게 평화에 이릅니다. 칭찬받는다고 더 정결해지는 것도 아니며, 비난받는다고 더 천해지는 것도 아닙니다. 우리는 있는 모습 그대로의 존재이며, 하나님이 여러분에 대해 증거하시는 이상으로 여러분 자신을 더 크고 좋게 말할 수 없습니다. 만일 여러분이 자기 내면의 모습에 주의를 기울인다면, 타인들이 나에 대하여 무엇이라고 말하든 개의치 않을 것입니다. 사람은 외모를 보지만 하나님은 마음, 즉 중심을 보십니다. 사람들은 드러난 행동을 주로 살펴보지만 하나님은 마음의 의도를 중히 여기십니다."

그렇습니다. 이렇게 양심이 깨끗하고 내면세계를 주의하여 들여다보는 사람은 내면세계가 진정한 자신이라는 것을 알 수 있고 그것의 가치를 깨달아 내면세계를 가꾸는 데 더욱 힘을 씁니다.

그런데 내면의 힘이 약하면 외부의 압력에 밀립니다.

고난 앞에 믿음이 힘을 잃고, 미움으로 인해 사랑이 퇴색되며, 절망으로 인해 소망이 사라지게 됩니다. 오늘 우리는 난관을 뚫고 나갈 수 있는 영적 돌파력을 겸비해야 합니다. 내면세계의 모든 어둠을 몰아내고 내면세계를 하나님의 뜻에 비추어 새롭게 함으로 내면세계의 모든 장애물을 돌파해야 합니다.

난해하기로 유명한 분석철학자 루트비히 비트겐슈타인에게는 모차르트가 다시 살아온 것 같다는 찬사를 들었던 피아니스트 파울 비트겐슈타인이란 형이 있었습니다.

그런데 그가 1차 대전에 참전하게 됐고 전쟁 중에 오른손을 부상당해서 잘라내는 비극을 경험해야 했습니다. 사실 오른손이 없는 피아니스트는 상상할 수 없습니다. 피아니스트로서의 그의 생은 누가 봐도 끝이 났습니다.

그는 10여 년의 방황을 거쳐 마침내 운명에 굴복하지 않겠다는 결단을 내렸습니다. 그는 아는 작곡가들을 찾아다니며 자신을 위해서 왼손만으로 칠 수 있는 피아노곡을 작곡해 달라고 부탁했습니다. 그의 청에 응해 왼손만으로 연주할 수 있는 피아노곡을 작곡해준 작곡가는 모리스 라벨이었습니다.

왼손을 위한 피아노 협주곡 D장조가 바로 그 곡입니다.

이 연주가 성공하자 그 이후로 많은 작곡가들이 그를 위해 왼손만을 위한 곡들을 만들어 주었고 두 손이 다 있는 연주가들도 왼손만으로 그 곡들을 연주하게 되었습니다. 한 손만으로 연주하는 피아노곡이 무려 1천 곡이나 된다고 합니다. 이 모든 일들이 파울 비트겐슈타인에게서 비롯된 일입니다.

본문 1절에 "또 여호수아가 아침에 일찍이 일어나서…."라고 말씀합니다. '아침에 일찍이'는 히브리어로 '보케르(בֹּקֶר)'라고 하는데, 어둠이 물러가면서 하늘 끝에서부터 서서히 희미한 빛이 밝아오는 때를 의미합니다. 여호수아는 주님께서 예비해 놓으신 가나안 땅에 들어가기 위해 아침 일찍 일어났는데, 여호수아 6장에서 여리고성을 점령할 때도, 7장에서 아이성을 정복할 때도 적극적으로 일찍 일어나 전쟁에 임했습니다. 즉 문제를 극복하려는 적극성이 있었습니다.

우리는 우리의 내면세계의 문제를 해결하려는 적극적 믿음이 있습니까? 시인 롱펠로우는 "위대한 사람들이 도달했던 성공은 순간의 비행으로 이루어지지 않았다. 그들은 동료가 잠자는 동안 밤새껏 땀을 흘리며 위로 올라갔다."라고 말합니다.

우리의 내면세계는 어떤 상태일까요?

영성훈련은 자신의 내면세계를 정확히 진단하고 자신의 상태를 인정하는 것에서부터 시작합니다. 우리 모두가 영의 눈이 열려 깊은 내면세계를 깨닫고 살아있는 하나님의 예리한 말씀의 검에 의해 내면세계를 수술받는 은혜를 누리시기를 소원합니다.

"하나님의 말씀은 살아 있고 활력이 있어 좌우에 날선 어떤 검보다도 예리하여 혼과 영과 및 관절과 골수를 찔러 쪼개기까지 하며 또 마음의 생각과 뜻을 판단하나니 지으신 것이 하나도 그 앞에 나타나지 않음이 없고 우리의 결산을 받으실 이의 눈앞에 만물이 벌거벗은 것 같이 드러나느니라."(히 4:12-13)

연약한 내면세계, 복잡한 내면세계, 더러워진 내면세계를 가진 사람들은 언제나 외면세계에 지나치게 매달리는 삶을 살아갑니다. 내면세계가 병든 사람들은 삶의 우선순위를 분별하지 못하고 육신의 눈에 보이는 현상에 치중합니다. 그래서 먹는 것, 마시는 것, 입는 것에 대해 염려하며 육신의 정욕, 안목의 정욕, 이생의 자랑을 좇아 살아갑니다(요일 2:15-17).

내면이 약한 사람들을 요즘 '유리멘탈', 또는 '개복치'라고 합니다. 유리멘탈은 '유리처럼 깨지기 쉬운 멘탈'이라고 하고, '개복치'는 일본 게임에 나오는 '조금만 스트레스를 받아도 죽는 캐릭터'입니다.

내면이 약한 사람들은 쉽게 상처받고 환경의 영향을 받습니다. 정신과 전문의 서천석 박사는 '마음이 약하다는 것'에 대해 이렇게 분석했습니다.

"감정적으로 예민하다는 것은 기본적으로 깊은 상처가 있는 경우가 대부분이에요. 어떤 부분에 대해 상처를 갖고 있는 사람은 그 부분에 대해 조금만 부정적인 말을 해도 쉽게 다치죠. 우리의 피부가 살짝 까졌다고 생각해보세요. 평소의 피부는 건드려도 전혀 아프지 않은데, 살짝 까지면 스치기만 해도 너무 아프잖아요."

내면이 약해서 남의 말에 상처를 받게 되면 불필요하게 감정 낭비를 하게 됩니다. 부정적인 생각 때문에 정작 중요한 일에 집중하기도 어려워집니다.

고든 맥도날드는 자신의 저서 『내면세계의 질서와 영적 성장』에서 '내면이 약한 사람의 특징'에 대해 다음과 같이 정리했습니다.

내면세계의 질서 없이 자신만의 새장에 갇혀서 쫓겨 다니는 사람의 특징

1. 오직 성취함으로써 만족을 얻는다(과정보다 결과, 성취에 집착).
2. 성취의 표상에 집착한다.

3. 절제되지 않은 팽창욕에 사로잡혀 있다.
4. 전인적인 인격에는 별 관심이 없다.
5. 사람을 다루는 기술이 서툴고 미숙하다.
6. 아주 경쟁적인 경향이 있다.
7. 반대나 불신에 부딪히게 되면 언제든지 폭발할 수 있는 격렬한 분노를 품고 있기도 하다.
8. 비정상적으로 바쁘다.

내면세계가 약한 사람들은 자신이 가진 육적인 소유가 곧 자신의 존재감이라고 여깁니다. 그래서 지식을 많이 쌓아야, 돈을 많이 벌어야, 아름답고 매력적인 외모를 소유해야 사람들에게 인정받을 수 있다고 생각합니다. 이들은 자신이 행한 일이 곧 자신의 가치라고 생각하기 때문에 만족스러울 만큼 일을 해내지 못하면 자신을 무가치한 존재로 여기고 낙심합니다. 오늘날 현대를 살아가는 많은 사람들이 연약한 내면세계를 가지고 눈에 보이는 육적인 삶에만 집착하며 살아갑니다.

빅터 파라친 박사는 내면의 힘을 기르는 법에 대해서 6가지를 소개했습니다.

1. 마음이 나를 지배하는지, 내가 마음을 지배하는지 자문해보는 것

2. 하나님을 의지하고 기억해야 한다는 것
3. 긍정적인 말을 반복해서 하라는 것
4. 그 문제를 누가 도와줄 수 있을지 떠올려 보는 것
5. 지금의 어려움은 반드시 지나갈 것임을 기억하는 것
6. 성급하지 말고 속단하지 말고 때를 기다리는 것

약할 때 강함 주시는 하나님은 우리가 연약해진 그때에 우리 내면의 질서를 다시 잡아가시는 수술을 행하십니다. 사실 하나님 외에 우리가 안정감을 누리고, 자부심을 느끼는 것들은 우리의 인생을 병들게 만드는 우상입니다.

우상은 건전한 애정을 집착으로 변질시킵니다.

또 우상은 사랑의 자유를 속박으로 바꾸어버립니다.

우상이 우리 인생에 가득할수록 우리의 영은 죽고 육은 마취 주사를 맞은 것처럼 세상 욕심으로 마취되어 마비된 삶을 삽니다. 우리가 진짜 떠나야 할 것은 하나님을 사랑하는 것을 막고 있는 우리 내면의 자아입니다.

잔느 귀용은 "예수 그리스도를 더 깊이 만나는 자리로 들어가기 위해서는 당신의 전 존재를 포기하고 하나님께 맡기고 시작하는 것이 요구된다."라고 말했습니다(갈 5:24, 벧전 2:11).

마틴 루터는 "내 손에 잡아두려고 했더니 모든 것을 다 잃어버렸다. 그런데 하나님의 손에 드렸더니 나는 그것을 아직

도 소유하게 되었다."라고 말했습니다.

> "흩어 구제하여도 더욱 부하게 되는 일이 있나니 과도히 아껴도 가난하게 될 뿐이니라 구제를 좋아하는 자는 풍족하여질 것이요 남을 윤택하게 하는 자는 자기도 윤택하여지리라."(잠 11:24-25)

그런데 오늘날 많은 사람들이 외면세계의 우상에 의해 사로잡혀서 살아갑니다. 이들은 겉으로는 똑똑하고 화려하고 잘나가는 인생을 사는 것처럼 보이지만 속이 병들고 뻥 뚫린 삶을 살아갑니다. 텅 빈 내면을 가지고 있으면서도 외면세계에 치중하는 현대인의 모습을 단편적으로 보여주는 것이 '명품 하울 열풍'이라고 할 수 있습니다. '하울(haul)'이란 '끌다'라는 의미로, 매장에서 쓸어 담듯 산 제품의 개봉 과정을 보여주는 영상을 말합니다.

현재 유튜브에서 '럭셔리 하울' 관련 영상은 120만여 개가 검색되는데 300만 원짜리 치마, 1,570만 원짜리 가방 등의 포장을 벗기는 과정을 보여주는 이러한 영상들은 이례적인 관심을 받고 있습니다. 그 중 가장 주목받는 유튜버 '레나'는 구찌에서만 1,500만 원에 이르는 쇼핑을 한 뒤 구매한 상품들을 소개한 영상을 게시했는데, 이 영상은 공개 2주 만에 200만 건이 넘는 조회 수를 기록했고 댓글도 2만 6천여 개가 달렸습니다. 그가 앞서 공개한 '800만 원 쇼핑하고 옴, 같이 뜯어요'

영상도 260만 건 이상의 조회 수를 기록했습니다.

곽금주 서울대학교 심리학과 교수는 "고액 하울은 먹방과도 같은 것."이라며 "어차피 가질 수 없는 것, 눈으로라도 알고 즐기자는 대리만족 심리가 하울 영상에 대한 관심으로 이어졌다."라고 분석했습니다.

내면세계가 병든 사람들에게는 영적인 가치가 보이지 않습니다. 사탄의 미혹을 받아 내면세계가 약해진 하와가 하나님이 금하신 선악과를 보고 '보암직도 하고 먹음직도 하고 지혜롭게 할 만큼 탐스럽기도 한 나무'라고 생각하며 선악과에 집착한 것처럼, 내면세계에 공허함이 가득한 사람들은 오직 육적인 일에 집착합니다.

내면세계가 병들면 외면세계에 대한 집착이 심해지고 외적인 것들로 인해 지나치게 흔들리게 됩니다. 인기에 흔들리고, 물질에 흔들리며, 쾌락과 편안함에 흔들려 절제하지 못하는 삶을 살아갑니다.

현재 우리나라에도 내면세계가 무너진 사람들로 가득합니다. 이들은 브레이크가 없는 자동차가 질주하듯이 분노하며 우울과 두려움에 장악되어 죄를 지으면서도 양심의 가책도 느끼지 않습니다.

"속에서 곧 사람의 마음에서 나오는 것은 악한 생각 곧 음란과 도둑질과 살인과 간음과 탐욕과 악독과 속임과 음탕과 질투와 비방과 교만과 우매함이

니 이 모든 악한 것이 다 속에서 나와서 사람을 더럽게 하느니라."(막 7:21-23)

2020년 9월 국민건강보험공단 자료에 따르면 최근 5년간 분노조절장애로 치료받는 사람이 30% 이상 증가한 것으로 나타났습니다. 특히 2020년 6월까지의 통계를 보면 이미 지난해 총 환자의 61.7%에 달하는 1,389명이 진료를 받은 것으로 조사됐습니다. 연령대별로 살펴보면 같은 기간 60대의 증가율이 90.6%로 가장 높게 나타났고 다음으로는 20대, 40대 순이었습니다.

우리는 내면세계에 있는 쓰레기와 오물이 우리의 인생을 망치기 전에 내면세계를 깨끗하게 만들어야 합니다. 그리고 우리의 내면세계를 하나님의 선과 뜻으로 가득 채워 무의식적인 행동과 표정 속에도 성령의 열매가 맺히는 삶을 살아야 합니다.

"나무는 각각 그 열매로 아나니 가시나무에서 무화과를, 또는 찔레에서 포도를 따지 못하느니라 선한 사람은 마음에 쌓은 선에서 선을 내고 악한 자는 그 쌓은 악에서 악을 내나니 이는 마음에 가득한 것을 입으로 말함이니라."(눅 6:44-45)

육신의 관리보다 중요한 것이 영혼의 관리이고, 육신의 치료보다 시급한 것이 영혼의 치료입니다.

건강한 믿음을 소유한 사람들은 감정의 어려움이 생길 때 그 어려움을 방치하지 않습니다. 평안이 깨지는 상황을 방치하지 않습니다. 원인을 추적해서 주님 앞에 가지고 나아가서 해결 받습니다. 또 환경으로 인해 삶이 눌리는 상황을 방치하지 않습니다. 그 원인이 어떤 것이든지 최선을 다해 해결하려고 합니다. 믿음으로 문제를 하나님께 가지고 나아가서 지속적으로 해결의 문을 두드립니다.

병든 내면세계를 방치하면 외면세계에 지나치게 매달리며, 외적인 것들로 인해 과도하게 흔들리는 삶을 살아 결국 영적 싱크홀(sinkhole) 현상에 빠지게 됩니다.

싱크홀 현상은 '땅의 지반이 내려앉아 지면에 커다란 웅덩이 및 구멍이 생기는 것'을 뜻하는 말입니다. 이러한 싱크홀 현상은 방치된 내면세계에서도 일어납니다. 외부에서 누르는 압력, 충격, 상처 및 스트레스가 자신이 가진 내면의 에너지보다 클 때 마음속에서 싱크홀 현상이 일어납니다. 싱크홀 현상이 일어나 마음이 무너진 자리에 남는 것은 죄성 밖에 없습니다. 그래서 마음이 무너지고 꺼진 자리에는 우울증, 무기력증, 공황장애, 자아상실 등의 현상이 나타나고, 현실 도피 및 자살 등의 극단적인 행동 양상이 나타나게 됩니다. 이런 인간의 마음 내부 토양에 일어나는 싱크홀은 그 지반이 예수 그리스도라는 반석이 아닌 모래사장 같은 세상에 의지했기에 발생하는 것입니다.

하나님께 뿌리내리고 예수 그리스도를 자신의 반석으로 삼은 사람에게는 마음의 싱크홀이 일어나지 않습니다. 이미 마음에 싱크홀이 일어난 사람은 그 파인 구덩이 같은 마음을 메울 수 있는 것은 오직 예수 그리스도밖에 없다는 것을 깨닫고 부서지고 무너진 마음을 보수하기 위해서 최선을 다해야 합니다. 내적 기반을 다시 다진 후에 무엇을 하여도 열매 맺을 수 있습니다(마 7:21-27).

우리는 내면세계를 새롭게 하고 성령님으로 말미암는 내면세계의 에너지를 확보해야 합니다. 외부 세계의 위기를 만날 때마다 먼저 내면세계의 돌파를 이루어야 합니다. 외부 세계에 일어난 모든 문제의 뿌리는 내면세계에 있습니다. 그러므로 내면세계의 돌파를 이룬 사람은 외면세계의 모든 문제를 돌파할 수 있습니다.

지금 만난 인생의 위기가 있다면 무엇입니까?
어떤 문제가 힘들게 만들고, 내면세계를 억누르고 있습니까?
하나님은 인생의 모든 해답을 우리의 영혼에 새겨놓으셨습니다. 이 시간 우리 모두가 내면세계의 돌파를 이루어 외면세계의 모든 문제를 돌파하는 능력을 누리시기를 소원합니다.

"그의 영광의 풍성함을 따라 그의 성령으로 말미암아 너희 속사람을 능력으로 강건하게 하시오며 믿음으로 말미암아 그리스도께서 너희 마음에 계시게 하시옵고 너희가 사랑 가운데서 뿌리가 박히고 터가 굳어져서 능히 모든 성도와 함께 지식에 넘치는 그리스도의 사랑을 알고 그 너비와 길이와 높이와 깊이가 어떠함을 깨달아 하나님의 모든 충만하신 것으로 너희에게 충만하게 하시기를 구하노라."(엡 3:16-19)

본문 속 이스라엘 백성들도 위기를 만났습니다.

그들은 40년 동안의 광야생활을 마치고 마침내 약속의 땅, 가나안 땅에 입성할 감격적인 때를 만났는데, 요단강이 그들을 가로막고 있었습니다. 이스라엘 백성들에게 있어서 요단강은 외면세계의 큰 위기이자 넘을 수 없는 장애물이었습니다. 오늘날처럼 다리가 있는 것도 아니고, 수많은 백성들이 탈 수 있는 배가 있는 것도 아니었기 때문이었습니다.

더욱이 3장 15절에 보면 이때는 곡식 거두는 시기라 물이 언덕에 넘칠 정도였다고 전하고 있습니다. 요단강의 수원이 되는 곳은 갈릴리 호수 더 북쪽에 있는 헬몬산입니다. 헬몬산은 3,000m 가까이 되는 높은 산입니다. 겨울에 쌓였던 눈들이 4월 보리 수확 철에는 녹아내리기 시작하면서 요단강의 물이 급격히 불어납니다.

정말 난감하지 않습니까?

가나안이 바로 코앞에 있는데 그 앞에는 요단강이 가로막고 있습니다. 인간적인 눈을 가진 이스라엘 백성들은 요단강 앞에서 좌절하고 낙담했을 것입니다. 인간적인 생각으로는 도저히 요단강을 건널 수 있는 묘안이 없었기에 그들은 멈춰 서서 다시 광야로 돌아가야 한다고 생각했을 것입니다.

오늘 우리 앞에 놓여있는 요단강은 무엇입니까?

인생에서 요단강과 같은 난관을 만났을 때 우리가 할 일은 하나님만 바라보는 것입니다.

"나의 영혼이 잠잠히 하나님만 바람이여 나의 구원이 그에게서 나오는도다 오직 그만이 나의 반석이시요 나의 구원이시요 나의 요새이시니 내가 크게 흔들리지 아니하리로다."(시 62:1-2)

인생의 벼랑 끝에서 하나님을 바라볼 때 하나님은 우리에게 차원이 다른 길을 열어주십니다.

찰스 스펄전은 이렇게 말했습니다.

"주님은 당신에게 이제껏 그 누구도 가보지 못한 길을 열어주실 것이다. 마치 바다처럼 당신을 집어삼키려고 위협하는 것들이 결국은 탈출로가 될 것이다."

사실 쉬운 길을 갈 때 우리는 하나님 없이도 당당하게 갈 것입니다. 형통할 때 우리는 하나님을 잘 잊어버립니다. 그러나 고난 당하면 우리는 하나님을 찾습니다. 내 힘으로는 어찌할 수 없어서 하나님께 매달립니다.

이것이 축복입니다.

그때 우리는 광야에 길을, 사막에 강을 만드시는 하나님을 만납니다. 하나님께 가까이 가게 하는 것이라면 그 어떤 고난도 우리에게 축복이 됩니다.

광야는 히브리어로 '미드바르(מִדְבָּר)'이고 말씀을 뜻하는 히브리어 '다바르(דָּבַר)'에서 나왔습니다. 광야는 즉 '말씀이 들리는 곳'이라는 뜻을 가지고 있습니다. 광야는 복잡했던 우리를 단순하게 만들어 줍니다. 광야는 사막과는 좀 다릅니다. 사막은 비가 내려도 물이 땅으로 곧바로 흡수돼서 생명이 자랄 수 없지만, 광야는 물이 내리면 풀도 자라고 꽃도 자랄 수 있습니다. 광야에는 소망이 있습니다. 성령의 생수가 우리의 메마른 광야 같은 심령을 촉촉하게 적실 수 있도록 우리 자신을 내어드려야 합니다(사 43:18-21).

여호수아는 요단강 앞에서 하나님을 바라보았고, 하나님은 여호수아에게 요단강을 돌파할 수 있는 방법을 세 가지로 가르쳐 주셨습니다.

요단강을 돌파하게 하는 하나님의 방법 세 가지입니다.

1. 요단강을 돌파하기 위해 먼저 내면세계의 성결을 이루어야 합니다.

데일 요컴은 “나는 학창시절에 나보다 나은 학생들에 대해 질투하는 감정을 품었으며 싸우기를 좋아했다. 내 속에 불순한 것이 있음을 깨달았을 때 온전한 평안이 마음에 없음을 알았다. 그래서 여러 주일에 걸쳐 순결한 마음을 주시도록 하나님께 열렬하게 간구했다.”라고 말했습니다.

이처럼 성도는 주님을 의지하며 성결한 삶을 살 수 있도록 힘써야 합니다. 인생의 요단강 앞에서 하나님께 나아가면, 하나님은 우리 내면세계에 있는 요단강을 보게 하십니다. 외면세계의 요단강은 내면세계의 요단강이 돌파될 때 해결됩니다. 그러므로 오늘 우리는 인생의 위기 앞에서 우리의 내면세계를 성결하게 해야 합니다.

여호수아는 본문 5절 말씀을 통해 “우리가 성결하기만 하면 하나님이 기이한 일들을 행하신다.”라고 선포했습니다.

> “여호수아가 또 백성에게 이르되 너희는 자신을 성결하게 하라 여호와께서 내일 너희 가운데 기이한 일들을 행하시리라.”(수 3:5)

성결로 쓰인 카다쉬의 재귀형 ‘코데쉬’는 일반적으로 제의적인 용어로 사용되어 여호와께 바쳐진 어떤 물질적인 대상을 가리키기도 하며 하나님의 거룩하심 자체를 나타내기도 합니다. 하나님께서 이스라엘 백성을 부르신 궁극적인 목적은 바로 그들을 거룩하게 하기 위해서였는데, 하나님께서는 당신이 거룩하신 것처럼 당신이 택한 백성들도 거룩하게 되기를 원하시는 것입니다.

성결은 하나님을 닮은 거룩함이자 깨끗함입니다.

성도는 성결할 때 하나님의 얼굴을 보며 하나님의 뜻을 분별할 수 있고, 성결할 때 담대할 수 있으며, 성결할 때 하늘의 평안과 기쁨을 누릴 수 있습니다. 많은 돈으로도 살 수 없고, 큰 능력으로도 얻을 수 없는 하늘의 권능을 얻게 하는 것이 바로 성결입니다. 우리는 깨어지면 깨어질수록, 비우면 비울수록 성결에 가까운 삶을 살게 되고, 성결의 크기만큼 권능과 행복을 누릴 수 있습니다. 그러므로 우리는 인생의 요단강 앞에서 먼저 내면세계의 성결을 이루어야 합니다.

하나님께서 가나안 땅을 마주한 이스라엘 백성에게 요단강을 허락하신 이유는 그들의 마음속에 남아있는 노예근성을 제거하고 성결을 이루게 하기 위함입니다.

애굽의 종으로 있던 이스라엘 백성들이 출애굽해도 그들의 생각과 마음은 여전히 노예근성에 묶여 있었듯이, 우리가 예수님을 믿고 구원을 받아도 죄성의 영향력과 옛사람의 구습은 여전히 남아있습니다. 그래서 예수를 믿어도 죄를 지을 수 있고 거룩하지 못한 삶을 살 수 있는 것입니다. 그러므로 우리는 구원받은 후에 날마다 성결을 이루어 성화의 길로 나아가야 합니다.

성결은 출애굽한 후에 마음속에 남아있는 애굽을 몰아내는 것이고, 자유자가 된 후에도 남아있는 노예근성을 뽑아내는 것입니다(엡 4:22–24).

우리는 원죄의 부패성이 해결된 상태에 도달할 때까지 성결을 이루어가야 합니다. 쓴 뿌리로 인해 많은 사람을 괴롭게 하고 더럽게 하는 삶을 청산하고 새로운 피조물로서의 삶을 살아야 합니다.

우리의 내면세계에 있는 모든 것은 외면세계로 드러나는데, 내면세계가 성결하면 하나님의 능력이 우리의 삶을 통해 나타납니다. 이렇게 하나님의 능력은 거룩함을 통해 나타납니다. 우리는 태양과 같이 스스로 빛을 내는 사람들이 아닙니다. 달이 태양의 빛을 반사 시켜서 빛을 내듯 우리는 주님께 빛을 받아서 그 빛을 반사 시키는 사람들입니다.

"너희는 세상의 빛이라 산 위에 있는 동네가 숨겨지지 못할 것이요 사람이 등불을 켜서 말 아래에 두지 아니하고 등경 위에 두나니 이러므로 집 안 모든 사람에게 비치느니라 이같이 너희 빛이 사람 앞에 비치게 하여 그들로 너희 착한 행실을 보고 하늘에 계신 너희 아버지께 영광을 돌리게 하라."(마 5:14–16)

다시 말해 우리는 통로입니다. 통로가 제구실을 하려면 깨끗해야 합니다. 어떤 상황 가운데에서도 하나님을 볼 수 있다면 우리는 두려움 없이 승리할 것입니다. 하나님을 보게 하는 힘은 성결로부터 말미암습니다(마 5:8).

성결은 다른 말로 '자기 깨어짐'이라고 할 수 있습니다.

죄악에 물든 자아의 깨어짐이 곧 성결입니다.

인간의 자아는 죄에 물들어 악을 향해 달려가는 것에 익숙하기 때문입니다. 깨어진 사람들은 상황과 환경에 관계없이 언제나 부드럽고 온유하고 인격에 깊이가 있습니다. 깨어짐의 시간에는 무관심과 거절감, 수치심, 모멸감 등 가장 아픈 것들을 고통스럽고 힘이 들지만 부딪히고 깨어지는 과정으로 정면 돌파해야 합니다.

성 아우구스티누스는 그의 『참회록』에서 이렇게 말했습니다.

"하나님, 내가 생각하는 것, 말하는 것 그 어느 것 하나도 죄 아닌 것이 있었습니까? 깊이 생각하면 죄 아닌 것이 없습니다."

인간의 자아는 죄투성입니다.

죄에서 나서 죄를 향해 달려가는 우리의 자아는 온통 정욕과 탐심으로 가득합니다. 그러므로 우리는 우리의 자아를 깨뜨리고 자기를 부인함으로 성결을 이루어야 합니다.

"그리스도 예수의 사람들은 육체와 함께 그 정욕과 탐심을 십자가에 못 박았느니라."(갈 5:24)

"또 무리에게 이르시되 아무든지 나를 따라오려거든 자기를 부인하고 날마다 제 십자가를 지고 나를 따를 것이니라."(눅 9:23)

자아라는 감옥에서 해방되지 못하면 우리가 생각하고, 인식하는 것이 다 자아의 상처에 의해 조종을 받게 됩니다. 열등감, 피해의식, 교만, 이기심과 같은 자아의 모습이 우리의 생각 전체를 지배해서 하나님을 바로 볼 수 없게 하고 바로 생각할 수 없게 합니다. 그래서 하나님은 하나님이 쓰시고자 하는 사람을 부르시고 먼저 자기 의를 버리게 하십니다. 철저히 자신에 대해 실망하게 하시고 죄에 굴복할 수밖에 없는 자기 자아에 대해 절망하게 하십니다(롬 7:9, 20-24).

이 시간 자아를 깨뜨리는 성결을 이루시기를 소원합니다. 아직 깨어지지 않은 육체의 일을 깨뜨리고 육적인 기질을 무너뜨리는 십자가의 도를 경험하여 내면세계의 성결을 이루시기를 바랍니다(갈 5:19-21).

외면세계의 돌파는 자아의 깨어짐으로 이루어지고, 육체의 무너짐으로 드러납니다. 그래서 다윗은 하나님 앞에 정한 내면세계를 창조하여 달라고 했습니다.

"주의 얼굴을 내 죄에서 돌이키시고 내 모든 죄악을 지워 주소서 하나님이여 내 속에 정한 마음을 창조하시고 내 안에 정직한 영을 새롭게 하소서."

(시 51:9-10)

이것은 부분적으로 수리해달라고 하는 것이 아닙니다.

재창조해달라는 것입니다. 전에 없던 새로운 창조적 역사로 자신의 심령을 재창조해달라고 간구하고 있는 것입니다. 그리고 자원하는 심령을 달라고 했습니다.

다윗은 자원하는 심령을 하나님께로부터 오는 선물이라고 생각했습니다.

우리에게 이 기도가 필요합니다.

왜냐하면 모태에서부터 죄인으로 태어난 인간의 마음에는 하나님을 대적하는 마음, 하나님의 일을 막는 어둠의 영들이 있기 때문입니다.

하나님을 사랑하지만 하나님의 일을 놓고 우리 안에 생기는 갈등 앞에 우리는 기도해야 합니다. 그러기에 다시 한번 우리는 나는 죽고 예수로 살아야 합니다. 우리 모두는 인생의 요단강 앞에서 자아를 깨뜨리고 죄를 몰아내는 성결을 이루고 정한 마음을 창조 받는 성결의 은혜를 누려야 합니다.

2. 요단강을 돌파하기 위해 내면세계를 하나님의 말씀으로 채워야 합니다.

내면세계의 돌파 2단계는 깨끗하게 비워진 심령 가운데 하나님의 말씀을 충만하게 채우는 것입니다. 이것은 말씀 앞에 자기 생각을 버리는 것이며, 자기 생각이 떠난 자리에 말씀을 채우는 것입니다. 하나님은 여호수아를 통해 이스라엘 백성들이 오직 언약궤 뒤를 좇을 것을 명령하셨습니다. 본문에서 언약궤는 하나님의 임재를 상징하고 하나님의 말씀을 가리킵니다.

> "백성에게 명령하여 이르되 너희는 레위 사람 제사장들이 너희 하나님 여호와의 언약궤 메는 것을 보거든 너희가 있는 곳을 떠나 그 뒤를 따르라."
> (수 3:3)

여호수아에서 '언약궤'가 처음 언급된 곳은 본문 3절입니다. 출애굽 이후 이스라엘 백성들이 광야에서 38년간을 방랑하는 동안 이동할 때나, 진을 치고 머물 때나 항상 언약궤는 이스라엘 백성들의 중심에 있었고 하나님께서는 언약궤가 보관되어 있는 성막을 중심으로 이스라엘 가운데 임재하시고 함께 역사하셨습니다.

이제 앞으로 요단강을 건넌 이후 정복 전쟁이 계속 진행되는 상황에서도 언약궤가 이스라엘의 중심에 있다는 사실이

상징하듯이 하나님께서는 그의 백성 이스라엘 가운데 임재하셔서 약속의 땅을 얻게 하셨습니다. 요단강을 가르는 것은 하나님의 언약궤입니다. 여호수아는 일찍이 하나님의 말씀이 성공의 비결임을 깨달았습니다(수 1:7–9).

하나님의 말씀이 요단강을 지날 때, 요단강은 저절로 갈라지는 역사가 일어납니다.

"온 땅의 주 여호와의 궤를 멘 제사장들의 발바닥이 요단 물을 밟고 멈추면 요단 물 곧 위에서부터 흘러내리던 물이 끊어지고 한 곳에 쌓여 서리라 백성이 요단을 건너려고 자기들의 장막을 떠날 때에 제사장들은 언약궤를 메고 백성 앞에서 나아가니라 요단이 곡식 거두는 시기에는 항상 언덕에 넘치더라 궤를 멘 자들이 요단에 이르며 궤를 멘 제사장들의 발이 물 가에 잠기자 곧 위에서부터 흘러내리던 물이 그쳐서 사르단에 가까운 매우 멀리 있는 아담 성읍 변두리에 일어나 한 곳에 쌓이고 아라바의 바다 염해로 향하여 흘러가는 물은 온전히 끊어지매 백성이 여리고 앞으로 바로 건널새 여호와의 언약궤를 멘 제사장들은 요단 가운데 마른 땅에 굳게 섰고 그 모든 백성이 요단을 건너기를 마칠 때까지 모든 이스라엘은 그 마른 땅으로 건너갔더라."(수 3:13–17)

그러므로 이스라엘 백성들은 오직 언약궤 뒤를 따라야 했습니다.

16절에 보면 제사장들이 언약궤를 메고 요단강을 밟자 요단강이 갈라집니다. 위에서 흘러내리던 물이 그치고 마치 댐처럼 그 위쪽에 쌓이기 시작합니다. 아래로는 물길이 끊기자 바닥이 드러납니다. 언약궤를 멘 제사장들이 요단 한가운데서 있는 동안에는 요단은 마른 땅이 되었고 백성들은 그 언약궤를 보며 강을 건넜습니다. 그리고 그 언약궤를 메고 요단을 나오자 그쳤던 물이 다시 흐르며 강이 됩니다. 오늘 우리의 삶도 이와 같이 말씀의 뒤를 따르는, 말씀의 지배를 받는 삶이 되어야 합니다(딤후 3:16–17).

말씀은 지식이나 정보가 아니라 하나님의 능력, 그 자체입니다. 말씀 안에 하나님의 생명이 있습니다. 그러므로 하나님의 말씀을 듣게 되면 그 생명이 내 속으로 들어오게 되어 어두움을 없애고 슬픔과 염려와 근심을 없애 버립니다.

하나님의 말씀은 우리의 영혼을 변화시키고 육체까지도 변화시킵니다. 비우지 않으면 말씀의 능력이 우리 가운데 나타나지 않습니다. 비우는 것은 버리는 것입니다.

말씀을 대적하는 내 생각을 버리고, 내 뜻을 버리고, 내 의도를 버리고, 내 상처도 버리고, 내 자존심도 버리고 다 예수 안에서 십자가에 못 박은 뒤에 말씀을 받아들이면 그 능력이 우리 안에서 역사합니다. 그러므로 우리는 생각과 이론을 비운 자리에 하나님의 말씀을 채워야 하고 하나님의 말씀을 100% 받아들여야 합니다. 내면세계를 말씀으로 가득 채우고 말씀이 우리의 인생을 인도하는 삶을 살기를 소원합니다. 말씀은 태초부터 계신 예수 그리스도입니다.

> "태초에 말씀이 계시니라 이 말씀이 하나님과 함께 계셨으니 이 말씀은 곧 하나님이시니라."(요 1:1)

우리는 말씀 속에서 예수 그리스도를 발견하게 되고 예수 그리스도는 말씀을 통해 우리를 인도해 가십니다. 주님은 "내가 곧 길이요 진리요 생명이니."(요 14:6)라고 말씀하십니다.

예수님을 발견할 때 우리는 길을 찾은 것과 같습니다.

예수님이 곧 길이요 능력이며 생명입니다.

요단강을 건너는 비결은 바로 예수님만 바라보며 가는 것입니다. 전적인 진리의 인도를 받기 위해 우리는 자신 속의 숨은 의도를 간파해야 합니다. 우리의 깊은 내면세계에 있는 숨은 의도는 우리가 하나님의 말씀에 순종한다고 생각하면서도 순종하지 못하게 만듭니다. 자신이 영광 받기 위해 선한 일을 하면서도 입술로 주님을 위해 한다고 말할 수 있고, 사랑해서 상대방을 위한다고 하면서 속의 의도는 자기의 유익을 구할 수 있는 것입니다. 그래서 존 웨슬리는 "우리의 숨은 의도에 정함을 입어야 한다"라고 말했습니다. 다윗도 자신의 숨은 의도를 하나님께 점검받기를 원했습니다.

> "하나님이여 나를 살피사 내 마음을 아시며 나를 시험하사 내 뜻을 아옵소

서 내게 무슨 악한 행위가 있나 보시고 나를 영원한 길로 인도하소서."(시 139:23-24)

숨은 의도까지 무너뜨리고 하나님의 말씀에 순종하는 사람은 마음을 다하고 뜻을 다하며 힘을 다하여 하나님을 사랑하는 삶을 살게 됩니다. 사랑으로 율법을 완성하고 사랑으로 사명을 이루는 삶을 살게 되는 것입니다.

3. 요단강을 돌파하기 위해 돌파된 내면세계에서 외면세계로 한 발을 내디뎌야 합니다.

내면세계를 비워 성결하게 하고, 내면세계의 깊은 곳까지 하나님의 뜻으로 채웠다면 이제 외면세계에 한 발을 내디뎌야 합니다.

기독교 신앙은 우리의 삶과 동떨어진 뜬구름 잡는 신앙이 아닙니다. 내면세계의 돌파는 반드시 외면세계의 돌파로 이어져야 합니다. 그러므로 참된 영성은 세상에서 빛을 발함으로 많은 사람들이 그 빛을 보고 하나님께 영광을 돌리게 합니다. 진정한 영성은 예배와 기도, 말씀과 찬양에 최우선 순위를 두지만 삶에서도 균형 잡힌 성령의 열매를 맺습니다. 그러므로 오늘 우리의 믿음은 반드시 삶에서 증거 되고 현실에서 열매로 나타나야 합니다.

“이와 같이 행함이 없는 믿음은 그 자체가 죽은 것이라 영혼 없는 몸이 죽은 것 같이 행함이 없는 믿음은 죽은 것이니라.”(약 2:17, 26)

독일 함부르크 대학의 바이올린 교수였던 골드슈타인(Goldstein)은 소련에서 망명 온 음악인입니다. 그는 위암으로 수술을 두 번 받았는데 모두 마취를 거절한 채 수술을 받았습니다. 이유는 마취를 하면 암기한 악보가 망각될 것이라는 것이었습니다. 그는 장기간의 투병 끝에 세상을 떠났는데 죽기 전 자기 손으로 부고를 만들어 화제를 모았습니다.

부고 내용은 다음과 같습니다.

1. 조화를 가져오지 마시오.
2. 조화 대신 부의금으로 해주시오.
3. 부의금은 현금으로 해주시오.
4. 모아진 부의금은 전액 장애인 시설을 위해 써주시오.
5. 장례식에 참석하지 못한 사람들은 은행구좌로 부의금을 송금해 주시오.

골드슈타인은 생전에 그가 연주했던 음악보다 더 멋지고 아름답게 자신의 인생을 마무리했습니다.

요단강을 돌파하기 위해서는 실제로 요단강에 발을 디뎌야 합니다. 이 요단강을 건너는 방식은 홍해를 건널 때와는 다릅니다. 홍해를 건널 때는 모세가 지팡이를 들어 손을 내밀자 홍해가 갈라졌습니다. 홍해가 갈라진 것을 보고 건넌 것입니다. 그러나 요단강을 건널 때는 다릅니다.

> "너는 언약궤를 멘 제사장들에게 명령하여 이르기를 너희가 요단 물 가에 이르거든 요단에 들어서라 하라."(수 3:8)

제사장들이 먼저 한걸음 내디뎌야 했던 요단강은 깊은 강물로 넘실댔습니다. 한 걸음만 잘못 내디뎌도 물에 빠져 죽을 수 있는 상황 속에서 제사장들은 믿음으로 한 걸음을 내디뎠습니다. 그러자 요단강이 갈라졌습니다.

은혜 받는 방식에는 홍해 신앙이 있고 요단강 신앙이 있습니다.

홍해 신앙은 처음 예수를 믿을 때 받는 방식입니다. 이 신앙은 보고 믿는 단계입니다. 기적을 보고 하나님을 믿습니다. 먼저 은혜를 보여주시고, 축복을 주시면 믿겠다는 조건적인 신앙입니다.

그러나 요단강 신앙은 보다 성숙한 단계의 신앙 방식입니다. 이때는 먼저 하나님께 자신을 헌신함으로 은혜를 받습니다.

하나님께 먼저 우리를 드릴 때 하나님께서 우리에게 은혜를 부어주십니다. 그러므로 오늘 우리는 우리의 눈에 아무 증거가 보이지 않아도 먼저 하나님께 우리를 드려야 합니다. 우리의 마음을 드리고 물질을 드리며 시간을 드리고 삶을 드려야 합니다. 동시에 외면세계에서 최선을 다하는 삶을 살아야 합니다.

사실 삶이란, 동화책과 같이 권선징악이 뚜렷하지도 않고, 내 의도대로 움직이지 않습니다. 그럼에도 주님을 신뢰하고, 이끄시는 대로 움직이며, 인내하는 것이 바로 '성숙'입니다.

누구보다도 성숙이 필요한 사람은 그리스도인들입니다. 그런데 사람들은 성숙하려고 하지 않습니다.

A. W. 토저 목사는 "오늘날의 교회에 세 가지 문제가 있다." 라고 말했습니다.

- 첫째는, 믿는 자가 성장하지 않고 항상 어린아이로 머물러 있는 것입니다.
- 둘째는, 믿는 자가 교회 안에서 마땅히 해야 할 일을 알지 못하고 오직 참관만 하는 것입니다.
- 셋째는, 믿는 자가 서로 일치되지 않고 분열과 다툼만 일삼는 것입니다.

A. W. 토저 목사는 이것을 오늘날 교회의 심각한 문제라고 지적하면서 "이것을 해결할 수 있는 길은 오직 하나, 하나님을 알 때만이 가능하다."라고 말했습니다.

영적인 사람은 육적인 사람과 분리되어 살아가는 것이 아니라 세상을 품고 그들을 사랑하며 그들에게 믿음의 본을 보여야 합니다. 영적인 학생은 학교에서 공부하고 친구들을 사귀는 일에 최선을 다해야 합니다. 영적인 직장인은 직장 생활에 최선을 다하고 열심을 쏟아야 합니다. 또 영적인 가정주부는 가정을 돌보는 일에 최선을 다해야 합니다. 영적인 사람은 모든 일을 하나님의 영광을 위해 하고, 하나님의 능력으로 합니다. 그래서 영적인 삶은 삶이 예배가 되고, 삶이 찬양이 되며, 존재 자체가 사명이 됩니다.

> "그런즉 너희가 먹든지 마시든지 무엇을 하든지 다 하나님의 영광을 위하여 하라 유대인에게나 헬라인에게나 하나님의 교회에나 거치는 자가 되지 말고 나와 같이 모든 일에 모든 사람을 기쁘게 하여 자신의 유익을 구하지 아니하고 많은 사람의 유익을 구하여 그들로 구원을 받게 하라."(고전 10:31-33)

지금 한 걸음 내디딜 요단강은 무엇입니까?

도저히 사랑할 수 없는 사람에게 사랑의 인사를 건네 보고, 도저히 해낼 수 없을 것이라 여겨지는 일에 한 걸음의 도전을 시작해 보시기를 바랍니다.

우리의 내면세계의 실체는 삶의 현장에서 드러납니다. 인생에 허락된 문제 앞에 우리의 영성의 점수가 매겨지는 것입니다. 우리의 삶이 사랑의 시험 공간이며, 믿음의 테스트 현장입니다.

우리는 날마다의 예배를 통해 상처를 치료받고 하나님의 능력을 받아 삶의 현장으로 가서 테스트를 받습니다. 진정한 설교가는 강단 위에서 화려한 언변으로 증명되는 것이 아니라 삶의 문제 앞에서 얼마나 설교한 대로 살아내는지를 통해 입증됩니다. 참된 영성가는 예배의 현장 안에서 능수능란한 기도 솜씨를 발휘하며 세워지는 것이 아니라 삶의 고난과 역경의 한복판에서 증명되는 것입니다.

> "그러므로 너희가 이제 여러 가지 시험으로 말미암아 잠깐 근심하게 되지 않을 수 없으나 오히려 크게 기뻐하는도다 너희 믿음의 확실함은 불로 연단하여도 없어질 금보다 더 귀하여 예수 그리스도께서 나타나실 때에 칭찬과 영광과 존귀를 얻게 할 것이니라."(벧전 1:6-7)

내면세계의 돌파로 외면세계의 돌파를 이룹시다.

외면세계는 내면세계에 의해 결정됩니다. 병든 내면세계를 가진 사람은 지나치게 외면세계에 집착하며, 외면세계의 문제에 휘둘리다가 결국 영적 싱크홀에 빠져 파멸에 이르게 됩니다. 그러므로 우리는 깨끗한 내면세계를 소유하여 깨끗한 외면세계를 이루고, 담대한 내면세계를 이루어 외면세계의 모든 문제를 돌파해야 합니다.

내면세계만 돌파되면 외면세계의 모든 문제가 돌파됩니다. 이를 위해 먼저 내면세계를 성결하게 하고, 내면세계를 하나님의 뜻으로 채워야 하며, 돌파된 내면세계로 현실에 한 걸음 내디뎌야 합니다. 내면세계의 돌파를 이루어 외면세계를 돌파하고 영성 혁명의 클라이맥스를 누리시기를 주님의 이름으로 축원합니다.

〈주님과 동행하는 기쁨 나누기〉

1. 요단강을 돌파하게 하는 하나님의 방법입니다.

( ) 안에 맞는 단어는 무엇입니까?

(1) 내면세계의 (   )을 이루어야 합니다.

인생의 요단강 앞에서 하나님께 나아가면, 하나님은 우리 내면세계에 있는 요단강을 보게 하십니다. 외면세계의 요단강은 내면세계의 요단강이 돌파될 때 해결됩니다.

● 우리가 성결해지기 위해서 어떻게 해야 합니까?

(2) 내면세계를 하나님의 말씀으로 채워야 합니다.

깨끗하게 비워진 심령 가운데에 하나님의 말씀을 충만하게 채우는 것입니다. 이것은 말씀 앞에 자기의 생각을 버리는 것이며, 자기 생각이 떠난 자리에 말씀을 채우는 것입니다.

● 하나님의 말씀을 듣거나 묵상 할 때 어두움과 슬픔과 염려와 근심이 없어집니까?

(3) 내면세계에서 (   )로 한 발을 내디뎌야 합니다.

기독교 신앙은 우리의 삶과 동떨어진 뜬구름 잡는 신앙이 아닙니다. 내면세계의 돌파는 반드시 외면세계의 돌파로 이어져야 합니다.

● 주변 사람들에게 "믿는 사람이라 다르다"라는 칭찬을 자주 듣습

니까?

2. 아래 성구를 보고 당신의 삶에 일어난 일을 나누십시오.

(1) 시편 119편 72절 – "고난 당한 것이 내게 유익이라 이로 말미암아 내가 주의 율례들을 배우게 되었나이다."

(2) 잠언 4장 23절 – "모든 지킬 만한 것 중에 더욱 네 마음을 지키라 생명의 근원이 이에서 남이니라."

(3) 시편 62편 1, 2절 – "나의 영혼이 잠잠히 하나님만 바람이여 나의 구원이 그에게서 나오는도다 오직 그만이 나의 반석이시요 나의 구원이시요 나의 요새이시니 내가 크게 흔들리지 아니하리로다."

3. 아래 성구의 ( ) 안에 맞는 단어를 넣고 가능하면 암송합시다.

"흩어 구제하여도 더욱 부하게 되는 일이 있나니 과도히 아껴도 가난하게 될 뿐이니라 ( )를 좋아하는 자는 ( )하여질 것이요 남을 ( )하게 하는 자는 자기도 ( )하여지리라."(잠 11:24–25)

10. 인생의 수많은 문제들

작사/작곡 이 순 희

♩ = 76

Em F#○ Am Em/G F#○ /A B /D#

인 생 의 수 많 은 문 제 들 결 국 내 면 의 문 제

5 Em B/D# C Am B Em

문 제 와 어 려 움 통 해 – 내 면 이 성 숙 하 네

9 Am B /D# C Em B/D# Em /G

주 를 더 욱 의 지 하 네 놀 라 운 능 력 체 험 하 네

13 Am Em/G Am B /D# Em Am B

위 기 와 어 려 움 통 해 – 나 의 영 혼 깊 어 지 네

17 Am Em/G Am/F# B7/D#

나 – 의 내 면 을 하 나 님 의 뜻 으 로 – 채 우 네

21 Em C B Am B C B7

주 – 의 길 로 한 걸 음 씩 – 나 아 가 서 흔 들 리 지 않 는

25 Em B7/D# Am/C B/D# Em F#○ B/D# Em /G

깨 끗 한 내 면 을 소 유 하 네 – 성 결 하 고 정 직 한 내 면

29 Am Em/G Am B C Am7

나 의 내 면 에 있 던 절 망 사 라 지 고 믿 음 이 고 난 을 삼 키

33 B(sus4) B B/D# F#○ Am Em/G

고 사 랑 이 미 움 을 이 기 며 소 망 이 절 망 을 뚫 는

37 B/D# Em /C Am B C B /D# Em

다 네 모 든 역 경 이 기 고 주 를 닮 은 영 성 – 소 유 하 네

〈복음과 내적치유 INDEX〉

1장

1. 헤겔: 게오르크 빌헬름 프리드리히 헤겔(Georg Wilhelm Friedrich Hegel, 1770년 8월 27일 ~ 1831년 11월 14일) 관념철학을 대표하는 독일의 철학자이다. 정반합 개념의 '헤겔의 변증법'으로 대중에게 알려져 있다. 독일 뷔르템베르크에서 태어났으며, 1778년부터 1792년까지 튀빙겐 신학교에서 수학했다. 헤겔 철학에 대한 일반적 평가는 독일 관념론의 거성인 칸트 철학에서 출발하여 이를 마무리 지었다고 보는 견해가 지배적이다. 칸트 철학의 근간은 인식론이며 이를 기초로 하여 소위 심리 철학, 윤리학 그리고 우주론과 신학에 접근하였다. 칸트의 인식론에서 가장 핵심이 되는 개념은 인식의 주체인 '자아'인데, 이 개념은 이미 프랑스의 철학자 데카르트에 의해서 철학적 연구 대상으로 다루어졌다. 그러나 데카르트의 '코지토(cogito: 나는 생각한다)'의 문제는 칸트에게 물론 지대한 관심을 끌었지만 데카르트는 결코 경험의 한계를 벗어나서 '자아'의 문제를 별도로 다루지 않는다. 자아의 문제와 관련하여 헤겔은 칸트 철학의 한계성을 극복하고자 노력하였다.
2. 괴테: 요한 볼프강 폰 괴테(Johann Wolfgang von Goethe, 1749년 8월 28일 ~ 1832년 3월 22일) 독일의 고전주의 성향 작가이자 철학자, 과학자이다. 독일 프랑크푸르트암마인에서 태어나 바이마르 대공국에서 재상직을 지냈고, 궁정극장의 감독으로서 경영·연출·배우 교육 등 전반에 걸쳐 활약하기도 했다. 1806년에 『파우스트』 제1부를 완성했고 별세 1년 전인 1831년에는 제2부를 완성했으며, 연극을 세계적 수준에 올려놓았다. 자연과학 분야에까지 방대한 업적을 남겼으며, 연극분야에서는 셰익스피어뿐만 아니라 프랑스의 고전 작가들을 평가했고, 그리스 고전극의 도입을 시도하였다.
3. 조지 5세: (George V, 1865년 6월 3일 ~ 1936년 1월 20일) 그레이트브리튼 아일랜드 연합 왕국의 국왕이자 그레이트브리튼 및 북아일랜드 연합 왕국 및 인도 제국의 황제이다(재위 : 1910년 5월 6일 ~ 1936년

1월 20일). 현재 영국 국왕 엘리자베스 2세의 할아버지이다. 초대 윈저 왕가 출신의 군주로, 영국의 에드워드 7세의 차남이다.

2장

1. 루이스 에드가 존스: (Lewis Edgar Jones, 1865년 2월 8일 ~ 1936년 9월 1일) 무디 성경학교(Moody Bible Institute) 출신으로 일생을 YMCA(Young Men's Christian Association)에서 체육부장 총무 등을 역임하며 헌신하였다. 그가 작사한 곡으로 찬송가 「빛의 사자들이여」(개역개정 502장)가 있다.
2. 성 어거스틴: 아우구스티누스(Augustinus Hipponensis, 354년 ~ 430년) 현재는 알제리에 속하고 당시는 로마 제국의 영토였던 아프리카 지역의 타가스테에서 태어났다. 그는 원래 마니교를 신봉하였으나 밀라노의 주교 암브로시우스와의 만남을 통해 386년 세례를 받고 기독교로 개종하였다. 390년 말/391년 초 히포 레기우스에 수도 공동체 설립 차 방문하였다가 그곳의 발레리우스 감독의 제의에 의해 사제로 임명되었다. 이후 히포의 사제이자 감독으로서 평생 동안 히포 교회와 북아프리카 교회를 위해 목회하였다. 주요 저작으로는 『고백록』과 『신국론』이 있다. 『고백록』에서 아우구스티누스는 마니교의 경험과 플라톤의 철학이 비물질적 실체의 존재를 생각하도록 하였다고 쓰면서도 이러한 관점에서 벗어나 악의 문제에 대한 신학적 응답을 시도했다. 그는 창세기와 바울의 저서를 논의의 기반으로 삼았다. 『신국론』에서는 그의 신정론을 더욱 발전시켜 인간의 역사 과정과 그 결과에 접목하였다.
3. 츠빙글리: 울리히 츠빙글리(Ulrich Zwingli, 1484년 1월 1일 ~ 1531년 10월 11일) 또는 훌드리히 츠빙글리(Huldrych Zwingli)는 스위스의 종교 개혁자이다. 츠빙글리가 역설한 신학의 핵심은 성경이 하나님의 영감으로 된 말씀이며, 그 권위는 어떠한 종교 회의나 교부들의 주장보다도 더 높다는 것이다. 저서로는 『참 종교와 거짓 종교에 관한 주석』, 『세례에 대하여』, 『재세례와 유아세례에 관하여』, 『주의 만찬에 관하여』,

『신앙 주해』 등이 있다.

4. A. W. 토저: 에이든 윌슨 토저(Aiden Wilson Tozer, 1897년 4월 21일 ~ 1963년 5월 12일) 미국의 개신교 목사이자 설교가, 저자이다. 미국의 대표적인 복음주의 목회자 중 한 명이었으며 교회의 부패한 현실을 비판하고 인기에 영합하지 않는 태도를 보여 '이 시대의 예언자'라는 평을 받았다. 주요 저서로는 『세상과 충돌하라』, 『이것이 성령님이다』, 『나는 진짜인가 가짜인가』 등이 있다.

5. 키에르케고르: 쇠렌 오뷔에 키르케고르(Søren Aabye Kierkegaard, 1813년 5월 5일 ~ 1855년 11월 11일) 19세기 덴마크 철학자이자, 신학자, 시인, 그리고 사회비평가이다. 실존주의 철학자의 선구자로 평가받기도 한다. 그의 작품 중 다수는 신앙의 본질, 기독교 교회의 제도, 기독교 윤리와 신학, 그리고 삶에서 결정을 내려야 할 순간에 개인이 직면하게 되는 감정과 감각 같은 종교적 문제를 다루고 있다. 이 때문에 키르케고르는 무신론적 실존주의자에 속하는 사르트르나 니체와 달리 '기독교 실존주의자'로 평가되기도 한다. 그는 많은 작품을 익명으로 남겼으며, 그가 익명으로 쓴 작품을 비판하는 또 다른 익명의 작품을 출판하기도 하였다. 키르케고르는 철학과 신학, 심리학 그리고 문학의 경계를 넘나들었기 때문에, 현대 사상에서 매우 중요하고 영향력 있는 인물로 여겨진다.

6. 헤밍웨이: 어니스트 밀러 헤밍웨이(Ernest Miller Hemingway, 1899년 7월 21일 ~ 1961년 7월 2일) 미 육군 상사로 예편한 미국의 소설가이자 저널리스트이다. 헤밍웨이의 실속 있고 절제된 표현 방식은 20세기 소설에 강한 영향을 미쳤으며, 또한 모험적인 삶과 대중적인 이미지 역시 후대에 영향을 크게 끼쳤다. 1954년에 노벨 문학상을 수상하였다. 대표작으로는 『무기여 잘 있거라』, 『누구를 위하여 종은 울리나』, 『노인과 바다』가 있다.

3장

1. 존 웨슬리: (John Wesley, 1705년 8월 31일 ~ 1791년 8월 31일) 영국 개신교계에서 영적 대각성 부흥운동을 시작한 인물로, 영국과 미국의 감리교 창시자다. 영국국교회(Church of England)에서 안수를 받았으며 신학자이며 사회운동가이다. 또한 웨슬리의 사역과 저술은 감리교의 활동만이 아니라 19세기 성결 운동과 20세기 오순절 운동 및 기독교 사회복지 운동에 큰 영향을 끼쳤다. 웨슬리는 신학적으로 '그리스도인의 완전'에 대해 주장하였고, 칼빈주의의 이중예정론에 맞섰다. 웨슬리는 그리스도인 내면에 하나님의 사랑이 깊게 자리한다면, 이를 바깥으로 표출하여 사회적 성화를 이루어야 한다고 역설하였다.

2. 우드로우 크롤: (Woodrow Knoll, 1913년 ~) 설교, 저술, 라디오 방송 사역을 통해서 30년 이상 예수 그리스도의 복음을 선포해 왔다. 그는 매일 국제적 사역, '성경으로 돌아가라(Back to the Bible)'를 섬겼다. 그의 저서로는 『나는 하나님이다』, 『하나님이 응답하지 않으실 때』, 『능력을 부여하는 기도』, 『성경의 영향력』 등 다수가 있다.

3. R. A. 토레이: 르우벤 아쳐 토레이(Reuben Archer Torrey, 1856년 1월 28일 ~ 1928년 10월 26일)는 미국의 전도자, 목사, 교육가, 그리고 저술가였다. 예일 대학교, 독일 라이프치히 대학교와 프리드리히 알렉산더 대학교(엘랑겐 대학교)에서 공부한 그는 D. L. 무디와 함께 복음주의 운동에 참여하였다. 바욜라 대학교에서도 가르쳤다. 휘튼 대학교에서 명예학 박사학위를 받았다. 주요 저서로는 『성령 세례 받는 법』, 『기도의 영을 받는 법』, 『말씀의 영을 받는 법』 등이 있다.

4. 히에로니무스: 에우세비우스 소프로니우스 히에로니무스(Eusebius Sophronius Hieronymus, 347년 ~ 420년 9월 30일) 또는 예로니모, 제롬(영어: Jerome)은 기독교 성직자이다. 제1차 니케아 공의회 이후의 보편교회 신학자이자 4대 교부 중 한 사람으로서 특히 서방교회에서 중요한 신학자이다. 라틴어 번역 성경인 불가타 성경의 번역자로 잘 알려져 있다. 현재 천주교회에서는 중요한 성인으로 추대하는 교회박사 가운데 한 사람이다.

5. 존 위클리프: (John Wycliffe, 1320년경 ~ 1384년) 영국의 기독교 신학자이며 종교 개혁가이다. 옥스퍼드 대학을 졸업하였으며, 1374년 교황이 납세 문제로 영국 왕 에드워드 3세를 불러들였을 때 위클리프도 사절단으로 따라갔다. 그 후 교구장이 되어 로마 교황청의 부패를 탄핵하기 시작하였다. 교황 그레고리우스 11세로부터 이단이라는 비난을 받았으나, 계속해서 교황의 권력과 교황 중심의 서방교회 교리에 공격을 가하였다. 후에 종교 개혁 운동의 여러 원리는 모두 그의 교설 가운데서 싹텄다고 여겨지기도 하며 위클리프의 교설은 롤라드파, 즉 그를 따르는 사람들에 의해 각지에 퍼졌다. 민중에게 복음의 진리를 전하기 위해 라틴어로 된 성서를 영어로 번역하여 1382년에 완성하였다. 순교자 윌리암 틴데일이 라틴어 성경을 영어 성경으로 번역하는 일을 하도록 큰 영향을 주었다. 화체설(transubstantiation), 수도원 제도를 비판하고 교황의 권위를 반대하였다. 얀 후스 등 다른 종교 개혁자들에게 큰 영향을 주었다.

6. 마틴 루터: (Martin Luther, 1483년 11월 10일 ~ 1546년 2월 18일) 독일의 종교 개혁가이다. 아우구스티누스 수도회의 수도사이며 비텐베르크 대학교의 교수였던 그는 1517년 10월 31일 로마 가톨릭 교회의 부패와 타락을 비판하는 내용의 95개조 반박문을 발표하고, 오직 성경(sola scriptura), 오직 은혜(sola gratia), 오직 믿음(sola fide)을 강조함으로써 종교 개혁을 촉발시켰다. 로마 가톨릭교회의 면죄부 판매가 회개 없는 용서, 거짓 평안(예레미야 예언자의 가르침을 인용)이라고 비판했으며, 믿음을 통해 의롭다 함을 얻는 '이신 칭의'를 주장했다. 대표적 저서로는 『로마서 강의』, 『그리스도인의 자유에 대하여』, 『탁상담화』, 『노예의지론』 등이 있다.

7. 마이클 패러데이: (Michael Faraday, 1791년 9월 22일 ~ 1867년 8월 25일) 전자기학과 전기화학 분야에 큰 기여를 한 영국의 물리학자이자 화학자이다. 어린 시절에 정식 교육을 거의 받지 못했지만, 역사적으로 매우 훌륭한 과학자로 남았다. 당대에 유명했던 독실한 개신교인으로 아인슈타인의 존경을 받았다. 생전 아인슈타인의 연구실 벽에는 패러데이의 초상화가 걸려 있었다고 한다.

8. 스콧 펙: 모건 스콧 펙(Morgan Scott Peck, 1936년 5월 22일 ~ 2005년 9월 25일) 미국의 정신과 의사이자 베스트셀러 작가였다. 그는 매사추세츠 주, 케임브리지에 있는 하버드 대학교에서 학사 학위를 취득했으며 뉴욕에 있는 컬럼비아 대학에서 의학을 전공하였다. 저서로는 『아직도 가야 할 길』, 『끝나지 않은 여행』, 『거짓의 사람들』 등이 있다.

9. 차승목: (1973년 ~) 목사. 한국성서대학교 성서학과(B. A.)를 졸업하였고, 합동신학대학원 목회학과(M. Div.)를 졸업하였다. 대한예수교장로회(합신) 하늘평화교회 담임목사이며, 여의도 탤런트 신우회 주강사(여의도 월드비전)이다. 전)한림성심대학교 태권도학과 외래교수였으며 태권도하는 목사로 알려져 있다. 저서로는 『광야, 그 은혜의 땅에서』가 있다.

10. 존 트랩: (John Trapp, 1601년 ~ 1669년) 칼빈주의자 주석가이다. 찰스 스펄전이 존 트랩의 주석을 자주 인용하였다. 존 트랩은 워체스터 Free School에서 공부하고 옥스퍼드에서 공부하였다(B. A. 1622년, M. A. 1624년). 1622년 그는 스트랫퍼드 어폰 에이번(Stratford-upon-Avon)의 자유학교에서 교사가 되었으며 1624년에는 그 학교의 교장이 되었다. 그는 스트랫퍼드 근처에 있는 루딩턴(Luddington)에서 설교자로 봉사하였다. 곧 이어 그는 글로체스터 웨스턴 온 에이번(Weston-on-Avon)에서 교구목사가 되었다. 시민전쟁 기간 동안 의회파에 속하였으며 잠시 체포되어 구금된 적도 있다. 1643년 영국 청교도 혁명 기간 동안 스트랫퍼드에서 2년간 의회파 종군목사로 봉사하였다. 1646년부터 1660년까지 웰퍼드 온 에이번(Welford-on-Avon)에서 교사로 봉사했으며 1660년부터 죽기까지 웨스턴(Weston)에서 교구 목사로 사역하였다.

11. 볼테르: (Voltaire [vɔltɛːʁ])라는 필명으로 널리 알려진 프랑수아 마리 아루에 (François-Marie Arouet [fʁɑ̃swa maʁi aʁwɛ], 1694년 11월 21일 ~ 1778년 5월 30일) 프랑스의 계몽주의 작가이다. 프랑스 계몽기의 대표적 철학자로 꼽히는 볼테르는 프랑스의 지성사에서 특별한 위치를 차지한다. 종교적 광신주의에 맞서서 평생 투쟁했던 그는 관용 정신이 없이는 인류의 발전도 문명의 진보도 있을 수 없다고 생각했다. 그래

서 다양한 장르를 넘나드는 그의 저서들 속에는 당대의 지배적 교회 권력이었던 로마 가톨릭교회에 대한 비판이 꾸준히 등장한다. 그의 생각에 반대하는 사람들은 그가 전통적 가치들의 토대인 기독교 정신을 무너뜨리려 하고, 풍기를 문란케 한다고 비난했다. 저서로는 『샤를 12세의 역사』, 『루이 14세의 시대』, 『각 국민의 풍습·정신론』, 『캉디드』 등이 있다.

12. D. L. 무디: (Dwight Lyman Moody, 1837년 2월 5일 ~ 1899년 12월 22일) 미국의 침례교 평신도 설교자이다. 아더 태팬 피어선, 존 와너메이커, 그리고 아도니람 저드슨 고든이 모두 친구로서 미국 복음주의 운동의 선두 역할을 하였다. 1837년 매사추세츠 노스필드(North Field)에서 소작농이자 석수인 에드윈 무디(Edwin Moody)와 베시 홀턴(Betsy Holton) 사이에서 여섯 번째 자녀로 태어났다. 1875년 시카고 빈민가에 교회를 설립했는데, 구두 판매원 출신다운 쉽고 설득력 있는 무디의 설교와 감성을 자극하는 가수 아이라 생키(1870년 무디의 전도 사업에 참여)의 성가는 많은 이들에게 신앙을 갖게 했다. 영국, 스코틀랜드, 아일랜드에서도 전도했는데, 그의 설교는 자리가 모자랄 정도로 대중들의 사랑을 받았다. 남북전쟁 때는 전쟁터에서도 설교했는데 많은 군인들이 무디의 설교를 듣고 회개했다고 한다. 이러한 설교자로서의 활약상은 청년들에게 해외선교 특히, 아시아와 조선선교에 관심을 갖게 했다. 무디성경학교(1886년)와 마운트 헤르몬 학교를 설립하는 업적도 남겼다. 설교집으로 『견고한 성을 붙들다』, 『기쁜 소식』, 『복음을 깨달으라』, 『무디의 명상록』 등이 있다.

4장

1. H. 발자크: 오노레 드 발자크(Honoré de Balzac, 1799년 5월 20일 ~ 1850년 8월 18일) 프랑스의 소설가이자 극작가이다. 1829년부터 1855년까지 출간된 90편이 넘는 소설들을 하나의 작품으로 묶은 불문학에서 가장 중요한 작품 중 하나인 『인간 희극』을 남겼다. 특히 『고리오 영감』이나 『외제니 그랑데』에서 볼 수 있는 사실주의 문체에 두각을

보였으며, 전 유럽에서 인정받은 발자크의 소설은 당대와 후대의 작가들에게 큰 영향을 끼쳤다.

2. 리빙스턴: 데이비드 리빙스턴(David Livingstone, 1813년 3월 19일 ~ 1873년 5월 1일) 스코틀랜드의 조합교회(Congregationalist) 선교사이자 탐험가이다. 24세 때까지 방적(紡績) 공장의 직공으로 있다가 고학으로 글래스고 대학에서 헬라어·신학·의학을 배웠다. 1840년 런던 전도협회의 의료 전도사로서 아프리카에 파송된 후, 1846년 ~ 1856년 제1회 탐험의 결과로 1857년 『전도 여행기』를, 1858년 ~ 1864년 제2회 탐험의 결과로 1865년 『잠베지 강과 그 지류 』를 발표했다. 선구자적인 탐험과 노예 해방 활동 등으로 그는 '암흑대륙(暗黑大陸)의 아버지'로 불리고 있다.

3. 셰익스피어: 윌리엄 셰익스피어(William Shakespeare, 1564년 4월 26일 ~ 1616년 4월 23일) 영국의 극작가였다. 시인, 배우를 꿈꾸다가 극작가가 되었으며 대표 작품으로 『로미오와 줄리엣』, 『베니스의 상인』, 『햄릿』, 『맥베스』 등이 있다. 극작가로서의 활동기는 1590년 ~ 1613년까지 대략 24년간으로 볼 수 있는데 이 기간에 그는 모두 37편의 작품을 발표하였다. 작품의 시기적 구획(區劃)이 다른 어느 작가보다 뚜렷하게 구분되는 특징을 보이는데, 습작적 경향의 초기, 영국사기(英國史記)를 중심으로 한 역사극 집중 시기, 낭만희극을 쓰던 시기, 그리고 일부의 대표작들이 발표된 비극의 시기, 만년의 로맨스극 시기로 나눌 수 있다. 그는 평생을 연극인으로서 충실하게 보냈으며, 자신이 속해 있던 극단을 위해서도 전력을 다했다.

4. 요한 크리스토프 블룸하르트: (Johann Christoph Blumhardt, 1805년 7월 16일 ~ 1880년 2월 25일) 독일 루터교 신학자. 튜빙겐 대학에서 신학을 하고 목사가 된 그는 하나님의 실체를 몸소 체험하기를 갈망하였는데, 후에 아주 생생하게 경험하게 되었다. 1838년 뫼트링겐이라는 작은 마을에서 목회를 할 당시 교인 가운데 한 처녀가 악마에 사로잡혀 고통받게 되었는데, 이 악마의 세력과 2년에 걸쳐 치열한 싸움을 벌인 끝에 극적으로 마귀가 쫓겨나가고 처녀가 치유되었던 것이다. 그 뒤 뫼트링겐은 "예수는 승리자다."라는 환호성과 함께 온 독일에 알려졌다.

그러나 너무 많은 사람들이 뫼트링겐으로 몰려들면서 1852년 블룸하르트는 아내와 함께 이곳을 떠나 바드 볼이라는 마을로 옮겼다. 그곳에서 그는 몸과 마음에 병이 있는 사람들을 도우며 평생을 보냈다. 한국에는 그의 저서 『예수처럼 아이처럼』, 『저녁기도』, 『숨어있는 예수』가 번역되어 소개되었다.

5. 명성훈: 목사. 서강대학교, 한세대학교, 감리교 신학대학원 졸업 후 미국의 풀러 신학대학원에서 박사학위를 받고, 미국 체류시절 남가주순복음교회 담임, 베데스다대학교 교수, 벧엘 한인교회 설교목사로 섬겨왔다. 1990년 귀국 후 여의도 순복음교회 영산연구원 원장, 교회성장연구소 소장으로 10여 년간 한국 교회를 위해 섬겼고, 한세대학교에서 교수로 10년간 제자들을 가르쳤다. 그 이후 여의도 순복음교회 개척담당 부목사, 교무담당 부목사, 제2 성전 담임으로 사역했다. 2005년 9월 영적 스승인 조용기 목사의 명으로 죽전지역에 '성시교회'를 개척하였고 현 분당 정자동으로 이전해 담임목사를 맡고 있다. 현재 153 펩시 교회성장 연구소를 통해 개척교회가 자립하는 교회(100명), 지역을 돕는 교회(500명), 세계를 섬기는 교회(3000명)가 되도록 컨설팅하고 있다. 또한 모든 평신도가 세상에서 일터사도(일터교회를 섬기는 리더)가 되어 하나님의 나라를 세우는 성시화 비전에 큰 관심을 가지고 있다. 주요저서로는 『교회성장마인드』, 『교회 개척의 원리와 전략』 등이 있다.

6. 존 파이퍼: 존 스테판 파이퍼(John Stephen Piper, 1946년 1월 11일 ~) 미국의 칼빈주의 침례교 목사. 휘튼 칼리지(Wheaton College)와 풀러 신학교(Fuller Theological Seminary)를 거쳐 뮌헨 대학교에서 신학 박사 학위를 받았으며, 베델 대학(Bethel College)에서 6년 동안 학생들을 가르쳤다. 미국 미네소타주 미니애폴리스에 있는 베들레헴 침례교회(Bethlehem Baptist Church)에서 30년이 넘도록 목회를 하고 있다. 베르나드 엘러(Vernard Eller)가 최초로 사용했던 개념인 기독교 낙신주의(樂神主義, Christian hedonism)를 주장한다. 저서로는 『하나님을 사모함』, 『열방을 향해 가라』, 『하나님을 맛보는 묵상』, 『형제들이여, 우리는 전문직업인이 아닙니다』, 『하나님의 숨겨진 미소』, 『여호와를 기뻐하라』, 『나의 기쁨, 하나님의 영광』, 『삶을 낭비하지 말라』 등이 있다.

7. 오스왈드 챔버스: (Oswald Chambers, 1874년 7월 24일 ~ 1917년 11월 15일) 20세기 스코틀랜드 개신교 목사이며 교사. 묵상집 『주님은 나의 최고봉, 부제: 최상의 주님께 나의 최선을 드립니다(My Utmost for His Highest)』의 저자이다. 찰스 스펄전의 목회 사역 아래에서 십대에 회심한 그는 목회자로 부르심을 받아서 두눈(Dunoon) 대학에서 신학을 공부하였다. 그는 1906년부터 1910년까지 미국, 영국, 일본 등지를 순회하며 성경을 가르치는 사역을 하였으며, 1911년에 런던의 클래펌(Clapham)에 성경대학(The Bible College)을 세우고, 1915년에는 1차 세계 대전 중에 YMCA 군목이 되었다.

5장

1. 아더 덴트: (Arthur Dent, 1553년 ~ 1607년) 영국 레스터셔주 멜턴에서 출생한 영국 교회 성직자이자 저술가, 설교자이다. 그는 1577년에 성직자로 임직 받았으며, 임직 후 1580년에 그는 남 슈버리의 교회에서 첫 사역을 시작했다. 아더 덴트는 개혁적인 사람으로서 가운을 입는 것을 거부했고 세례 시에 십자가 성호를 긋지 않았다. 그로 인해 교회 고위층의 분노를 불러일으켰다. 또한 그는 모든 사람이 복음 메시지를 믿고 주 예수 그리스도를 영접하기를 간절히 소원했던 열성적인 그리스도인이었다. 저서로는 『평범한 사람이 천국에 이르는 좁은 길 1』 등 다수가 있다.
2. 로버트 펠드먼: (Robert S. Feldman, 1947년 12월 18일 ~) 현재 매사추세츠 주립대학교 애머스트 캠퍼스 사회과학대학 임시 학장이자 심리학 교수로, 우수대학 교육자상을 수상했다. 미국 심리학회와 미국 심리과학회의 일원으로 30년간 거짓말과 일상의 속임수를 연구해온 심리학의 전문가이다. 주요 저서로는 『우리는 10분에 세 번 거짓말을 말한다』가 있다.
3. 베르트하이머: (Max Wertheimer, 1880년 4월 15일 ~ 1943년 10월 12일) 오스트리아-헝가리 제국 출신의 심리학자로 쿠르트 코프카, 볼

프강 쾰러와 더불어 게슈탈트 심리학의 창시자 세 명 중 한 명이다. 그는 종래의 요소론적 형태심리학을 창조했으며, 이 학파의 기관지 「심리학 연구소」 편집자로서 학파 발전에 큰 기여를 했다.

4. 데이비드 브링클리: (David McClure Brinkley, 1920년 7월 10일 ~ 2003년 6월 11일) 미국의 저널리스트이다. 1956년부터 NBC에서 체트 헌틀리와 함께 헌틀리-브링클리 리포트를 진행하면서 큰 인기를 얻었다. 데이비드 브링클리는 언론계에 이바지한 공로로 에미상을 10번 수상했으며 피버디상을 3번 수상했고, 대통령 자유 훈장을 받았다.

5. 안젤름 그륀: (Anselm Gruen, 1945년 1월 14일 ~) 독일 베네딕토회 수도사이다. 그는 신학, 경영학, 철학뿐만 아니라 각종 영성 강좌와 심리학 강좌를 두루 섭렵하면서 칼 융(C. G. Jung)의 분석 심리학을 집중적으로 연구했다. 무엇보다 에바그리우스 폰티쿠스, 요하네스 카시아누스 그리고 사막 교부들에 특별한 관심을 쏟았다. 1976년 이래 뮌스터슈바르작 수도원의 재무를 담당하고 있으며, 다채로운 영성 강좌와 강연뿐 아니라 저술에도 힘을 쏟아 지금까지 영성에 초점을 맞춘 약 300권의 책을 저술했다. 1991년부터는 정신적 어려움을 겪는 사제와 수도자들을 위한 프로그램의 영적 지도신부로 봉사하고 있다. 주요 저서로는 『위로의 약국』, 『자기 자신 잘 대하기』, 『너 자신을 아프게 하지 마라』, 『길 위에서』, 『하루를 살아도 행복하게』, 『인생이라는 등산길에서』, 『참 소중한 나』, 『아이들이 신에 대해 묻다』, 『우울증 벗어나기』, 『내 마음의 주치의』, 『우애의 발견』, 『피정하고 싶다』, 『아름답게 나이 들기 위하여』 등이 있다.

6장

1. 하인츠 프레히터: (Heinz Prechter, 1942년 1월 19일 ~ 2001년 7월 6일) 독일 태생의 미국 기업가로 미국 썬루프 회사(American Sunroof Company, ASC)를 설립했다. 그는 또한 운송, 호텔 및 통신 회사로 구성된 헤리티지 네트워크(Heritage Network, Inc.)를 설립했다. 그는 기

업가이자 지역 사회 지도자이자 자선가였다. 그는 또한 부시 대통령 일가의 친한 친구이자 강력한 기금 마련자였다.

2. C. S. 루이스: (Clive Staples Lewis, 1898년 11월 29일 ~ 1963년 11월 22일) 영국의 소설가이자 잉글랜드 성공회의 평신도이다. 또한 케임브리지 대학교에서 철학과 르네상스 문학을 가르쳤다. 부모의 사망을 계기로 무신론자가 되기도 했지만, 로마 가톨릭 신자인 J. R. R. 톨킨과 다른 친구들의 영향으로 30세 때인 1929년 성공회 신앙을 받아들여 성공회 홀리 트리니티 교회에서 평생 신앙생활을 했다. 그는 성공회 신자였지만 개신교, 로마 가톨릭교회 등 기독교의 교파를 초월한 교리를 설명한 기독교 변증과 소설 『나니아 연대기』로 유명하다. 루이스가 기독교인이 된 이후로 쓴 첫 번째 소설은 존 번연의 『천로역정』을 그의 기독교적 경험을 바탕으로 묘사한 순례자의 귀향이다. 주요 저서로는 『순전한 기독교』, 『스쿠르테이프의 편지』, 『네 가지 사랑』 등이 있다.

7장

1. 레드포드 윌리암스: (Redford B. Williams, 1940년 12월 ~) 듀크대학센터(Duke University Center) 정신의학 및 행동과학 교수이자 심리학 및 신경과학 교수이다. 의학적 장애의 발병 및 경과에 관여하는 심리사회적 요인을 확인하고, 그러한 요인이 질병에 영향을 미치는 생물학적 행동 기전을 특성화하고 심리사회적 요인이 질병에 미치는 악영향을 예방하거나 개선하는 행동 및 약리학적 수단에 대해 연구했다. 주요 저서로는 『분노가 죽인다』, 『Perspectives on Behavioral Medicine』 등이 있다.

2. 가버 메이트: (Gabor Maté, 1944년 1월 6일 ~) 헝가리계 캐나다인 심리학자이자 중독 분야 전문가로서 베스트셀러 작가이다. 중독에 대한 그의 접근 방식은 환자가 겪은 트라우마에 초점을 맞추고 회복 과정에서 이를 해결하려고 한다. 자신의 저서 『In The Realm of Hungry Ghosts: Close Encounters with Addiction』에서 약물 사용 장애가 있

는 사람들이 겪는 트라우마의 유형과 이것이 나중에 그들의 의사 결정에 미치는 영향에 대해 설명한다. 또한 그는 ADHD, 스트레스, 발달 심리학, 중독을 포함한 주제를 탐구하는 네 권의 책을 저술했다. 대표적인 저서로는 『흐트러진 마음』, 『몸이 아니라고 말할 때』가 있다.

3. 김형근: 대한신학대학원대학교에서 신학을 전공하고 생명 대학(Life university) 목회상담학 박사이다. 대상관계정신분석 심리치료사 수련을 마치고 (재)한국마약퇴치운동본부에서 [중독자/약물상담자]대상으로 교육 및 집단 심리치료(교도소 프로그램)를 해오면서 연구소를 시작하였다. 현재 서울중독심리연구소 소장, 한국기독교 심리 상담학회 슈퍼바이저, 한국보호관찰학회 이사, 한국마약퇴치운동본부 정책자문의원으로 활동하고 있다. 저서로는 『내 마음인데 왜 내 마음대로 안 되는 걸까?』, 『성 중독의 눈 음란물중독 심리이해』, 『성 중독 회복을 향한 첫걸음』이 있다.

4. 제롬 그루프먼: (Jerome Groopman, 1952년 ~) 현재 하버드 의대 암 전문의이며, 산하기관인 베스 이스라엘 디커니스 메디컬 센터의 실험의학 과장으로 재직 중이며, 국립 심장폐혈액연구소의 에이즈 자문 위원이자 국립 에이즈과학위원회 초기멤버로 활동하고 있다. 또한 집필활동을 활발하게 펼치며 의학의 대중화에 힘쓰고 있다. 국내에는 『희망의 힘』으로 이름을 알렸으며, 그 외에도 『우리 시대의 기준』, 『못 다한 이야기들』 등의 저서를 펴냈다.

5. 프란츠 카프카: (Franz Kafka, 1883년 7월 3일 ~ 1924년 6월 3일) 오스트리아-헝가리 제국의 유대계 소설가이다. 그의 일생의 유일한 의미와 목표는 문학창작에 있었다. 카프카는 사후 그의 모든 서류를 소각하기를 유언으로 남겼으나, 그의 친구 막스 브로드(Max Brod)가 카프카의 유작, 일기, 편지 등을 출판하여 현대 문학사에 카프카의 이름을 남겼다. 「선고」, 「변신」, 「유형지에서」 등의 단편과 『실종자』, 『소송』, 『성』 등의 미완성 장편, 작품집 『관찰』, 『시골 의사』, 『단식 광대』 등 많은 작품을 썼고 일기와 편지 등도 방대한 양을 남겼다. 인간 운명의 부조리성과 인간 존재의 근원적 불안에 대한 통찰을 그려내, 사르트르와 카뮈에 의해 실존주의 문학의 선구자로 평가받았다.

6. 앤드류 매튜스: (Andrew Matthews, 1957년 11월 4일 ~) 베스트셀러 작가이자 만화 예술가이며 뛰어난 대중 연설가이다. 스물다섯 살이 되던 해에 좀 더 행복해지기 위해 미국으로 건너가 초상화를 그리는 만화 예술가가 되었다. 1988년에 출판된 첫 작품 『BEING HAPPY!』는 출간 직후부터 전 세계적인 반향을 불러일으키며 가장 단 시간 안에 밀리언셀러가 되었다. 국내에도 소개된 『마음 가는 대로 해라』, 『친구는 돈보다 소중하다』는 100만 부 이상 판매되며 많은 사랑을 받았다.

7. 이철환: (1962년 ~) 소설과 동화를 쓰는 작가. 대표 저서로는 『연탄길』이 있다. 이 외에도 『행복한 고물상』, 『위로』, 『곰보빵』, 『눈물은 힘이 세다』, 『송이의 노란 우산』, 『낙타 할아버지는 어디로 갔을까』, 『아버지의 자전거』, 『세상에서 가장 맛있는 자장면』 등이 있다. 그의 작품들은 한국을 넘어 아시아에서도 독자들의 사랑을 받고 있다. 그의 모든 글의 주제는 사랑이다.

8. 오리게네스: (Origenes, 185년 ~ 254년) 알렉산드리아학파를 대표하는 교부이다. 그의 아버지는 그가 어린 시절 순교했고, 그도 데키우스 황제의 박해를 받아 254년 티레에서 순교했다. 당시 로마 철학자였던 켈수스는 『참된 교리에 관하여』라는 책을 통하여 기독교를 무지하고 미신적인 것이라고 공격하였다. 이에 오리게네스는 켈수스를 지목하여 『켈수스를 논박함』이라는 책을 펴냄으로 계속되는 박해에도 불구하고 기독교를 존경할 만한 새로운 시대의 종교로 발돋움하는데 기초를 놓았다. 오리게네스의 기독교 철학 체계를 훌륭하게 설명하고 있는 『원리론』은 하나님의 본질과 그의 로고스와 창조, 그리고 그 밖의 많은 주제들에 관한 신학적 사고를 유감없이 전개하였다.

8장

1. 존 번연: (John Bunyan, 1628년 11월 28일 ~ 1688년 8월 31일) 영국의 설교자이자 작가. 성경 다음으로 가장 많이 인쇄된 책이라는 『천로역정』을 비롯해 『죄인의 괴수에게 넘치는 은혜』, 『거룩한 전쟁』, 『악인

씨의 삶과 죽음』 등의 명저를 남겼다. 종교적 우화 소설인 『천로역정』은 꿈의 형식을 빌려 쓰였으며, 영원한 목표를 찾아가는 크리스천의 순례 여정이 1부에, 크리스천을 따라 순례 길에 오른 아내 크리스티아나와 네 아들 이야기가 2부에 담겨있다.

2. 루시 쇼: (Luci Shaw, 1928년 12월 29일 ~) 북미주와 한국의 영적 각성에 영향을 끼치는 '리전트 칼리지 사단'의 일원으로 주옥같은 여러 권의 시집과 저서를 펴낸 영성 작가이다. 유진 피터슨, 제임스 패커, 폴 스티븐스를 비롯한 저명한 저술가들과 함께 활동하며 신선한 신앙적 상상력을 담아낸 왕성한 글쓰기를 하고 있다. 저서로는 『내 영혼의 번지점프』, 『물 댄 동산 같은 내 영혼』, 『The Generosity, Eye of the Beholder』 등이 있다.

3. 한경직: (1902년 12월 29일 ~ 2000년 4월 19일) 목사. 해방 이후 대한예수교장로회 총회장, 한국기독공보사 사장, 한국기독교교회협의회 회장 등을 역임한 대한민국의 장로교 목회자이자 교육자이다. 영락교회의 창립자이며 한국 기독교 문화 교육 등의 분야에 평생을 헌신했다.

4. 고든 맥도날드: (Gordon MacDonald, 1939년 4월 27일 ~) 전 세계 수많은 목회자들의 멘토이자 세계적인 베스트셀러 작가이다. 콜로라도 주립대학교와 덴버 신학교를 나와서 매사추세츠 주 렉싱턴의 그레이스 채플에서 40년간 사역했다. 미국 기독학생회(IVF)의 회장을 역임하기도 했던 그는 세계적인 정치 경제 지도자들과의 토론을 통해 기독교적 가치관의 확립과 전파를 도모하는 트리니티 포럼(TRINITY FORUM)의 선임연구원으로 강연과 저술 활동을 해 왔다. 저서로 『내면세계의 질서와 영적 성장』, 『하나님이 축복하시는 삶』, 『인생의 궤도를 수정할 때』, 『영적인 열정을 회복하라』, 『영혼이 성장하는 리더』, 『무너진 세계를 재건하라』, 『현실세계, 믿음 진정한 그리스도인』 등이 있다. 현재 그는 세계를 누비며 교회와 기업 지도자들을 대상으로 강연을 하고 있으며 덴버 신학교 명예총장으로 역임 중이다.

5. 존 헤론: (John W. Heron, 1856년 6월 15일 ~ 1890년 7월 26일) 영국 태생으로, 미국의 선교사이자 의사이며 한국 이름은 헤론(惠論)이

다. 고종의 주치의를 지냈다. 알렌 선교사가 세운 한국 최초의 현대식 병원, 「광혜원」이 후에 「제중원」으로 이름을 바꾸고 헤론이 2대 원장을 역임했다. 그는 의료 활동을 하다가 전염성 이질로 사망하여 최초의 개신교 선교사로 양화진에 묻혔다. 묘비에는 "하나님의 아들이 나를 사랑하시고, 나를 위하여 자신을 주셨다"라고 쓰여 있다.

6. 이수정: (1842년경 ~ 1886년경) 19세기 조선의 개신교 수용과 근대화 문제를 거론할 때 반드시 언급해야 할 핵심 인물 중 한 명이다. 그는 임오군란이 일어났을 때 농부로 변장하여 명성황후를 지게에 거름이 나가는 것처럼 꾸며 궁궐에서 나가 무사히 피신시켰다. 그는 이 업적으로 왕실의 신임을 얻게 되었고, 1882년 10월 고종의 허락 하에 비수행원으로 신사유람단과 함께 일본으로 건너가 문물 탐방과 자유로운 학술 연구를 할 기회를 갖게 된다. 1883년 4월 29일 도쿄 소재의 로게츠쵸 교회에서 야스카와 토오루(安川 亨) 목사에게 세례를 받고 정식 개신교인이 된다. 1883년 말 이수정은 미국 기독교인들에게 자신의 조국인 조선의 문물이 개방되고 있어 이전과 같이 기독교를 박해하지 못할 것이라는 상황을 알리고 조선에 오는 선교사를 돕겠다는 내용을 담은 편지를 보냄으로써 자신의 조국에 선교사를 보내줄 것을 미국 교회에 요청하였다. 이수정의 편지는 일반 기독교 주간지인 「일러스트레이티드 크리스챤 위크」(The Illustrated Christian Week)의 1월호(1884년 1월 26일 발행)와 선교잡지 「미셔너리 리뷰」(Missionary Review)의 3월호에 게재되었고, 다른 잡지들이 이수정의 편지를 '마게도니아인의 부름'으로 지속적으로 소개하게 되었다. 미국 북장로교회 해외선교부는 이수정의 편지를 계기로 언더우드를 한국을 위한 선교사로 임명하게 된다. 또한 그는 성경을 한글로 직접 번역했고 초기 개신교 선교사 아펜젤러, 언더우드는 일본 요코하마에 체류하던 이수정에게 한국어를 배웠으며, 미국에서 일본을 통해 한국에 입국하는 선교사들은 이수정의 한국어 번역본 성경을 가지고 선교 활동을 시작할 수 있었다. 1885년 7월부터 도쿄의 조선인 유학생들을 모아 예배집례를 주관했으며, 이들 유학생들에게 일본의 선진 문물을 전수하였다. 그는 개화파의 핵심 인물들이었던 서재필, 김옥균, 홍영식, 서광범 등에게 개신교 교리를 전파했다. 1886년 귀국과 동시에 개화파를 적대시하던 당시 집권 세력에 의해

처형되었다.

9장

1. 베르톨트 울자머: (Bertold Ulsamer, 1954년 ~) 독일의 저명한 멘탈 트레이닝 전문가이다. 전문적인 커뮤니케이션, 자기 관리, 및 개인 성장 분야에서 10개의 언어로 번역된 20권 이상의 책을 저술했다. 그의 저서로는 『나에겐 특별한 것이 있다』, 『직장인을 위한 EQ』, 『Make Peace with Your Parents! The 7 Steps to Reconciliation』, 『The Healing Power of the Past: A New Approach to Healing』 등이 있다.
2. 한창수: (1968년 ~) 정신 건강 전문의. 고려 대학교를 졸업하고 동 대학원과 미국 듀크 대학교에서 학위를 받았다. 지금은 고려 대학교에서 정신 건강 의학과 교수로 재직하며 진료와 연구를 병행하고 있다. 또한 2018년에는 중앙자살예방센터 센터장을 역임했다. 'KBS 명견만리', '생로병사의 비밀', 'jtbc 차이나는 클래스' 등 많은 방송 프로그램에서 마음과 정신의 문제를 쉽고 편안하게 설명해 왔다. 그의 저서로는 『무기력이 무기력해지도록』, 『무조건 당신 편』이 있다.
3. 롤랜드 베인튼: (Roland Herbert Bainton, 1894년 3월 30일 ~ 1984년 2월 13일) 영국 출신의 미국 개신교 교회 역사가이자 루터의 일생을 연구한 연구자로 종교 개혁 연구의 세계적인 권위자이며 프로테스탄트 교회 역사를 연구하고 강의하며 저술 활동을 펼친 저명한 교회사가로 인정받고 있다. 휘트먼 대학교에서 학사를 받고 예일 대학교에서 B. D.와 Ph. D.를 받았고 미디빌 신학교, 오비린 대학교, 마르부르크 대학교, 게티즈버그 대학교에서 명예학 박사를 받았다. 그는 예일 대학교에서 42년 동안 가르쳤고 은퇴 후에도 20년 동안 저술활동을 하였다. 대표 저서로는 『마르틴 루터』, 『마틴 루터 1526-2529』, 『에라스무스의 생애』 등이 있다.
4. 헨리 나우웬: (Henri Jozef Machiel Nouwen, 1932년 1월 24일 ~ 1996년 9월 21일) 네덜란드에서 태어난 예수회 사제. 1971년부

터 미국 예일대학에서 10년 동안 학생들을 가르치다가 남미의 빈민들과 함께 생활했다. 그러나 그 길이 하나님이 원하시는 길인지 고민했고 하버드 대학 신학부에서 "그리스도의 영성"에 대해 가르쳤다. 그곳에서도 그는 하나님의 부르심에 대해 진정으로 고민했고, 1985년 하버드를 떠나 프랑스 파리에 있는 정신지체장애인 공동체 '라르슈(L' Arche)'에서 장애인을 섬기며 여생을 보내기로 결단했다. 이후 캐나다 토론토에 있는 라르슈 지부에서 장애인들을 섬기며 여생을 마쳤다. 그는 그리스도인의 삶에 관해 40여권의 책을 남겼는데, 그의 대표 저서로는 『이는 내 사랑하는 자요』, 『영적 발돋움』, 『상처 입은 치유자』 등이 있다.

5. 더글라스 러쉬코프: (Douglas Rushkoff, 1961년 2월 18일 ~) 세계적인 미디어 이론가이자 디지털 경제 전문가로 미디어를 가리키는 '바이럴 미디어', SNS의 대화와 소통을 주도하는 온라인상의 화제를 일컫는 '소셜 화폐'와 같은 개념의 창시자다. 『사이버리아(Cyberia)』, 『미디어 바이러스(Media Virus)』, 『카오스의 아이들(Playing the Future)』, 『당신의 지갑이 텅 빈 데는 이유가 있다(Coercion)』, 『거꾸로 본 혁신적 발상(Get Back in the Box)』, 『보이지 않는 주인(Life Inc.)』 등 미디어와 사회를 주제로 한 10여 권의 베스트셀러를 출간했다. 대중 계몽 활동의 공로를 인정받아 제1회 '닐 포스트먼 상'을 받았으며, 『당신의 지갑이 텅 빈 데는 이유가 있다』로 '마셜 맥루언 상'을 수상했다.

6. 찰스 스펄전: (Charles Haddon Spurgeon, 1834년 6월 19일 ~ 1892년 1월 31일) 영국의 침례교 목사로, 개신교 급진적 개혁주의자이다. 그의 할아버지는 프랑스 위그노의 후손으로서 45년 이상 목회한 비국교도 목사였고, 아버지 역시 경건한 독립교단 목사였다. 평생 영국 런던의 '뉴 파크 스트리트 교회'와 '메트로폴리탄 터버너클 교회'에서 말씀을 전하여 3,600편의 설교와 49권의 저서를 남긴 그는 '설교자의 왕'으로 불린다. 주요 저서로는 『하나님의 경고』, 『스펄전 구약 설교 노트』, 『예수가 주는 평안』, 『스펄전 신약 노트』, 『영혼 인도자에게 전하는 글』, 『목회자 후보생들에게』, 『구원의 은혜』, 『예수가 가르친 제자도』, 『스펄전의 기도 레슨』 등이 있다.

7. 윌리엄 젠킨: (William Jenkyn, 1613년 ~ 1685년)은 영국의 성

직자였으며, 크리스토퍼 러브의 '장로교 음모'에 참여했다는 이유로 Interregnum 기간 동안 투옥되었고, 1662년 통일법으로 목회자에서 퇴출되었다. 이때 퇴출된 명단에는 리처드 백스터, 에드먼드 크라임리 장로, 시메온 아쉬, 토마스 케이스, 존 프레벨 , 조셉 캐럴, 벤자민 니들러, 토마스 브룩스, 토마스 맨튼, 윌리엄 스클레이터, 토마스 두리틀, 토마스 왓슨 등이 포함되었다.

8. 토마스 페인: (Thomas Paine, 1737년 2월 9일 ~ 1809년 6월 8일) 18세기 미국의 작가이자 국제적 혁명이론가로 미국 독립 전쟁과 프랑스 혁명 때 활약하였다. 1776년 1월에 출간된 『상식론』(Common Sense)에서 미국이 공화국으로 독립해야 한다고 촉구하고, 독립이 가져오는 이점을 설파하여 사람들에게 독립에 대한 열망을 불어넣었다. 미국 독립 전쟁 때 『위기론』(The Crisis)을 간행해 시민의 전투 의지를 끌어올렸다.

9. 토마스 칼라일: (Thomas Carlyle, 1795년 12월 4일 ~ 1881년 2월 5일) 영국의 역사학자이자 평론가이다. 스코틀랜드 출생으로 청교도 가정에서 성장하였고 이상주의적인 사회 개혁을 제창하며 19세기 사상계의 큰 영향을 끼쳤다. 그의 저서로는 『의상철학』, 『영웅 숭배론』, 『과거와 현재』가 있다.

10장

1. 로버트 모건: (Robert J. Morgan, 1952 ~) 테네시 주의 내슈빌에 있는 도넬슨교회(Donelson Fellowahip)의 목회자로서 20년이 넘게 그곳에서 사역하고 있다. 그의 저작으로는 『이 구절부터』(From This Verse) 등 다수가 있으며, 그가 편찬한 『어린이 매일 성경』은 1997년에 골드메달리언 상을 수상하기도 하였다. 데이비드 제러마이어 박사가 발행하는 「터닝포인트 매거진」(Turning Point Magazine)의 필진으로 활약하며, 또한 신학대학과 수련회, 세미나, 부흥회, 교회 집회 등에서 강연가로 활발히 활동하고 있다. 그의 저서로는 『오늘 내게 필요한 힘』, 『신학이란

무엇인가』가 있다.

2. 존 하버드: (John Harvard, 1607년 11월 29일 ~ 1638년 9월 14일) 영국 출신 청교도 성직자이다. 그가 죽은 후 장서와 재산의 반을 뉴타운의 신설 대학교에 기부하였는데 이후 그 대학은 그의 이름을 따 하버드 대학교가 되었다. 영국에서 출생하여 케임브리지 대학교의 엠마누엘 칼리지에서 신학 학사와 석사 과정을 졸업하였다. 영국에서 교장을 지낸 후, 미국으로 건너가 1637년 찰스턴의 시민이 되어 그곳 교회의 부목사로 일하였다.

3. 토마스 아 켐피스: (Thomas à Kempis, 1380년 ~ 1471년 7월 25일) 독일의 신비사상가이다. 라인 강 하류의 켐펜에서 태어나, 92년 동안의 일생을 거의 즈볼러에 가까운 아그네텐베르크 수도원에서 보냈다. 여기서는 네덜란드의 신비사상가 헤르트 호르테 및 제자 플로렌티우스 라데빈스가 창설한 '공동생활의 형제회(Brethren of the Common Life)'가 활동하고 있었으며, 토마스 아 켐피스도 이 회에 가담하여 모범적인 경건한 생활을 보냈다. 그보다 더 경건한 사람은 없다는 말까지 들은 토마스 아 켐피스는, 1425년 이후 부원장으로서 후진 양성에 진력했다. 후진 양성을 위한 지도서를 몇 가지 썼는데, 그 중 『준주성범』, 또는 『그리스도를 본받아』는 기독교 세계에서 널리 애독되는 책이 되었다. 특별히 『그리스도를 본받아』는 기독교 고전 중의 고전이 되었다.

4. 루트비히 비트겐슈타인: (독일어: Ludwig Josef Johann Wittgenstein, 1889년 4월 26일 ~ 1951년 4월 29일) 오스트리아와 영국의 철학자로 논리학, 수학, 철학, 심리철학, 언어 철학을 다뤘다. 1911년부터 영국의 철학자 버트란트 러셀과 교우하며 논리학과 수학의 기초를 연구했고 1939년 영국 케임브리지 대학교의 철학교수가 되었으며 1951년 4월에 사망했다. 그의 대표작으로는 『철학적 탐구』, 『수학의 기도에 관한 소견들』, 『철학적 문법』, 『문화와 가치』 등이 있다.

5. 볼프강 아마데우스 모차르트: (Wolfgang Amadeus Mozart, 1756년 1월 27일 ~ 1791년 12월 5일) 오스트리아의 서양 고전 음악 작곡가. 궁정 음악가였던 아버지 레오폴트 모차르트에게 피아노와 바이올린을 배

웠고, 그 후 요한 제바스티안 바흐의 아들로 잘 알려진 요한 크리스티안 바흐에게 작곡법과 지휘를 배웠다. 바흐, 베토벤과 더불어 역사적으로 가장 뛰어난 음악적 업적을 이룩한 작곡가로 인정받고 있으며 '음악의 신동'이라는 별명을 가지고 있다. 35년이라는 짧은 생애 동안 수많은 교향곡, 오페라, 협주곡, 소나타를 작곡했다.

6. 파울 비트겐슈타인: (Paul Wittgenstein, 1887년 5월 11일 ~ 1961년 3월 3일) 오스트리아 태생의 피아니스트로 제1차 세계대전 때 오른 팔을 잃었으나 왼팔만으로 공연했다. 전쟁이 끝난 후 비트겐슈타인은 그의 스승 요제프 파울 라보(Josef Paul Labor)와 함께 피아노 작품을 왼손만으로 칠 수 있도록 편곡했다. 그는 공연을 하기 시작했고 많이 알려지게 되자 유명한 작곡가들에게 왼손만으로 된 곡을 부탁했다. 벤저민 브리튼, 리하르트 슈트라우스, 에리히 볼프강 코른골트, 파울 힌데미트와 같은 작곡가들이 그를 위한 곡을 썼다. 모리스 라벨은 왼손을 위한 피아노 협주곡을 썼는데, 비트겐슈타인은 특히 그 곡으로 유명해지게 되었다.

7. 롱펠로우: 헨리 워즈워스 롱펠로(Henry Wadsworth Longfellow, 1807년 2월 27일 ~ 1882년 3월 24일) 미국의 시인. 1825년 보든 대학교를 졸업한 후, 언어학 연구를 위해 유럽 파견 근무를 한다는 조건으로 대학의 교수직 제안을 받았다. 1826년부터 1829년 사이, 유럽(영국, 프랑스, 독일, 네덜란드, 이탈리아, 스페인)을 여행하고 귀국해 버든에서 처음으로 현대 언어학 교수가 되었고, 또한 비상근 사서가 되기도 했다. 이 교수 시절에 롱펠로는 프랑스어, 이탈리아어, 스페인어 교본을 만들거나 여행기 『바다를 건너 : 바다를 건넌 순례자』를 저술하였다. 1836년 롱펠로는 미국으로 돌아와 하버드 대학 교수직에 올랐고 1859년에는 하버드 대학에서 명예박사 학위를 받았다. 『인생찬가』나 『에반젤린』 등의 시로 잘 알려져 있으며, 단테의 『신곡』을 미국에서 처음 번역한 인물이기도 하다.

8. 서천석: (1969년 11월 3일 ~) 1996년 서울대학교 의학 학사. 2002년 서울대학교 대학원 의학 박사. 서울신경정신과 원장이자 「행복한아이연구소」 소장이다. 저서로는 『우리 아이 괜찮아요』, 『아이와 함께 자라

는 부모』, 『그림책으로 읽는 아이들 마음』 등이 있다.

9. 빅터 M. 파라친: Victor M. Parachin, 『내적 치유를 위한 성서의 오솔길』 (Scripture Pathways to Inner Healing)의 저자이다.

10. 곽금주: (1959년 2월 20일 ~) 서울대학교 심리학과 교수로 재직하며, 발달심리학과 인생설계심리학을 강의하고 있다. 1996년 '세계적인 젊은 학자상(International Young Scholar Award)'을 수상하였으며, 미국 스탠퍼드대학교 방문 교수, 미국 국립보건원 겸임 연구원으로 활동했다. 저서로는 『도대체 사랑』, 『아동의 심리 습관의 심리학』, 『아동 심리평가와 검사』가 있고, 〈아기들은 어떻게 배울까?〉, 〈아동발달심리학〉을 번역했다.

11. 데일 요컴: (Dale Morris Yocum, 1919년 10월 19일 - 1987년 5월 10일) 미국의 성결신학자. 1969년부터 1971년까지 Kansas City College와 Bible School의 총장을 역임했다. 1971년부터 1975년까지 신학교에서 가르치며 주말에는 여러 교회에서 설교하면서 예수한국성결교회와 함께 일했다. 이집트, 에티오피아, 인도, 아일랜드, 과테말라 등 세계 16개국에 성결의 메시지를 전했다. 저서로는 『웨슬리 신학과 칼빈 신학의 비교』, 『Fruit unto holiness』, 『Dr. Yocum Teaches the Epistle of Paul』이 있다.

12. 골드슈타인: (Boris Goldstein, Busya Goldshtein, 1922년 12월 25일 ~ 1987년 11월 8일) 러시아의 정치적 상황으로 인해 예술 활동에 경력에 많은 제한과 어려움을 겪었던 바이올리니스트이다. 러시아 오데사에서 태어나 표트르 스톨야르스키의 사사를 받았고, 모스크바 음악원에서 아브람 얌폴스키와 레프 차이틀린의 사사를 받았다. 1935년 바르샤바에서 열린 헨리크 비에니아프스키 바이올린 콩쿠르에서 4위를 차지했다. 나중에 러시아에서 독일로 강제 이주를 당했고 1987년 11월 8일 독일 하노버에서 사망했다. 작곡가이자 바이올리니스트, 교수인 미카일 골드스타인(Mikhail Goldstein)이 그의 형제이다.

이 책을 읽고 받은 은혜는…